国家社科基金
GUOJIA SHEKE JIJIN HOUQI ZIZHU XIANGMU
后期资助项目

民国时期
店员工会研究（1922~1930）

The Clerk Trade Union During
the Republic of China (1922 - 1930)

巴 杰 著

上海古籍出版社

2014年度国家社科基金后期资助项目（14FZS038）

国家社科基金后期资助项目
出版说明

后期资助项目是国家社科基金项目主要类别之一,旨在鼓励广大人文社会科学工作者潜心治学,扎实研究,多出优秀成果,进一步发挥国家社科基金在繁荣发展哲学社会科学中的示范引导作用。后期资助项目主要资助已基本完成且尚未出版的人文社会科学基础研究的优秀学术成果,以资助学术专著为主,也资助少量学术价值较高的资料汇编和学术含量较高的工具书。为扩大后期资助项目的学术影响,促进成果转化,全国哲学社会科学规划办公室按照"统一设计、统一标识、统一版式、形成系列"的总体要求,组织出版国家社科基金后期资助项目成果。

全国哲学社会科学规划办公室

2014 年 7 月

序

　　关注社会群体，尤其是基层群体甚至边缘群体，是近年来史学研究不断发展深化的重要趋向。店员、摊贩、女佣、乞丐、娼妓等市井人物、普罗百姓，都被作为整个社会中不可缺少的一部分纳入研究者的视野，其研究日益呈现新意。通过对基层社会群体的研究，近代中国的社会全貌、各阶层民众的生活实况得以重新建构，也充分体现了社会群体研究在整个史学研究中的重要位置与作用，因而具有显著的学术价值和理论意义。

　　店员是社会生活及经济活动中颇具影响的基层职业群体，但其职业属性长期较为模糊。进入民国以后，考试选聘机制、入职后的职业技能培训及逐渐规范化的工作内容，使店员成了具有一定专业知识、特定职业理念且为公众服务的专业化群体，"倚门售货"成为一种职业且得到公众认可。"以店员为限"的社团组织，在某些方面也取得了自治和垄断权利。

　　店员工会的普遍设立，是传统行会组织结构裂变、近代社会转型的重要标志。长期被视为"商人"的店员，以工会的形式取得了有组织有纪律劳动者的话语定位，巨大的角色反差及阶级认同本身即应成为史学研究的重要内容。店员工会成立之后，在店员的利益表达、职业建构、整合与管理过程中发挥了不可或缺的作用，店员底层的声音通过工会得到社会的广泛关注，甚至一度成为时代的最强音，店员工会的组织化参与也是社会制衡机制的重要组成部分。

　　从更为宏观的历史眼光观察，店员工会的活动、影响虽主要集中在社会动员及劳资纠纷处理等方面，但有时也会渗透到政治生活领域，在民族危机、国内政局变动及国家政策界定中施以自主性社会参与，并产生重要甚至决定性的社会影响。国民革命时期疾风暴雨式的工人运动，"骨子里还是店员运动"。作为社会生活中具有一定功能和组织结构的组成分子，店员工会的互动对象不限于民间社团，与政府、政党也一直保持着比较密切的关系，其互动方式、互动结果及影响因历史时期或面临问题的不同而千差万别。对此进行深入细致的考察和分析，可以使我们更为具体地了解近代中国民间社会与政府之间的互动模式，探寻社会与国家良性互动的契合点。店员工会在近代中国社会转型与变迁过程中发挥的这些重要作用，更进一步凸显了店员工会研究具有很高的学术价值和意义。

但是，学术界对近代店员、店员工会的研究，长期以来一直较为薄弱。翻检迄今出版的各种中国近代史通史著作，几乎没有针对店员运动、店员工会的论述，关于国民革命史、工人运动的专题著作，对店员运动、店员工会的论述也大多一带而过。虽然涉及近代店员群体的著述，早在 20 世纪上半期即开始见诸一些报纸杂志、商学丛书，但严格地讲，大多数只是一般介绍性的文字，很难说是真正的学术研究，主要是社会学领域的学者从群众动员的视角阐明店员工作、生活的规范及健全规章制度的必要性。传统行会及近代商人团体的研究虽对店员加入行业组织的情况有所介绍，但店员及其组织始终未能发展成为一个相对独立的研究领域，这显然与国民革命时期店员工会的地位与作用是极不相称的。

随着学术研究内容的深入及学术研究范式的转变，店员、店员工会逐渐成为学界关注的新领域。21 世纪以来，关于店员、店员工会的研究成果不断出现，且有较高的学术及理论素养，对店员集体理性隐藏的多方博弈内情、店员工会非常态活动掩盖的常态活动等，均有较为准确的理解与把握。但也必须看到，学术界对店员、店员工会的研究还只是起步阶段，无论是研究成果的数量，还是研究的深度和广度，包括研究理论和研究方法的探讨，都不能令人满意，学界还需要大力加强对店员工会的研究。

本书作者巴杰这几年主要从事店员、店员工会的研究，《民国时期店员工会研究（1922~1930）》是作者刻苦钻研这一课题所取得的颇有分量的学术成果，也是迄今为止国内外出版的第一部综合论述民国时期店员工会的学术著作。该书的出版，对于推进民国时期店员工会研究的发展无疑会产生积极的作用，对总结近代社会群体史研究的成绩和不足也大有裨益。该著总计 30 余万字，主要从社会法团的视角切入，将店员工会置于其所处的国家形态及社会系统之中进行宏观性的制度分析，以此厘清店员工会的内部治理机制，动态分析店员工会与社会变动的互动关系。全书内容共分八章。首先考察店员组织的发展演变、国民革命时期店员工会的数量、地区分布，接着探讨店员工会的内部结构与运行机制、店员工会与店员的职业建构、店员工会的法律定位及在劳资纠纷中扮演的实际角色，随后探讨国共两党在店员工会、店员运动方面的策略差异、相互影响及结局，店员工会的价值观念引导与入会店员的内在认同问题。在上述考察的基础上,剖析店员工会与政府社会控制、店员工会与会员利益表达的关系,分析店员工会的政治职能与职业职能,解读店员工会的内部组织凝聚力、执行力及其社会整合功能。其特点有二:一是史料基础较为扎实,注重对近代报刊文献的利用,许多文献都是首次被利用。二是注重研究视角及研究方法层面的创新,借鉴多学科的理论与方法,重视团体与群体的结合、组织与活动的结合、专业活动与社会角色的结合。部分观点是作者经过深入思考之后提出的独到学术见解,具有一定的参考借鉴价值。

近代社团是社会群体表达诉求的平台,给予了社会群体广阔且合法的活动空间。但近代社团并不是简单同构的组织,其内部整合方式纷然有别,社团之间的互动关系也错综复杂。社团史研究蕴含的丰富多彩的历史主题,凸显了店员工会研究深化的必要性和可能性。我期待更多的学界同仁参与到店员工会乃至近代社团的研究中来,也期待巴杰在现有基础上进一步拓展研究广度与深度,努力取得更多的研究成果。

朱 英

2017 年 9 月 10 日

目　录

绪　　论

　　大规模的社会动员是1920年代中国社会的显著特征,北伐时期最具政治影响力的国民党和共产党都曾轰轰烈烈地大力开展民众运动,这也是促成国民革命运动走向高潮和取得一系列胜利的重要因素。店员运动是1920年代民众运动的重要组成部分。

　　店员工会是店员运动的主要载体和发起者,其强制性会员资格为将店员利益集结在工会这一单位空间内提供了制度上的可能。作为店员表达诉求的合法平台,店员的底层声音通过工会得到社会的广泛关注,甚至一度成为时代的强音,"湖北省总工会下属的各行业总工会中,店员总工会最为活跃,影响最大、工作最为出色"①。

　　但是,店员运动长期被笼统地视为工人运动,关于店员、店员工会的各种统计资料,也都归入到工人类目,上海店员工会、武汉店员工会的会员人数、分会状况即被分别收录到《全上海工人的统计与会员变迁比较表》《湖北省及武汉市清党后被解散各总工会及所属工会一览表》等表格中。翻检迄今出版的各种中国近代史通史著作,几乎没有针对店员运动、店员工会的论述,即便是关于国民革命史、工人运动的专题著作,对店员运动、店员工会也大多一带而过。片鳞只甲的描述,使得店员工会、店员运动事实上被史学研究者所遗忘,而不为世人所知。

一、国内外研究现状述评

　　学界之于店员运动、店员工会研究的缺失,应与店员运动的性质"颇难

---

①　萧抱真:《我经历的武汉店员总工会》,《武汉文史资料选辑》第15辑,1984年,第124页。

断定"、店员工会的组织形式频繁变化有关。实事求是地讲,研究店员工会、店员运动有较大难度:从身份属性观察,店员既可以归为工人阶级,也可以纳入到"剥削阶级"的行列,"一方面受雇用工,同时也多做私人生意,或占有店中股份,很容易变成东家,且事实上有许多店员是东家的子弟,更有所谓'少东'者,成分甚杂"①。从社会分层的角度观察,店员的行业差异较大,银行、百货商店等新式企业的店员,社会地位较高,但大部分行业的店员,其生存状态、职场环境、娱乐交往呈现出与底层社会的一致性。店员的组织形式亦相应地经历了店员公会—店员工会—店员总会(联合会)—同业公会的演变过程,且在实际执行中呈现自行其是的特点,国民政府的相关法律界定也自相矛盾,店员的各种组织形式因而始终处于"均有法律依据"的尴尬局面。

令人欣慰的是,随着学术研究内容的深入及范式的转变,店员运动及店员工会逐渐成为学界关注的新领域,有分量的研究成果不断出现。就现有文献来看,直接以店员工会为考察对象的均为大陆学者,较具代表性的成果有《国民革命时期的武汉店员工会》、《国民革命时期的店员工会》、《略论北伐前后商民运动中的武汉店员工会》、《上海百货业职业工会的成立及演变》及《北伐前后湖北的商民协会》等学术论文。其中,《国民革命时期的武汉店员工会》梳理了武汉店员工会开展的经济斗争及其影响、国民党调解店员店主间劳资纠纷的策略考量及国民党内部之于店员工会存在与否进行的争论②;《国民革命时期的店员工会》在梳理店员组织形式沿革的基础上,探讨店员工会内部功能诸如领导层、会员之间的互动,工会的职能发挥等③;《略论北伐前后商民运动中的武汉店员工会》及《北伐前后湖北的商民协会》考察了武汉店员工会的大致情况、武汉地区的店员运动及劳资冲突④;《上海百货业职业工会的成立及演变》探讨了战后店员团体的成立、主要活动,探讨职业工会的运行实效,认为其"并未将自身定位为上海全体百货业店员的利益代表团体,反而强调工会与店员、会员与非会员的区别及工会独立性",入会店员因而缺乏对职业工会的内在认同⑤。

---

① 《刘尔崧在中国国民党广东省第二次全省代表大会上的报告,1926年12月》,中共惠州市委党史办公室、中共紫金县委党史办公室编:《刘尔崧研究史料》,广州:广东人民出版社,1989年,第185页。
② 朱英:《国民革命时期的武汉店员工会》,《江汉论坛》2010年第2期。
③ 巴杰:《国民革命时期的店员工会》,《史学月刊》2015年第4期。
④ 李玲丽:《略论北伐前后商民运动中的武汉店员工会》,《黄河科技大学学报》2007年第3期;《北伐前后湖北的商民协会——以大革命时期的武汉为讨论中心》,华中师范大学硕士学位论文,2007年。
⑤ 巴杰:《上海百货业职业工会的成立及演变》,《理论月刊》2016年第10期。

关于民国时期店员群体、商民运动、工人运动的研究，亦大多涉及店员工会：王笛对成都茶馆堂倌（茶房、招待）的考察，论及堂倌组织（茶社业工会、艺人工会）的内部权力格局及矛盾协调机制，认为"堂倌组织系国民政府指导下的工会组织，不仅不是国家政权的对立面，而且是国家政权的合作者"[①]；冯筱才考察北伐前后的商民运动时，延及当时颇为活跃的店员工会、店员运动，认为店员工会"实际上成了工人运动的核心"[②]；朱英在《近代上海商民运动中的店员工商界限之争》、《国民革命时期长沙市商民协会会所被毁案》、《商民运动研究（1924～1930）》等论著中把店员工会的组织运作与宏观的国家形态结合起来考察，对店员运动的激进个案、国民党政权之于店员工会的矛盾心态及其内部差异，有着令人信服的分析[③]；齐春风《党政商在民众运动中的博弈——以1928～1929年的北平为中心》一文论述了北京店员运动的情况及国民政府的应对措施[④]；魏文享之于近代工商同业公会的研究，涉及店员加入同业公会的名额分配、店员代表在同业公会中的话语权等[⑤]；王奇生、曾成贵等探讨国民革命时期的工人运动时，提及武汉店员总工会的会员人数及其在工人运动中的表现，"武汉工人以店员和码头工人为主，在武汉地区的劳资纠纷中，店员与店主之间的冲突占了相当一部分"[⑥]。

不过，大陆学界对工会的研究，关注更多的是共产党如何通过组建工会，把工人生活中的日常苦难表述为阶级苦难以实现其社会动员，将阶级斗争功能发挥到极致；国民党如何通过组建工会，把工人生活中的日常苦难表述为民族主义色彩下的党国苦难以实现其社会动员、劳资调和等。至于集雇主、雇员于一体的行会发展到劳资各自组织的工会与同业公会，社会组织结构分化中的非营利组织与强制性经济组织、工人社团与特殊利益群体的融合区分及工会自身的契约运行等方面的内容，关注力度不够。

① 王笛著译：《茶馆——成都的公共生活和微观世界（1900～1950）》，北京：社会科学文献出版社，2010年。

② 冯筱才：《北伐前后的商民运动（1924～1930）》，台湾商务印书馆，2004年。

③ 朱英：《近代上海商民运动中的店员工商界限之争》，《社会科学》2010年第5期；《国民革命时期长沙市商民协会会所被毁案》，《史学月刊》2010年第3期；《商民运动研究（1924～1930）》，北京大学出版社，2011年。

④ 齐春风：《党政商在民众运动中的博弈——以1928～1929年的北平为中心》，《近代史研究》2010年第4期。

⑤ 魏文享：《中间组织——近代工商同业公会研究（1918～1949）》，武汉：华中师范大学出版社，2007年。

⑥ 王奇生：《国共合作与国民革命（1924～1927）》，南京：江苏人民出版社，2006年，第466页。

此外,学界之于工人群体的研究,长期侧重于工人运动,忽略了工人生活,强调工人与资本家的天然敌对,忽视了矛盾统一体当中的统一性。对于工人反抗,侧重于罢工、武装起义等非常态方式,忽视了日常怠工等常态反抗方式,侧重于揭露资本家的"剥削"。对于近代中国民族资本主义工商业内忧外困的艰难处境及由于工人内部成分复杂和一些不合理要求对工商业正常运营造成的不利影响及损失,不愿涉及。对不同行业及同一行业的不同工种,其经济诉求、政治表现、斗争方式等呈现出的较大差别,关注不够。

港台学者的研究侧重于店员群体及店员运动,相关成果基本没有涉及店员工会。中国台湾地区学者连玲玲所著《工作·娱乐·政治:民国时期上海百货公司的店职员生活》、《企业文化的形成与转型:以民国时期的上海永安公司为例》、《性别化的柜台文化:民国时期上海百货公司的女店员》、《"追求独立"或"崇尚摩登"? 近代上海的女店职员的出现及其形象塑造》,在探讨民国时期上海百货公司职员的生活形态、女店员的职场生活及性别冲突时,虽涉及上海百货公司店职员的组织状况,但考察对象是青年工读社、职工自治协进社等业余社团,未涉及店员工会[①]。多卷本《中华民国建国史》、蒋永敬《鲍罗廷与武汉政权》等对国民革命时期店员运动的过激行为的考察,没能延伸到主导店员运动的店员工会。香港地区学者张志东所著《无功能状态的国家社团主义——国民党统治时期中国的商会与政府关系的理论模型》,提及店员总会在商民协会中的组织权重,但没有实质性展开论述。

国外学者的著作,直接涉及店员工会的,目前仅见苏联学者巴库林《中国大革命武汉时期见闻录:1925~1927 年中国大革命札记》一书,内容包括武汉店员工会的罢工情景及对商业的影响[②]。美国学者彼得·格拉斯(Peter J. Golas)所著 *Early Ch'ing Guilds*,提及以店员为主体的社团组织,实际是公所的一种存在形式。日本学者岩间一弘所著《1940 年前后上海职员阶层的生活情况》,分行业梳理了上海店职员的人数、工作时间、薪金待遇、教育程度及娱乐活动,并尝试探讨店职员的阶层意识,但没有涉及店

---

① 连玲玲:《工作·娱乐·政治:民国时期上海百货公司的店职员生活》,"近代中国社会群体与经济组织国际学术研讨会"会议论文,华中师范大学,2005 年;《企业文化的形成与转型:以民国时期的上海永安公司为例》,《中研院近代史研究所集刊》第 49 期,2005 年;《性别化的柜台文化:民国时期上海百货公司的女店员》,第十五届欧洲汉学双年会会议论文,德国海德堡大学,2004 年;《"追求独立"或"崇尚摩登"? 近代上海的女店职员的出现及其形象塑造》,《近代中国妇女史研究》第 14 期,2006 年。
② 〔苏〕A.B.巴库林著:《中国大革命武汉时期见闻录:1925~1927 年中国大革命札记》,郑厚安等译,北京:中国社会科学出版社,1985 年。

员工会①。美国学者魏斐德(Frederic Wakeman, Jr.)撰写的专著 *The Shanghai Badlands*: *Wartime Terrorism and Urban Crime*, *1937 - 1941*，论述"恐怖"分子的社会活动结构时，论及店员的生活状况及政治倾向，同样没有延伸到店员的组织状况②。

关于店员工会的研究资料，多见于经济史、商业史及劳工史的相关文献中。《中国商业史》、《商业常识》、《商业道德》、《中国国民经济》、《中国经济论文集》、《中国经济问题》、《中国国民所得》、《上海风土杂记》、《汉口商业一览》、《上海米市调查》、《无锡米市调查》、《上海市年鉴》、《社会调查》、《劳动问题研究》、《劳工法规》、《中国劳工问题》③、《劳工问题》④、《今日中国劳工问题》、《劳动问题纲要》、《中国国民党劳工政策》、《中国国民党劳工政策的研究》、《劳动问题之发生经过及现代劳工事业之发展》、《劳工教育》、《上海工人生活程度》、《上海工人生活程度的一个研究》等，对店员的人数、工作内容、生活程度及组织状况有着或多或少的记载。

近代商店颁行的各项规章制度，比如上海四大百货公司的《同人手册》、《售货员须知》、《学生应守之规则》，协大祥绸布商店的《店员规例》，上海商务印书馆总馆的《待遇同人章程》等，提供了解读店员生活的原生态文本。以店员为关注对象的报刊媒介——《伙友》、《伙友报》、《永安月刊》、《申报·店员通讯》、《申报·业余周刊》、《大晚报·业余生活》等以及《商业月报》、《商业杂志》、《统计月报》、《社会统计月刊》、《河北工商统计》、《山东工商报告》、《武汉工商业》等商业杂志，刊登有关于店员、店员工会的各类统计报表及相关消息报道。

史料整理是工人研究成果的重要组成部分。刘明逵、唐玉良主编的《中国近代工人阶级和工人运动》辑录了鸦片战争到中华人民共和国成立前中国工人阶级的资料，其中包括店员工会进行的革命斗争，以及有关劳动问题的政策法令和社会设施等。中国第二历史档案馆整理出版的《中华民国史档案资料汇编》、《中华民国史史料长编》、《中华民国史档案资料丛刊》，荣孟源主编的《中国国民党历次代表大会及中央全会资料》，蔡鸿源主编的

---

① 〔日〕岩间一弘：《1940年前后上海职员阶层的生活情况》，《东洋学报》第84卷第1号，2002年6月。
② 〔美〕魏斐德：《上海歹土——战时恐怖活动与城市犯罪(1937~1941)》，上海古籍出版社，2003年。
③ 马超俊：《中国劳工问题》，上海民智书局，1925年；陈达：《中国劳工问题》，上海商务印书馆，1929年；何德明：《中国劳工问题》，上海商务印书馆，1938年。
④ 祝世康：《劳工问题》，上海商务印书馆，1931年；陈宗城等：《劳工问题》，上海商务印书馆，1933年；刘星晨：《劳工问题》，上海大东书局，1933年。

《民国法规集成》,中华全国总工会中国工人运动史研究室编写的《中国工运史料》,中华全国总工会编写的《中共中央关于工人运动文件选编》,中国工会运动史料全书编委会编写的《中国工会运动史料全书》,中国革命博物馆编写的《北方地区工人运动资料选编》及中国台湾编写的《革命文献》等均有关于店员工会、店员运动及政党劳工政策的相关文献资料。当时工人运动的组织者和参与者——罗章龙、张国焘、朱学范、马超俊等的回忆录、文集也是研究店员工会的重要史料①。

关于民国时期上海店职员的文献资料,部分涉及店员工会的相关情况,如上海社会科学院经济研究所编写的《上海永安公司的产生、发展和改造》、中共上海市委党史资料征集委员会编写的《上海店员和职员运动史(1919～1949)》、中共上海华联商厦委员会编写的《上海永安公司职工运动史》、上海社会科学院经济研究所编写的《上海近代百货商业史》、朱邦兴等编写的《上海产业与上海职工》等,尤其是《上海永安公司的产生、发展和改造》一书,对上海永安百货公司店职员的雇用、等级及升迁、薪酬待遇、职员运动、职员组织等作了较详细的介绍②。

综观上述研究,国外及港台学者倾向于新文化史视野下的店员群体关怀,包括店员的日常生活、记忆语言等方面的研究,关于店员工会的研究尚付阙如。大陆学者对店员工会的研究,集中于店员工会的外部关系、劳资纠纷及政府应对。店员工会的内部功能诸如领导层、会员之间的互动,工会的职能发挥等,虽有探讨但仍感缺乏。并且,现有的地域性的店员工会的整体分析,实际上弱化了店员工会内部的行业分歧,忽略了店员工会的团体行为与店员个体诉求之间的差异及彼此影响。中共与店员工会的关系亦有待进一步深入研究。

二、研究本课题的价值和意义

长时期的学术研究缺失直接影响到人们对店员工会、店员运动本身的

---

① 罗章龙:《椿园载记》,北京:三联书店,1984 年;朱学范:《我的工运生涯》,福州:福建人民出版社,1991 年;朱学范:《朱学范文集》,北京:团结出版社,1992 年;张国焘:《我的回忆》,北京:东方出版社,1998 年;马超俊、傅秉常口述:《马超俊傅秉常口述自传》,北京:中国大百科全书出版社,2009 年。

② 上海社会科学院经济研究所编著:《上海永安公司的产生、发展和改造》,上海人民出版社,1981 年。

认识和了解,而且在某种程度上对探讨 1920 年代中国历史的某些专门领域和问题,甚至对整个中国近代史研究的深入拓展也不无影响。

店员工会研究的匮乏,直接影响到国民党史的研究。中国大陆和台湾的近代史研究者都承认,研究中国近代史,中国国民党史是无法回避、必须予以重视的内容。因此,虽然由于历史和现实政治的原因,中国大陆和台湾的学者在许多相关的具体问题上存在着明显分歧,但这并不妨碍各自撰写的中国近代史著作都十分重视论述国民党的发展及其影响,专门研究国民党史的著作也为数不少。不过,在已出版的国民党通史和专题研究著作中,均未将店员工会、店员运动纳入到其考察视域中。

之所以形成这样的状况,除了前述"店员运动、店员工会的研究确有难度"外,笔者认为以下两点亦为重要因素:一、大陆学者较多地认为民众运动主要是共产党动员民众起来革命的重要方式,作为代表大资产阶级利益的国民党不可能重视或开展民众运动。与之相应,大陆学者撰写的国民党史,论及北伐前后的历史,大都未将这一时期的民众运动作为重点,一般只是简单提及而未予深究。中国台湾学者撰写的相关著作,则大多强调"当时共产党乘国民革命之机扩充自身实力,包括店员运动在内的民众运动都被共产党利用和破坏",没能按照国民党的预期设想顺利进行。二、以往研究者在主观上认为,国民革命时期不存在独立的店员运动,店员工会虽然存在,但没有形成像工人运动、农民运动、学生运动那样显著的影响,不值得进行系统深入的研究。

从实践层面观察,店员工会及其主导的店员运动,规模和影响确实不及其他民众运动,但这并不意味着店员工会、店员运动没有学术价值。同时,尽管两岸学者对国民党史进行了多年的探讨,相关成果颇丰,但如果不对类似店员工会这样的重要课题展开深入研究,也仍然会存在着不少的缺陷。这种缺陷除了政治因素的影响所致,与研究者的思维定式和视野局限也有着密切关系。

正是由于受到传统思维定式的影响和制约,再加上对一些相关的重要问题考察不够,在国民党史研究中难免会存在着一些偏见,其中的一些定论也是值得推敲的。例如,过去的研究侧重于国民党从事政治运动和政治斗争的"党治史",忽略其自身组织建设、组织管理和组织演变的"治党史",没有真正考察国民党的组织结构、党员的社会结构、党民关系与阶级基础等问题,仅从一些表面现象断定近代中国的国民党是一个强势的独裁政党。如果依据各方面丰富的史料深入考察国民党的"治党史",可以发现国民党执政以后并没有触动既存的社会结构,其控制只能及于政治表面,未能深入社会内部。在社会整合方面,国民党的组织和影响也未能深入到社会底层并辐射到社会生活的各个方面①。

即使以往对国民党"党治史"的研究较多,但由于长期忽略对店员工会等相关问题的探讨,同样也影响到对近代不同历史时期国民党的认识,以为国民党始终都是完全代表地主和资产阶级利益的政党。如果对店员工会及其主导的店员运动进行考察,就可发现国民革命时期的国民党并非如此。1927年1月,长沙市苏广业店员联合会捣毁市商民协会会所。在此案的处理中,国民党湖南省党部迎合商民协会,惩办苏广业店员联合会,但这并不意味着国民党站到了店东这一边,其目的更多的是出于调和工商、维护社会稳定。相反,此案处理中国民党对商人一方颇多恶感,"市商协会在本部请愿,形势近于包围,也应说明。又此种问题,总工会既有解决方法,不应以本部为重心"②,显示出国民党湖南省党部对商民协会组织各业会员进行大规模请愿,以此方式一再向其施加压力有所不满。商民协会"钩缄认属会请愿形势近于包围,又云总工会既有解决办法,不应以商会(此处的商会疑有误,应为省党部——引者)为重心。查属会此次横逆之来,各商友无所适从,伊时工会及委员总员(疑为'店员总会'之误),并无适当表示,各商友自不能不坚决请愿,然并无丝毫失检行为,实无包围之可言。钩部为全省同志所依归,如有重大问题,当然有请求钩部之必要"的回函③,则表明商民协会与国民党之间在利益诉求方面存在着一定的矛盾和冲突。

事实上,国民党一直标榜自己是"全民政府",工人和中小商人都是革命的联络对象,不存在孰轻孰重之别。正如《商民运动决议案》所言,"在商民运动与农工运动二者进行之中,遇有双方利益冲突时,须以国民大多数之利益为前提,而站在被压迫的方面,主张其利益,则商民与农工自不发生冲突,此为商民运动与农工运动之关系点,本党应以此对于商民运动与农工运动关系应取之方针"④。与之相应,国民党处理店员、店东间的劳资纠纷,没有既定的策略定位。长沙市商民协会会所被捣案中,国民党持"偏向店主"立场;其后的益阳县店东与店员纠纷中,国民党则更多地照顾了店员的利益,也给予了店员联合会一定的权利,出现了"向工人一方倾斜"的政策导向。

① 具体见王奇生:《党员、党权与党争:1924～1949年中国国民党的组织形态》,上海书店出版社,2003年。
② 《市商协被毁案解决后之余闻》,长沙《大公报》1927年11月26日。
③ 《市商协请实现解决毁案条件》,长沙《大公报》1927年11月29日。
④ 《商民运动决议案》,中国第二历史档案馆编:《中国国民党第一、二次全国代表大会会议史料》(上),南京:江苏古籍出版社,1986年,第393页。

　　店员工会研究的匮乏,还导致对当时中国共产党的认识同样出现与客观历史事实不尽相符的某些误差。众所周知,共产党历来重视动员民众起来革命,许多相关著作也都以较多篇幅对此加以论述。但由于很少论及店员工会,给人的印象似乎是共产党开展的民众运动不包括店员在内。事实上,当时的共产党虽对店员的阶级属性存有争论,但动员店员进行社会革命、支持店员成立工会的政策考量从未改变。1927年5月,中国共产党第五次全国代表大会通过《对于职工运动决议案》,甚至认为店员"就是地方的无产阶级的代理人,应该是这些地方政治上的领导势力","其地位仅次于产业工人"①。

　　以上主要是从国民党史、中共党史方面,简略说明忽略店员工会对相关重要问题的研究所造成的缺陷及其影响。同时,也从反面说明店员工会开展的店员运动,其规模和反响虽不及学生运动、农民运动,但同样具有相当重要的研究价值。

　　可以说,运用文献资料,梳理店员工会的数量、地区分布、行业构成及运行实效,动态考察店员工会的职能配置和社会角色,系统分析店员工会与既定社会环境的互动关系,以之透视近代中国的社会生活和运行情况,具有重要的学术价值和意义。

三、店员工会研究的适用范式

　　关于工会的学术研究,国外学者大体遵循三条路径:关注工会的经济特性,"认为工会主义本质上是一场经济运动",工会的出现纯粹是近代工业化的产物②;凸显工会规则,强调劳工的"集体心智",认为工会运动与马克思主义的阶级斗争存在根本性差异,工会的"情感动力"并非来自希望取代或废除现有之统治阶级,而是希望能够与现有之特权阶级平等,获取平等权利及同等重视,在与自己成员的利益最为直接相关的领域能享有排他性的司法或管辖权③;强调工会的多元主义解释,认为工会本质上具有机会主义

① 《对于职工运动决议案》(1927年5月),中国共产党第五次全国代表大会,见中央档案馆编:《中共中央文件选集》第3册,北京:中共中央党校出版社,1989年。
② 英国工党的理论创始人、工运史专家韦伯夫妇是这一分析模式的代表者,认为工会实为"维持或改善工人劳动生活状况而设者"。
③ 美国工会理论家普尔曼是这一分析模式的代表者,认为工会主义与知识分子有着不一样的观念或意识形态,工会主义将具体的工人置于自己视野的中心位置,知识分子则将工人看作是"一种抽象的力量控制之下的抽象的群体"。

和实用主义特点,因而不能预设某种工会模式①。具体到中国工会,国外学者先后形成了纽带模式②、经典二元论③、合作主义④等分析框架。究其实质,是在国家与社会关系框架下对工会的角色、功能、组织结构、作用发挥、与执政党以及政府的关系、发展路径等问题进行的实证考察和理论分析。

国内学界之于工会的研究,描写民众运动和工会斗争是早期的主流书写模式。近20年的劳工研究,出现后结构主义或解构主义的特点,强调主体性与话语的作用,工会研究因而呈现多元化的发展趋势⑤,并大体形成以下几种观察视角:劳动关系和劳权视角,从劳动关系的变化入手,认为工会应当在劳动关系中充当劳动者的代表者;合作主义视角,注重利益的整合和它的传输结构,力图通过建制一种利益协调和代表体系来化解社会结构性冲突,"工会作为一种社会组织,其作用不是利益对抗式的,而是利益协调的组织,实际上工会被赋予了双重角色,既需要代表成员利益并将其传达到决策体制中去,同时还应管理并约束其成员的活动,使之提高理性化和组织化的水平。在工会组织的代表身份和社会地位方面,国家既是它的保护单位,又是管制单位"⑥;双重困境视角,认为工会既有国家属性,又有社团属性,既是国家的工具,又是工人组织,工会双重身份的内在张力决定了工会在不同的冲突中有着不同的反应;关注社会责任的工会观察视角,认为工会表达成员利益是揭示社会矛盾,注重社会功能是通过化解社会矛盾而谋求社会和谐⑦。

视角的转换和问题的发掘是最大的挑战。店员工会的研究,对于工会研究中已经提出的共性问题无疑需加以关注并予以回应,但更多的是要将店员工会置于国民革命时期复杂的社会图景之中,探讨店员工会的个性与实情。

---

① 工会多元主义认为劳资双方因环境不同,看待问题、分析问题的视角或立场存在根本性差异。劳工问题的解决,不能靠压制或破坏工会主义,也不能用所谓情感的、宗教告诫的方式,只有在双方持续不断的接触中,形成相互的尊重、持续的协商和谈判,才能消除这种立场上的鸿沟,从而发展出持久的和平精神。
② 工会只是上传下达的群众组织,把相关政策和法令向工人传达下去,将工人的利益诉求反映上来。
③ 工会既代表国家的整体利益,又要代表工人的利益,这一双重目标通常是相互矛盾的。
④ 工会由国家认可并被赋予在其同行中的垄断代表权,以此为交换,国家对工会领导人选择、需求和支持的表达实行一定程度的控制。
⑤ 佟新:《新劳工史研究——从历史唯物主义、文化主义到解构主义》,《国外社会科学》2002年第2期。
⑥ 张静:《"法团主义"模式下的工会角色》,《工会理论与实践》2001年第1期。
⑦ 冯同庆:《兼顾表达成员利益与注重社会功能的工会制度选择》,《中国劳动关系学院学报》2007年第2期。

　　国民革命时期,店员工会是外力影响下"被动设立"且在政府备案的合法社团,店员工会在多大程度上代表店员利益,有多大权力、可以采取什么样的手段去抗衡(资方)管理者,起决定作用的是国家政权,因为国家政权才是劳资关系规则的制定者。从这一角度观察,店员工会实为国家进行社会控制的一种国家法团主义式的工具,店员工会不是作为一个对抗性的政治监督组织,而是作为一种被整合进行政系统内的协调性助理而工作。

　　法团主义理论范式是基于国家与社会的"二分法"提出来的,国家具有一定的自主性,社会利益则是通过垄断性的利益团体予以表达。法团主义理论范式事实上是以利益为核心,"可以被定义为是一种利益代表体制,在这种体制中,(社会中)各个构成单位都被组织到数量有限的,具有单一性、强制性、非竞争性、等级化秩序性及功能分化性等特征的各部门当中,这些部门得到国家的承认或认证(若不是由国家创建的话),并被授予在各种领域内的垄断性的代表地位,不过作为一种交换,国家对它们的领袖选择和需求表达享有一定程度的控制权"①。国民革命时期,店员工会、商会、同业公会、商民协会等劳资团体都具有单一性、非竞争性、等级秩序性、国家认可性、代表地位垄断性、领袖选择及利益表达的政党控制性(当然,这种控制是隐形的)等特征。从制度层面分析,法团主义无疑是国民革命时期店员工会研究的适当范式。

　　从法团主义视角观察,店员工会是"建立在一种特殊的权力均衡基础之上",劳资之间及店员群体内部时刻存在着竞争、冲突,因而呈现出一定的不稳定性:劳资顶层代表之间能达成合作协议,但基层会员或分会的不合作也会导致协议的失效。至于店员抗议,店员工会的立场和运作方式,不外乎以下三种模式:店员利益受损,出现劳资纠纷时,店员工会以"代表"的身份介入;店员出现集体行动时,店员工会以"调解者"的身份出现;如果出现独立的店员组织,店员工会坚决参与阻止,强调店员的"组织统一"。

　　此外,实证研究也是考察店员工会的重要方法,"拉网式"收集店员、店员工会资料,包括档案、报刊、日记、书信、口述资料,从文献中发现历史的多面性,并予以表列化,无疑可使相关论述更客观、更具说服力。关于店员工会的统计资料,观点对立、数据前后矛盾及与常识出入之处甚多,很容易出现认识偏差,得出截然相反的结论。故而,使用有关统计数据时,通过旁证加以甄别、避免使用孤证亦显得尤为重要。

----

　　①　P.C. Schmitter, "Still the Century of Corporatism?", *The Review of Politics*, 36 (1), 1994, pp.85 - 131.

四、研究内容及框架结构

国内外史学界关于店员工会的研究成果为数甚少,对店员工会进行全面研究和系统梳理,毋庸置疑具有一定的学术价值和意义。但是,如果仅仅在内容、观点等方面对店员工会进行大而全的平淡描述,缺乏史学研究范式的突破,其研究成果依然是一种简单重复。为避免这种情况,笔者试图在社会团体研究的视角转换、范式突破等方面作出些许贡献。

在整体结构和论述内容的安排方面,绪论部分介绍和分析店员工会的研究现状、意义、方法。第一章主要考察店员工会的发展演变。结合明清以来社会经济和商人组织的演进,考察清末民初传统行会组织的近代转型及店员从加入各业公所发展到组建以店员为主、包括中小商人的职工会,乃至阶级色彩鲜明的店员工会的演变轨迹,探讨国民革命时期店员工会的数量、地区分布及其改组与取缔。

第二章主要探讨店员工会的内部结构与运行机制。首先对店员工会的机构、体系作文本分析,在此基础上探讨店员工会的治理结构是否健全、合理及其动员能力与运行绩效。然后对店员工会的经费进行专门考察,梳理其收支情况及财务运行状况。总体来讲,店员工会的结构设想基本得以实施,店员工会成为国民革命时期店员表达诉求的主要平台,店员的底层声音因而得到社会的广泛关注。但店员工会并不成熟,工会的话语定位及阶级认同,有精英分子生活观念及意识形态影响的明显痕迹。实际运作过程当中,店员工会也并不完全代表普通店员的利益诉求。店员工会的领导人多不是普通店员,甚至于根本就不是店员,而是具有某种党派背景。与之对应,店员工会的很多活动,普通店员可能根本就不知晓,更谈不上积极参与、支持。

店员工会在政治精英的群众动员中担负着推施之责,历次民族危机中,店员工会都不同程度地参与其中。当然,店员工会也有出于自身利益考量的自主性社会参与:在国内政局发展的关键时期,采取一定的行动,促成有利于自身利益的时局走向;作为政治参与的象征,为国民政府获得合法性提供依据,注重与国家政权的合作;参与公共事务,追求个体自治、摆脱"阶级束缚"等。第三章着重考察店员工会在民族主义运动、国内(地方)政局变动中的立场及党治体系下店员工会的搏击与依从,梳理店员工会在公共事件、慈善救济中的表现及与市井文化、地方风俗的关系,剖析店员工会对国内政治、地方社会生活及秩序的影响。总体来讲,店员工会参与的社会救济主要是救济失业店员,向慈善团体提供的资金捐助较少,这与店员工会的财政状况有关。并且,店员工会的救济活动带有一定的强迫性。

规范工作职责是国民革命时期店员"解放"及近代企业"科学管理"的趋势及表征。店员的工作内容,明文载于各项规章制度当中,按照规章制度界定的时间表作息,衍生出店员"属于店铺"、"属于自己"的时间划分,在此基础上安排自己的工作,"纪律"成为其生活中的一项特征。工作流程、职责的固定化、标准化,勾勒出具有专业知识、特定职业理念且为公众服务的店员群体。第四章着重考察店员工会在店员的职业技能培训、职业分工、规范化管理等职业建构活动中的作用,以及店员工会的法律定位及在劳资纠纷中扮演的实际角色,解读店员工会对会员的利益代表功能及帮助政府实现社会控制的政治职能。

通过机关刊物宣传政治主张和理论思想、维护自身利益,是近代社团组织的常态活动。店员工会成立后,以积极出版刊物、报纸等手段动员店员群体,彰显工会诉求。第五章以上海工商友谊会创办的《伙友》周刊、武汉店员总工会编辑发行的《店员之友》、《每日通讯》为考察对象,梳理其内容、栏目设置、发行量、政治倾向等,解读精英分子的价值观念引导与普通民众接受的关系。从编辑回答问题的方式可以看出,刊物宗旨在于"问题化"店员生活,如西药业店员提出的问题,编辑的回答同样适用于百货公司店职员。刊物披露的多是编辑希望的应该如此的店员生活,刊物对店员生活的"再现",其实是编辑、读者、被描述者(后二者可能重合)之间彼此妥协发言权的结果,反映的是三者对店员生活的建构与再建构。从店员对工会刊物宣传内容的认可度观察,工会刊物在政治属性界定方面对店员群体产生了一定的影响,但其效用发挥最终取决于店员的自身需求。而在业余生活方面,工会刊物虽在"正当娱乐"的定义、解释方面具有话语优势,但最后仍由店员自身决定属于他们的娱乐方式,在追求业余生活中展示其主动性。

中国大陆学者、台湾学者虽对联俄、联共和扶助农工"三大政策"存有争议,但"一大"改组后,国民党开始重视民众运动,当是不争的事实。"店员运动"是其"开展民众运动"的重要组成部分,只是对店员运动的性质"颇难断定",店员工会亦"因地方情形不同"而"性质"不同。第六章主要考察国民党的店员运动策略及其对店员工会的相关界定。从实践层面观察,国民党对店员的身份归属、店员工会的会员资格及入会管理颇多争议,店员是否应组织工会,在总工会、总商会、商民协会以及国民党各级党部的工人部、商民部之间,纷争不断,国民党中央执行委员会的相关政策也是摇摆不定,一定程度上影响到店员工会的职能范围及自律效果。

中国共产党是"工人的政党",以工人阶级的利益为第一位,党的工人运动策略是"投身工人队伍中,宣传工人阶级团结起来组织自己的工会"。但投身到具体的工人运动时,中共知识分子发现中国的产业工人非常少,且无明确的"阶级意识"。与之形成鲜明对比的是,店员人数众多,"中国工人总数若是一千二百万,其中手工业工人及店员即占九百万"①,且具有强烈的斗争意愿,并在斗争中展现出组织团体的内在诉求。动员店员加入社会革命因而成为中共开展工人运动、追求劳动者经济改良的重要内容。第七章着重分析中共内部关于店员阶级属性的讨论,及"帮助国民党组织店员及手工业工会"、组建赤色店员工会的工作思路与结局。从内部结构观察,赤色店员工会对店职员的动员、宣传较为关注,经济诉求不是其结构设置的主要考量因素。与国统区店员利益的首要诉求是"加薪、改善待遇"等相比,赤色店员工会"过高"的阶级觉悟,外力影响的痕迹较为明显。

民间社团是公共领域的活跃因素,以社团为核心的组织化参与构成有效的社会制衡机制。店员工会是社会生活中具有一定功能和组织结构的组成分子,其产生、存在和发展,需与外部环境进行各种各样的联系和交流。第八章结合店员工会代表性人物的关系网络,剖析店员工会网络建构的机制和特征:店员工会之间并未建立常态化的联系机制,亦未举办全国或区域性店员大会。店员工会呈现出互为支持的姿态,但也存在着冲突与斗争,尤其是同一商业店铺存在两个以上店员组织时;商民协会与店员工会之间有"合作"解决劳资纠纷的诉求及实践,但双方因争夺"店员入会"龃龉不断;作为群体"结社",店员工会积极参与公共活动以凸显自身存在和影响力,以组织化的形式对其他社团的社会参与施加对己有利的影响;店员工会与政府是一种"合作"关系,店员工会始终在法律许可的范围内进行活动,不存在与政府对抗的情况。

店员工会的普遍设立,与政党的宣传、动员不无关系,但店员工会的政治选择,最终取决于店员职业生活正当性的维系。国民革命时期,店员工会对入会店员的利益代表程度非常有限,加之非制度化的利益组织化方式,普通店员的诉求难以在工会组织内顺畅表达,其存在合法性不断受到质疑。内部整合功能的匮乏,使店员工会无法拥有很强的组织凝聚力与有效行动力,店员工会自身的运作功能因而趋于萎缩,不具备强有力的社会整合能力,帮助政府实现社会控制的整合功能也随之走向式微。

<hr>

① 《第四次全国劳动大会·组织问题决议案》,中华全国总工会中国职工运动史研究室编:《中国历次全国劳动大会文献》,北京:工人出版社,1957年,第247页。

第一章　店员工会的发展演变

根据目前掌握的资料,最早以工会命名且得到官方认可的国内店员组织是1922年成立的广州当按押同业店员工会。国民革命运动兴起后,各地店员工会纷纷成立,并随着强制入会的推行,很快成为这一时期店员的主要组织形式。

第一节　民国时期店员群体概况

店员在中国的出现,可以追溯到上古时期。"神农氏教民日中为市,为我国商业开一新纪元。加以黄帝英姿大略,拓土开疆,又为中国统一政治之鼻祖,其时文化卓然可观,故商业亦渐兴盛……至周而商业上之一切丕然大变。"[①]当然,最初的店员往往由店主自任或由其家属充任。

步入近代以来,面对"数千年未有之变局",传统的农本社会转而"重商","通商惠工,为经国之要政"[②]。"国家不欲图强则已,欲图强非先致富不可,欲致富非爱惜商民不可,未有不保元气而可以存活者也。故曰商民为国家之元气也。"[③]

政府层面的推动极大促进了商业的发展,"商贾云集,行旅熙攘,肩摩毂击,常络绎于途"[④]。1901年至1911年,全国兴办企业585家,是此前30年

① 陈灿:《中国商业史》,上海:商务印书馆,1925年,第3页。
② (清)朱寿朋编,张静庐等校点:《光绪朝东华录》第5册,北京:中华书局,1958年,第5613页。
③ 《商业发达论》,上海《新闻报》1900年12月9日。
④ (民国)《高邑县志》卷5《风俗》,台北:成文出版社,据民国二十三年铅印本影印,1968年。

总数的两倍多①。商业发展必然带动店员数量的增加,早在1876年,香港店员已达6471人,1881年为5369人,1891年增至15222人②。

中华民国成立后,"共振实业"浪潮的推动下,中国资本主义工商业迎来了持续10年较快发展的"黄金时代"。1912年至1921年,在农商部注册的工商企业达764家(不含金融业),资本总额近28540万元,与1911年相比,企业总数增加1倍左右,资本总额增加了近2倍③。在河南,近代商业总体上的发展规模超过了工业资本。据1936年统计,郑州、开封、许昌等8个城市,商业资本占工商业总资本的94.4%④。并且,长期存在的农村中的市场组织在商业活动中占据重要地位,无论是一年一度的以日用品、农产品交易为主要内容的庙会,还是定期、不定期的乡村集市,是广大民众特别是农民群众出售剩余农副产品、购买所需物品的主要场所。其交易内容随着社会生产的内容和社会生活的不同需求而发生变化,就其交易和参与的广泛性而言,丝毫不亚于城镇商店的商业活动。

民国时期的商业繁荣,首先表现在区域性商品交易中心的出现,即便是"商事不振"的河南,亦形成郑州、洛阳、漯河、许昌、驻马店等商品交易中心:郑州长期"是一个街道狭窄、道路弯曲、经济上自给自足的类似18世纪古城镇式的小集市"⑤,平汉铁路和陇海铁路通车后,这个"昔年户数五百、人口三千三百"的小镇,"骤增万人,东西街最繁盛,西门外为车站所在,旅馆、菜楼、剧场、澡堂,市上人力车,亦百余辆之多"⑥。抗战前夕,郑州商业"相当的繁荣,商店有一千七百多家"。洛阳在北京政府时期逐渐繁华起来,人口增加到5.4万人,"商业繁盛,肆市比栉,东街新修商场,规模宏大"⑦。一些外地商号相继在洛阳设庄开行,如北京"福来祥"百货店、浙江"宝成"金店、山东"谦信"燃料行。传统商号一改过去的木板门,装修为新式门,如"泉茂"、"正兴"茶庄的商品包装精美,传统食行"四茂恒"、"长春"、"裕豫长"等酱菜、糕点铺开始摆出各色糕点、糖果、饮料,"变为新型的南货食品商店"⑧。

① 马敏:《商人精神的嬗变——辛亥革命前后中国商人观念研究》,武汉:华中师范大学出版社,2011年,第80页。
② 徐曰彪:《早期香港工人阶级状况》,《暨南学报》1993年第4期。
③ 中国社会科学院近代史研究所编:《五四爱国运动档案资料》,北京:中国社会科学出版社,1980年,第2~6页。
④ 陈真编:《中国近代工业史资料》第4辑,北京:三联书店,1961年,第83~85页。
⑤ 张学厚:《郑州棉花业的兴衰》,《郑州文史资料》第5辑,1989年,第1页。
⑥ 林传甲:《大中华河南省地理志》,上海:商务印书馆,1920年,第172页。
⑦ 同上,第230页。
⑧ 董纯熙:《近代洛阳商业漫谈》,《洛阳文史资料》第2辑,1987年,第41页。

金融业也繁荣起来,1915 年,洛阳有 10 家银号①,1921 年,新开银号 10
家②;20 世纪 30 年代漯河有粮行 170 余户,烟叶行、油行 100 余户,牛行
120 余户,药房 55 户,金店 13 户,日用品商店近 1000 户。"每岁陆陈市开,
商贾如云。各大粮行,各大转运公司,均仓廪充实,堆积如山。"③与漯河情
况类似的还有原属确山县的驻马店,过去为一小镇,光绪年间这里单日逢
集,有饭店、杂货店、理发店等十余户。因京汉铁路在此设站,遂成大镇,"自
火车通行,争购地基,建筑房屋,街道齐布,商业云集,陆陈盐厂荟萃于此,并
设警察所以资保护,南北往来商旅称便"④。铁路通车后,许昌商业"日形起
色",以火车站为中心,各种工厂、公司相继设立,西关有收买烟草厂,城内有
中国银行、河南银行、丝绸庄、钱钞庄、洋货庄、皮庄、香油庄、杂货庄等业,
"均较前发达"⑤。特别是随着烟草的种植,除英美烟公司、南洋兄弟烟草公
司在许昌收购、烤烟外,全国各地烟商亦纷至沓来采购烟叶,随之烟行、装运
公司兴起,许昌成为全国闻名的烤烟贸易市场。

　　专门经营洋布呢绒、五金钢铁、颜料、西药、纸烟、环球百货等新式商业
行业的出现也是民国时期商业繁荣的一个表征。上海早在 19 世纪 80 年代
即有洋布店 60 多家,1900 年增至 130 余家,1913 年多达 300 家左右⑥。西
药店 1894 年有 6 家,1911 年增至 28 家,资本额由 46 万元增至 566.6 万元,
营业额自 58 万元增至 439 万元。五金商店 1900 年有 58 家,1914 年已增至
141 家⑦。1920 年代,汉口新式商业行业有西药、西衣、西医、外国首饰、洋
布、洋货、洋纸、煤油、照相等⑧。济南亦出现颜料、五金、西药、汽车、自行
车、电话业、照相、机器等新式商业⑨。河南作为内陆省份,虽标榜"仍保洛
学不失",但新式商业已经在民众生活中扮演了重要角色:1932 年,开封有
照相馆 35 家,"现有者计山货店街有容光一家,南北书店街有容芳、永大、美
丰、真吾等四家,中山南北街有豫明、新华、北雅、真容、庆康、美芳(前遭回

①　农商部总务厅统计科:《中华民国四年第四次农商统计表》,上海:中华书局,1917 年,第
　　599 页。
②　洛阳地方史志编纂委员会编:《洛阳市志》第 10 卷,郑州:中州古籍出版社,1996 年,第
　　336 页。
③　《地绾南北之漯河》,《河南政治月刊》1933 年第 3 卷第 3 期,第 146 页。
④　张缙璜纂修:《确山县志》卷 13《实业》,汉口:大丰印书馆,1931 年。
⑤　王秀文修,张庭馥纂:《许昌县志》卷 6《实业　商业》,1923 年石印本。
⑥　中国社会科学院经济研究所主编:《上海市棉布商业》,北京:中华书局,1979 年,第 15 页。
⑦　丁日初:《辛亥革命前的上海资本家阶级》,《纪念辛亥革命七十周年学术讨论会论文集》
　　上册,北京:中华书局,1983 年,第 288 页。
⑧　武汉书业同业公会编:《汉口指南》,1920 年,第 17~18 页。
⑨　山东省政府实业厅编印:《山东工商报告》,1931 年,第 381 页。

禄,于年前又复业)等六家,相国寺后及相国寺内有宝记、美光两家,东西商场有卢山、彬记两家,铁佛寺有美丽一家,河道街新光、镜华(为本市最久之照相馆)两家,马道街有同章(前东歇业,有台计接办)、留春(亦为本市初期之照相馆,惜今已落伍矣),鼓楼街有新美一家,鱼池沿有大芳一家,吴胜角有似我轩一家①;抗战时期,洛阳市有近 100 家颜料商店,"其所售之货色,多系德国颜料公司出品,次则为美国,再次为敌国虎牌快靛"②。

　　商业的繁荣使得店员数量急剧增加。北京政府农商部统计,1922 年全国有店员 160 万人③,国民党中央工人部统计,1927 年 6 月底店员人数达到 660 万④,毛泽东则认为商店店员、城市小工业和手工业的雇佣劳动者约有 1200 万⑤。具体到各省店员人数,根据目前掌握的资料,梳理如下(见表 1 - 1)。

表 1 - 1　各省商店数、店员数统计表(1932 年)⑥

地　　区	人口数	商店数	参加统计商店数	店员数
江苏省	31891255	118921	13724	90948
浙江省	20331737	39688	28297	136681
安徽省	21767719	12440	5633	34123
江西省	15567831	28375	19434	76448
湖北省	26699126	32249	12902	62184
湖南省	27077109	98765	1477	4726
四川省	49034154	33580	各县店员	27265⑦

① 河南省统计学会编:《民国时期河南省统计资料》上册,郑州:河南省统计学会,1987 年,第 703～704 页。
② 秦孝仪:《中华民国重要史料初编——对日抗战时期》第六编《傀儡组织·汪伪政权》,台北:"中国国民党中央委员会"、"中央文物供应社",1981 年,第 1109 页。
③ 骆传华:《今日中国劳工问题》,上海青年协会书局,1933 年,第 143 页。
④ 《武汉店员概况》(续表),《汉口民国日报》1927 年 7 月 4 日。
⑤ 毛泽东:《中国革命和中国共产党》,《毛泽东选集》第 2 卷,北京:人民出版社,1991 年,第 644 页。
⑥ 巫宝三:《中国国民所得》(下),上海:中华书局,1933 年,第 247～268 页;实业部劳动年鉴编纂委员会编:《二十一年中国劳动年鉴》,1933 年,第 246～252 页;山东省政府实业厅编印:《山东工商报告》,1931 年,第 381 页等。
⑦ 具体为:新津县 2602 人、武腾县杂货业 22 人、陵符县 452 人、金党县 740 人、纳□县 957 人、叙永县 2705 人、冕宁县 1066 人、盐源县 1871 人、会理县 2750 人、安岳县 14100 人。见实业部劳动年鉴编纂委员会:《二十一年中国劳动年鉴》,1933 年,第 246～252 页。沈云龙主编:《近代中国史料丛刊三编》第 60 辑,台北:文海出版社,1990 年。

地　区	人口数	商店数	参加统计商店数	店员数
福建省	10071136	39276	14235	53273
广东省	31174081	34000	1237	15275
广西省	12205930	19789	4287	12396
河北省	31367435	118386	22131	123787
山东省	37057706	41633	3390	33951①
山西省	11591880	22016	22016	133185
陕西省	11900000	12989	2417	13125
绥远省	2243522	5554	238	3034

　　需要指出的是,表格反映的店员数量并不准确,部分省份的店员数量甚至明显有误。比如湖南省,作为传统的商业较为发达的省份,全省店员只有4726人,明显与事实不符。广东省店员,1928年即达35万人,其中：广州占40%,即140000人;香港占25%,即87500人;汕头占15%,即52500人;其他各地占20%,即70000人②。加上未成年店员、学徒、练习生③,广东省店员的数量应当不少于40万人,决不限于表格统计的15275人。

　　作为职业群体,店员须具备一定的教育程度,这是其参与店务管理的基本前提。上海永安百货公司规定,男女售货员须具中学教育程度,熟练珠算及笔算,通英语会话。练习生须初中毕业及具有简单的英语能力,侍役、送货员,应具备高小教育程度④。这一时期的店职员招聘启事也大致可以反映出商业店铺对店员教育程度的要求。1924~1926年《申报》刊载店职员招聘启事35个,教育程度要求中英文通顺的9个;文理清通、中学以上

----

① 根据《山东各重要城镇商号概况统计表》的相关数据,山东仅有店员5784人,包括济南3076人,定陶115人,滕县54人,沂水63人,寿光97人,德县41人,德平40人,莒县29人,蒙阴31人,聊城11人,郯城235人,烟台306人,滋阳48人,日照115人,夏津25人,黄县91人,文登42人,齐河32人,新泰38人,安丘182人,泰安35人,邹县42人,牟平20人,临朐40人,惠民59人,临清111人,高唐39人,济阳41人,武城235人,济宁177人,蓬莱40人,禹城26人,淄川25人,章邱35人,恩县63人,鱼台111人,商河14人,应当是统计标准存在偏差。见山东省政府实业厅编印：《山东工商报告》,第381页,1931年。

② 《广东职工运动报告》,1928年,广东省档案馆档案;转引自卢权、褟倩红编撰：《广东早期工人运动历史资料选编》,广州：广东人民出版社,2015年,第26页。

③ 1928年,包括店员、学徒(练习生)在内的童工,广东全省约有18万人,见《广东职工运动报告》,1928年,广东省档案馆档案。

④ 《本公司雇用职员简则》,上海永安公司档案,上海市档案馆藏档,档号：Q225-2-47。

学历的 8 个;要求工商团体之领袖的 1 个;需求营业经验的 6 个,不限教育程度、量才录用的 6 个;没列出条件的 5 个。要求中学以上教育水平的占 69%,不要求教育程度的只占 17%。1939 年,北京市职业介绍所介绍得业的店员(含练习生),14.07%具有中等教育程度,85.93%具有初等教育程度(见表 1-2),远高于产业工人的教育程度①。这也是国民革命时期店员运动较其他工人运动"激进"的一个原因。

表 1-2　北京市职业介绍所介绍得职人数教育统计表②

教育程度 月　份	得业人数总计 店员(含练习生)	教　育　程　度		
		高等教育	中等教育	初等教育
1939 年 3 月	21 人		1 人	20 人
1939 年 9 月	41 人		5 人	36 人
1939 年 11 月	6 人		1 人	5 人
1939 年 12 月	63 人		10 人	53 人
1940 年 2 月	68 人		11 人	57 人

当然,店员的教育程度存在行业、地区差异。不同行业,店员的教育程度迥然相异,"衣料零售业店员中,高小未毕业者占80%~90%,初中毕业的占 1%~2%,未受新式教育的占 10%"③;服务性的茶馆、酒饭店等甚至根本不考虑店员的知识背景(账房等除外),"女招待虽然有着各种不同的背景,但大多数是来自下层没有受过教育的已婚妇女"④。不同地区,店员的教育程度亦千差万别:上海、汉口等商业发达地区,店员的知识程度要求较高;广大内陆地区,店员大多"没有进过中学,一般仅读三五年书就当学徒了"⑤。

以行业为观察视角,店员存在着明显的地域特征,某地从事某行业的以某乡居多。比如长沙药业,分苏帮、河南帮、山东帮、江西帮、长沙帮五帮:药店最负盛名的上坡子街之劳九芝堂,系苏州籍。下坡子街东协盛、西协

---

① 国民党立法院 1929 年 6 月的调查数据显示,南京产业工人能看懂白话报者只有 19%,能用白话文写信者只有 14%。同一时期在武汉的调查显示,22.23%的工人能看懂白话报。即便考虑到年代差异,店员的知识程度也远远高于产业工人。见《统计月报》第 1 卷第 4 期,第 26 页。

② 根据《社会统计月刊》第 1 卷 1~2 期、第 2 卷 1~2 期刊登的北京市职业介绍所工作日志统计而得。

③ 朱邦兴等编:《上海产业与上海职工》,上海人民出版社,1984 年,第 705 页。

④ 王笛著译:《茶馆——成都的公共生活和微观世界(1900~1950)》,第 294 页。

⑤ 沈钦馥:《城区店员工会及其"职工生活"》,《黄岩文史资料》第 11 辑,1989 年,第 165~168 页。

盛,均为山东、河南籍,店中帮伙学徒,非北方人不请。从事药材批发的则多为江西人①。上海永安百货公司店职员,"除售货员一小部为外省人外,余都是广东人"②;大新百货公司广东籍店职员占 68.19%,江苏与浙江籍各占19.28%、11.33%③。换言之,上海四大百货公司可以说是典型的"粤帮企业",不但绝大多数的业主及经理人员是广东人,低阶职工也以广东人为主。"需要增添职工时,尽先录用广东同乡人,工资亦比非广东帮人略高。"④并且,四大百货公司的店员,职位愈高,粤籍比例愈大,1940 年代,先施公司与新新公司内粤籍干部的比例分别高达 83%、79%⑤。

　　国民革命时期的店员以男性为主,女店员较少。1927 年,武汉店员总工会女性会员只占总数的 1.21%⑥,上海四大百货公司 1930 年代雇用的女店职员比例"大约占全体员工的十分之一左右"⑦。若从整体商业观察,女性从业人员的比例更低,1935 年的一项调查显示,上海公共租界从事商业及金融保险业的人口约有 18.8 万,其中女性仅 4252 人,占 2.26%⑧。这与中国"男主外、女主内"的传统分工模式有关,女性角色被定位为以家庭为框架,社会舆情对女性谋生于公共场所有不少禁忌⑨。并且,政府层面的中国女子教育始于 1907 年,到 1923 年,全国各级学校女学生比例只有 6.31%⑩。

---

① 兰心:《省城药业及药业公会之沿革》,长沙《大公报》1925 年 9 月 11 日。
② 郭官昌:《上海永安公司之起源及营业现状》,《新商业季刊》第 2 号,1936 年 2 月,第 40 页。
③ 1952 年上海总工会的调查显示,大新百货公司 415 名店职员中广东籍者有 283 人(68.19%),江苏与浙江籍各有 80 人(19.28%)与 47 人(11.33%)。该调查还显示:大新公司职员店龄 1～5 年者 56 人,6～10 年者 61 人,11～15 年者 167 人,16～20 年者 131 人,显然 50%以上的店职员,年资超过 10 年,因此 1952 年的店职员籍贯分布与 1940 年代相差无几。参见《大新公司职工籍贯统计表》,上海总工会档案,上海社会科学院历史研究所,No.51。
④ 上海社会科学院经济研究所编:《上海近代百货商业史》,上海社会科学院出版社,1988 年,第 177 页。
⑤ 《1948 年先施同人俱乐部会员名单》,上海市档案馆藏档,档号:Q6 - 13 - 545;《1949 年新新同人俱乐部会员名单》,上海市档案馆藏档,档号:Q6 - 13 - 522。
⑥ 武汉店员总工会会员 33184 人,女会员 400 人。
⑦ 根据郭官昌所言,1936 年永安百货公司"职员共 500 余人……女职员共有 50 余人"。新新百货公司经理李承基回忆:"我们也用了不少女店员,但男士相比,只不过百分之十。"1938 年到 1941 年新新百货公司的人事资料显示,这四年中共有 155 名女性任职该公司,约占总数的 7%,见郭官昌:《上海永安公司之起源及营业现状》,《新商业季刊》第 2 号,1936 年 2 月,第 40 页,参见《1938～1941 年新新公司人员名册》,上海新新公司档案,上海市档案馆藏档,档号 Q226 - 1 - 38。
⑧ 上海市通志馆年鉴委员会编:《上海市年鉴》,上海:中华书局,1936 年,第 23 页。
⑨ 王笛著:《街头文化——成都公共空间、下层民众与地方政治,1870～1930》,李德英、谢继华、邓丽译,北京:中国人民大学出版社,2006 年,第 263 页。
⑩ 古楳:《妇女界之觉醒》,见李又宁、张玉法编:《中国妇女史论文集》第 1 辑,台湾商务印书馆,1981 年,第 304～305 页。

考虑到店职员的教育程度、雇用门槛,大规模涌现女店员的可能性不大。社会形象的污名化倾向亦使得一般职业女性排拒店职员工作①。

第二节　店员团体的组织沿革

早在明末清初时期,即有以工伙为主体的行会,"就工资、工作环境进行讨价还价,不过他们的数量并不多"②。普遍的情况是店员和店东一起加入该业公所。近代以来,争取公所管理权激发了店员组建自身团体的热情,出现了以店员为主、包括中小商人的黄色工会、招牌工会,甚至阶级色彩鲜明的店员工会。

一、公所、手工帮

公所是中国工商业行会机构的习惯命名,在官府文书中与会馆并提,"会所与公会名称虽殊,意义则一"③。与会馆、公所类似,"堂"也是工商行业的一种组织名称,北京广货商帮的"仙城会馆简章"提到,"本馆自重修后,初拟改用堂名,不欲用会馆二字,免与本省公立之会馆相同"④,说明以"堂"命名是同业行会机构的历史常态。类似的命名有:广州南海布行为纯俭堂,番禺布行为纯德堂、疋头行为锦联堂、纱绸行为永艳堂,佛山新钉行为金玉堂、堂鞋行为福履堂和儒履堂、京布行堂名乐和会馆等;广西梧州经营棉纱、棉花、疋头等业的有协和堂,靛水业有光裕堂,药材业有寿世堂,钱商和当铺业有昭信堂等;旅沪粤帮木业工匠组织的公所,名为公胜堂。工商业组织通常祭祀共同信仰的神祇为行业神,以之作为加强内部团结的手段,祭祀的场所——庙、殿、宫、会等因而成为工商行业的组织名称,"此所为前宫后殿与会馆二而一也,合庙堂于会馆也"⑤,诸如长沙槽坊同业组织名杜康庙,益阳槽坊同业组织名福星宫,长沙角盒花簪同业组织名火宫殿,长沙绸

---

① 女店员往往被大众贴上花瓶的标签,认为她们只是商店的装饰,对于工作毫无实际用途。"在这些'胡调朋友'口中,女职员的名词,也就代替了什么'花瓶'";女职员在无形中,变成了一般聪明商人所利用的一种广告了。参见海啸:《女职员的生活》,《申报》1939 年 3 月 19 日。
② Golas, "Early Ch'ing Guilds", in Skinner ed., *The City in Late Imperial China*, Stanford, Calif: Stanford University Press, 1977, p.573.
③ 江苏省博物馆编:《江苏省明清以来碑刻资料选集》,三联书店,1959 年,第 209 页。
④ 仁井田陞编:《北京工商ギルド资料集》,东京大学东洋文化研究所,1985 年,第 985 页。
⑤ 上海博物馆图书资料室编:《上海碑刻资料选辑》,上海人民出版社,1980 年,第 236 页。

缎布匹业分设锦云会和文质会,武冈染纸作坊同业组织命名梅葛祀,等等。

会馆公所虽都注重敬神祭祀,举办各种善举,实则为经营工商业的目的所创立,"我们选取清代有具体年代记载的工商业会馆公所,经过修正重新核算,计有 598 个,试作不完全统计,属于手工行业者占 49.5%,属于商业行帮者占 50.5%。仅就 302 个商业行帮会馆公所统计,其中属于商帮会馆占40%,商业会所占 60%"①。

工商业性质的会馆公所,其成员包括店主、店伙,"凡新开店,当出钱一串二百文;新来汉口,为店员者,当出入帮钱四百文;自他帮雇入之徒弟,当出钱五百文;徒弟入会者,当出钱五百文","凡欲开设新商店,或新工厂者,应按章程规定缴纳重捐。但有时应代所有柜伙,及工人缴足入会费"②。各业行规也大多有店伙与店主共同加入行会的相关界定,现将较具代表性的梳理如下:

> 省垣客师上会钱二串,外省客师入帮者上会钱六串。同行备茶一台,其钱均交值年收管。老板以后帮店,要入帮钱二串文,如有不遵者,外罚钱二串文入公。(长沙长善银号公议条规,光绪二十五年)
>
> 嗣后有新添伙友,均宜公论派捐财神会功德,已捐者不得再捐,新添徒弟捐财神会钱二串文。若有不守店规者,去留听东自便。(巴陵钱业条规)
>
> 学徒入会钱三千二百文,进店交半,次年全交。(武冈南货店条规)
> 新徒学习及外来先生,每名捐钱八百文入会。(邵阳广货店条规)
> 外来师友入会项钱一千八百文(着存店主交值年)。徒弟三年方可出师,入会项钱一千八百文。倘有未出师,未入公项者,不准荐请,违者公罚。(益阳丝线铺公议条规)
>
> 本城铺户新带徒弟,只准一出一入,必须知会值年,登记进师日期,定以三年为满。期满出师,即备入帮钱三千四百文入公,随交值年收管,不得展期。师傅亦不得推延,违者,公同逐革。本行毋许私请帮贸,倘持强不服,公同禀究。
>
> 城乡内外铺户客师,每逢祖师瑞诞,铺户客师出备香资钱一百三十文,无论兄弟子侄均各出香资敬神,照规清交值年手收毋得私相授受,倘人钱不到,勿同庆祝,公同议罚。(长沙皮箱店条规)

---

① 彭泽益主编:《中国工商行会史料集》上册,北京:中华书局,1995 年,第 15 页。
② 同上,第 97、121 页。

外来入会者，出钱四千零四十文，限至六个月交清，倘过期不清，该铺户扣伊工钱赔出，或做二三月照算扣除。外来参师徒弟，未满二年者，入钱三千二百文。门徒出师帮师者，入会钱一千六百八十文，帮外店者，加钱四百文。值年每月初二十六稽查徒弟出师及外来帮做者，收取会钱，并香资存会。（长沙干湿靴鞋店条规）

外来司务入会钱三千二百文，半月外收钱，永定百文，每月一百文。

徒弟出师，上会钱二串四百文，每月收钱五十文。（益阳靴鞋店条规）

学徒未出师者，不准在外帮做，其如祀之资，师内八百，师外一串四百。外来客师一串四百文，概归店东，毋得拖延。（浏阳靴鞋店条规）

外来帮工者，捐入会钱八百文，限定十日内缴楚。如有过期不缴，惟店主是问。

徒弟出师，捐入会钱二百四十文，限定本年缴楚，如违公同议革。（新宁靴鞋店条规）

凡带店徒，毋论戚友子侄，拜师时捐银四两归公，不取别项。以及外来新帮者，上入帮银四两，违者革退。（长沙红白纸店条规）

铺户带徒学贸，以及参师者，该徒出备行规钱二串文，其钱进师之日交纳，如违不遵，不准带学。店主请外帮帮贸，必须先向值年言明其人可否准入之处，值年查明行止果端，方可雇请，并令出备入帮钱四千文，其钱预先交楚，方准入店。（长沙玻璃店条规）

北帮师友来省帮贸，每人捐钱三串五百文，其钱半月归清，入会敬神。师友每月工价多寡，抽收厘头典钱十文，其钱按月收清，入会敬神。带徒弟，每铺只准一名，两年满方可再带。进店捐香钱二百文，出师捐钱八百文入会敬神。（长沙白铁帮客师友重整条规）

本省外省各伙来益帮贸者，入会钱将工钱四百文入公，过期未入会者，店主承当，如有抢夺客司者，查出公同议罚。（益阳洋铁同行条规）

徒弟入学艺，备钱四百文入会，期满艺成，备费钱八百文，以归划一。外来帮伙备入费钱二串四百文方许帮贸。（益阳刀店公议条规）

外来客师，出香钱四串八百文，交值年首士演戏庆祝祖师瑞诞，如有不遵，公议不许入帮。（长沙棕绳铺条规）

客师并参师来祀者，每名议捐钱二串四百文，或由荐主先告，或店主面定，必须布明，捐项限一月内兑足，不得拖延。学徒入祀钱一串二百文，限进师一月为定，其钱仰师店代出。（浏阳帽庄条规）

外来客师帮贸，入上行银二两，日后开设铺面，加捐上行银八两，挂

牌费钱二串文,以合外班入行一例,如有违者,公同阻止。(长沙梳篦店条规)

外行与内行合伙开店,及入店帮贸者,须先知会值年,书名登簿,出备入会钱四千文,倘更改字与日后开店牌费均照章程。(长沙古玩玉器店条规)

外来作头客师,每名备入帮钱四串八百文,二帮客师每名备入帮二串四百文,三四帮客师每名备钱一串二百文,均限一月内交值年人收清入簿。(益阳槽坊条规)

新来客师,公议出香资钱四千文,其钱限于先期送交值年人,报名入册,方许进店。倘香资不交,不得潜混帮贸,如不遵规,一经查实,公同逐出,其店东隐匿者,同伙徇情不报者,各罚钱一千文入公。(长沙药店条规)

帮伙初到,捐入钱一串文,上在会内,所有各帮伙身居异乡,倘有不测或病故者,凭本帮验明,该店主助钱五千文,会上助钱五千文,以作衣棺抬力等费。(长沙戒烟店条规)

帮贸客师来市,预先上会钱八百文入会,在店如有私弊,查出公将衣服等件焚毁,永革不准在益,倘有同行停留,及销弊者,加倍重罚,如违禀究。

出师徒弟,学习三年,帮师一年,任师给俸,帮满之后,或帮别人,亦要师引荐,预先上会钱二百文入公,如违不准入帮。(益阳漆店条规)①

从实践层面观察,工商业性质的会馆公所大多遵循店东、店员混合组织的业态。诸如长沙市:鞋业公所,帮伙每名缴入会洋四元,学徒减半②;酒席业公所,帮伙入会,从前每名钱四串,现改为四元③;豆腐业公所,店伙每名入会钱两串④;账簿业公所,店主捐牌费洋四元,帮伙入会洋一元⑤;木业公所,店主捐牌费四两,各帮伙交入会钱各五串,学徒入会钱一串⑥。当然,也有部分行业,店员自己组织团体,但仍隶属于行业公所或允许该业店主加入:(长沙)烟店帮伙、烟作坊同仁,另组织有会,尚未购买会址,亦举有总管

①　彭泽益主编:《中国工商行会史料集》上册,中华书局,1995年,第230、239、246、248、258、273、277、279、281、282、328、351、352、353、357、359、389、397、399、409、447、452、486页。
②　兰心:《省城鞋业之分合与沿革》,长沙《大公报》1925年9月18日。
③　兰心:《省城酒席业及詹王宫之沿革》,长沙《大公报》1925年9月21日。
④　兰心:《省城豆腐业及淮南公所之沿革》,长沙《大公报》1925年9月25日。
⑤　兰心:《朝阳巷三王街一带之账簿业》,长沙《大公报》1925年12月5日。
⑥　兰心:《省城圆凿木业及其公所之沿革》,长沙《大公报》1925年12月17日。

值年,每年办会即在总管家进行①;南货业伙友组织有公会,店主也可以参加,店主与店伙各推荐一个总管②;缝衣业店员自己组织有团体,隶属于缝衣业公所,不入会不允许在长沙做工,入会费由每名四串、学徒两串改为客师四元、学徒两元,每年所收入会钱及香钱,除办会用去外,余款则由总管生放息金,轮流经营,年年余积,年年置产③。汉口商业团体,明确标明店员、店主共同组织的有:雷祖殿系酒店炒菜东伙同业公所、玉清宫系烘糕店东师友同业公会、玉枢宫系包席赁碗东伙同业公会、池业公所系东伙集资建造、金箔会馆系师友公会、太阳公所系师友工艺会、赫胥宫系梳篦帮店户师友公会、四神殿系编炮师友会所、天平公会系铺户师友公会④。北京市店员店主混合组织的情况,根据目前掌握的资料,可大体梳理如下(见表1-3):

表1-3 北京市店员店主混合组织情况统计表

同行公会类别	店主	工人	生徒	会员总数	工人与生徒平均数
剃头匠	380	2270	820	3470	2.8
制牙刷匠	40	210	80		2.6
画骨头匠	20	150	50		3
制木梳匠		40	10		4
制鞋拔匠		50	10		5
制眼镜框匠		100	45		2.2
制刮舌匠		90	30		3
地毯商	68	2500	2500	5068	1
煤商			19110		
批发者	60	650	300		2.2
零售者	3100	12000	3000		4
点心铺	50	670	180	900	3.7
药铺	180	3370	1100	4650	3
裁缝铺	2500	13300	5500	21300	2.4
染棉布者	10	720	80		9

---

① 兰心:《省城烟业与烟业公所之沿革》,长沙《大公报》1925年10月2日。
② 兰心:《省城南货业之分合及其沿革》,长沙《大公报》1925年9月14日。
③ 兰心:《省城缝衣业及轩辕公所之沿革与纠纷》,长沙《大公报》1925年9月13日。
④ 彭泽益主编:《中国工商行会史料集》上册,第137~145页。

同行公会类别	店主	工人	生徒	会员总数	工人与生徒平均数
染绸缎者	30	2780	420		6.6
皮货庄	300	1700	2500	4500	0.7
金银首饰匠	15	100	50	165	2
帽匠	110	1540	360	2010	4.3
化妆品商	403	2100	290	2793	7.2
制玉商	430	800		1230	
画匠	40	1000	360	1400	2.8
当铺	70	1400	200	1670	7
皮靴匠	1300	800	400	2500	2
冶金师	10	125	40	175	3.1
批发者	14	164	60		2.7
零售者	50	760	240		3.2

资料来源：〔美〕甘博著，邢文军等译：《北京的社会调查》（下），北京：中国书店，2010 年。

　　店员与店主"混合组织"后，其会员权利是有制度保证的。上海面粉业伙友争取公所管理权的斗争即其会员权利的具体体现。

　　上海面粉业行会公所原是大行（东家）和小行（伙友）共有的，1919 年 5 月 13 日（旧历）"关圣诞日"以后，大行"见小行中人多粗蠢，倡议将公所概归小行管理，大行筹款另建"。小行接受大行的倡议，随即推举了管理公所的代表，由于公所房屋、桌凳等设备过于破旧简陋，小行决定由全体伙友捐款进行修缮扩充。大行见小行由此可筹得巨款，"集成团体，将来势力立增，虑非大行之福，遂思悔议"。有的店家殴打小行派去收取捐款的人员，"并拘押捕房，送廨讯办"，引起伙友愤慨。9 月 7 日，小行决定发动全市面店伙友罢工，表示抗议，并提出增加工资 40%的要求，经"工人联合会"的委员出面调解，最终决议"公所仍照原议归小行管理，大行不加干涉"，"伙友工资向以钱码计者一律改为小洋合算"，并增加 30%，被拘押工人由资方保释出狱，并照发其在拘押期间的工资，受伤者由大行负责医治①。争取公所管理权的胜利彰显了店员的组织热情，罢工的激进抗议方式也因之成了店员抗争的成功经验。

---

① 刘明奎、唐玉良主编：《中国近代工人阶级和工人运动》第 3 册，北京：中共中央党校出版社，2002 年，第 332 页。

店员与店东加入同一团体后,其组织形式各地有异,"在南方多数之同业公会,业主及柜伙各有单独会议。在北京则仅化妆品商,及皮靴匠之同业公会,业主与柜伙,各有单独会议。每届开会时期,凡所有会员,皆应到会,尤其为业主者,更须到会……共同管理公会机关,均皆选举董事轮流治事。每班治事期间,平均以一月为限。董事选举任期,概皆由一年至三年。至化妆品商同业公会内,有董事二十八人,其内应由柜伙及工人中,举出十二人"①。

店员团体的另外一种存在形式是长期延续的手工帮,各业均有一帮,同一职业而有许多分业者,则每一分业各有一帮。除按行业划分外,地域亦是"帮"的划分方式,前述长沙药业中的苏帮、河南帮、山东帮、江西帮、长沙帮,即为例证。不过,相较于地域划分,行业是店员入帮的主要标准。如果一个地区外来旅居的店员从事经营的商业不是一种而是多种,那么同一地区外来旅居的店员更常见的形式是组织好几个帮,也即是按行业成帮。由不同地区来到同一城市经营同种商业的旅居店员,则联合结"帮"。

与商业店员的入"帮"相比,手工业店员入"帮"的现象较为普遍。入"帮"标准亦有异于商业店员的行业区分,更多呈现出按地域划分。诸如上海弹花业,向有本(地)帮和客帮之分,水木匠业分宁波、广东帮和本(地)帮。汉口木业有文帮(汉阳籍)和武帮(武昌籍)。苏州丝织业行会中从事花素缎业的向分京帮(南京)和苏帮。江西景德镇陶瓷各业,向分都(昌)、徽(州)、杂(外籍人)三帮。

一般来讲,行与帮是互相联系不可分割的,单称"帮"者,"大多泛指粗工劳动者,它不需要某种专门的技艺训练,干的是力气活,如挑脚夫、苦力帮等等之类"②。与之相应,以"帮"的形式进行组织的店员,多为下层店员、帮伙以及手工业店员。这种"帮"以"师傅为团体之单位,以顾客为团结之对方,团结之分子为职工而兼企业者,目的在对内谋同业同人之亲睦"③,师傅伙计可以入帮,学徒没有入帮资格。与会馆、公所类似,手工帮具有排他性,"不入帮不得在本业受雇",某店主只能雇用某帮工匠,即所谓"各归主顾",并限制招收学徒。苏州蜡笺业、印书业、硝皮业雇伙曾"逼令(店主)将所收学徒辞歇"④。

---

①　彭泽益主编:《中国工商行会史料集》上册,第122～123页。

②　同上,第19页。

③　王清彬等编:《第一次中国劳动年鉴》,北平社会调查部,1928年,第10页。

④　苏州历史博物馆等编:《明清苏州工商业碑刻集》,南京:江苏人民出版社,1981年,第102～103页。

二、伙友联合会、职工俱乐部

洋务运动后期,部分行业出现抛开行东(老板)结成以帮伙为主的帮工行会的现象,如师友公会或师友会,以及地域性的各业帮伙的联合组织——西家堂等,这种以"帮伙为主"的行会通常与那些包括行东并基本以行东为主的行会组织在经济地位上有所差别,一定程度上有助于帮伙与东家老板进行斗争。"一般而言,当有了联合起来以与雇主作对的理由时(这样的例子很少见),他们往往群聚于神庙,开始'叫歇',平心静气地达到他们的目的,也心平气和地解散。每一个联合会都有自己的规章,并以红纸印出,有时还有漂亮的烫金字,还将这些东西贴到店铺和作坊里。可是,只有那些常见的行业才结成会社。"①较具代表性的有温州的铁匠工会、铜线匠工会、丝织匠工会、理发匠行会等。

温州铁匠工会的成员包括师傅和帮工,一般在城隍庙进行集会,"在那个场合,要演出几场戏以对该行的监护神表示敬意,并为公众举办酒席,他们一面品评菜肴、听戏,一面就该行的利益问题进行讨论,做出决定"。集会内容多为手工业产品价格以及做工工资,一旦以会议的形式达成行业规则,"任何对此规则的违背,都将被处以罚款,罚金额以支付一台戏和三桌酒席的费用为度"②。铜线匠工会由帮工组成,围绕加薪、废除扣除工资10%的陋习等经济诉求进行活动,"他们宣布,菲薄的工资已使其不能维持家庭生计;加之工作艰难,体力耗损太大,非同一般。为此,他们聚会于诸神面前,以演戏作为对神的敬贺,并对问题的解决作出了决定。这就是增加工资,毫无折扣地将全部工资照发,并以标准衡量计量他们的工作,所有这些都一致通过,并粘贴在每一家铜线商铺而为众人周知。通常还附有对违反规则者的惩诫条例"③。

温州理发匠行会则是基于"申辩冤屈和维护权利"进行的联合,其"解放"诉求亦得到官府的认可,"他们修建了一座会所,作为演戏和宗教祭祀之用,在这个会所内,树立了一块碑,它以谦和的语言叙述了他们的重大胜利和成就"④。为提高他们的职业地位,行会制定一系列服务规则,并对其成

---

① D. J. Macgowan, " Chinese Gilds or Chambers of Commerce and Trades Unions ", *Journal of North - China Branch of the Royal Asiatic Society*, Vol.21, no.3, 1886.
② 彭泽益主编:《中国工商行会史料集》上册,第38页。
③ D. J. Macgowan, " Chinese Gilds or Chambers of Commerce and Trades Unions ", *Journal of North - China Branch of the Royal Asiatic Society*, Vol.21, no.3, 1886.
④ 彭泽益主编:《中国工商行会史料集》上册,第43页。

员采取专断行动:凡违背在年末的最后六天中不得洗耳的规定(这些日子内,人人理发,已无时间洗耳了),或有给顾客洗发按摩者,均会遭到同业人的围攻,其理发工具、家具等会被抛诸门外,街上的流浪汉就将其据为己有①。

帝制时代,罢工是罕见的,但并不违法,"工匠们为增加工资而进行的罢工很少有不成功的,因为罢工如已达到危及公众安宁的程度,官府便出面干涉;由于罢工者为数太多太穷而难以加以鞭打并提供罚款,故只能从业主处下手,当榨取尚易之时此法甚灵;而业主们为避免罢工造成的损失,也明智地作出让步;但此情况下,工匠们并未占到什么优势"②。不过,"这类帮工团体由于它的组织原则和活动方式,仍旧是传统的行会性质,依然是行业和地域封闭性的团体,而且在很大程度上也还不曾摆脱对东家老板的依存性。很显然,不能把封建社会的某些帮伙组织和近代意义的职工会混为一谈"③。

随着经济近代化的推进,传统行会组织开始向近代转型,传统行会中原有的师傅—伙计—学徒的三级结构被打破,孕育出只限于经理人和业主的同业公会及职工会、工会。1920年1月,要求增加工资的大罢工取得胜利后,上海城厢内外药店伙友决定组织"药业伙友联谊会","拟定章程,以备呈县立案"。伙友认为,"此次发生罢业要求加薪后,店主方面势必不满,将来难免不受店主之压制及乘隙停止职业情事"。有了联谊会的组织,"将来店主如有苛待伙友之处,即可由会公决对付维持办法,惟伙友中亦不应有越轨举动"④。如果店东以"压力对待","我全体伙友亦当全力抵御,决计保存(本会)"。

上海药业友谊联合会以征集同业友人、讲求道德、研究学术、交换知识、联络感情、力图本业发达为宗旨,"假法界四明公所为会所,英租界厦门路永平里三百另七号为事务所"。"凡从事药材业及医学业,经会员二人以上介绍入会,应输会费五角,并认常辛费每月二角。如愿认特别捐一元以上,本会给发徽章,认为本会会员,如能发明新法品类,特别奖赏以示鼓励"。该会设会长1人,副会长1人,会董30人,干事20人,文牍1人,书记1人,会计1人,庶务1人。正会长主持本会事务,副会长辅佐正会长议决事执行之,文牍办理一切文件,书记缮写文牍函类,会计执理本会出纳款项,庶务司理一切什务,干事主任调查内外交际事务。"正副会长由职员选举之,各职员由正副会长商同推任之","任事本会职员均以义务任事,但本会经费宽余,酌

① D. J. Macgowan, "Chinese Gilds or Chambers of Commerce and Trades Unions", *Journal of North-China Branch of the Royal Asiatic Society*, Vol.21, no.3, 1886.

② Ibid.

③ 彭泽益主编:《中国工商行会史料集》上册,第20页。

④ 《药店伙友罢业已结束》,上海《民国日报》1920年1月4日。

给夫马,随时实行"。"会员有推任被推任各项职员之推举权,并享受新发明业品之奖金及专利权"①。

上海药业友谊联合会每年定四季举行常会。每月开一次职员会,以推举各员任务并报告一切经过情形及收支一应账略。临时会为遇有特别事故,由正、副会长临时召集。其常设机构有法制部:按古法制定外,宜改良,添以西法,讨论研究,如得各会员输以新法知识,本会随时原文刊布,共同研究;学习部:学习原料产地之优劣,性质之厚薄及医药之学理;储蓄部:经储各项会费及特别捐,一切专责保存或转储银行,其存提之手续均归执行;调查部:调查本业同人名额,品行优劣,学识精粗,外业利弊及意外行为均得报告;匡济部:凡同业友人遇失业染病危亡等,均由本会担负相应之义施②。

但药业友谊联合会缺乏稳定的资金来源,"各会员之热心扶助者,固不乏人,而畏首畏尾,并每月小洋二角之会费亦吝而不缴者,亦复不少",因经济原因日处窘乡③。朱英教授对商会的研究表明,经济实力雄厚的商董担任商会领导人是正常现象,与长期设想相反的是,经济实力雄厚的商董不仅不觊觎商会领导权,反而不愿意就任以免影响自身生意④。药业伙友联谊会同样存在着这样的情况,该会长期缺乏得力的领导人。"从前一切开支,副会长虞纯甫垫用至五六百金,亦迄无拨还之望,并有反对分子,扬言谓虞办理不善。议案中通过之补助失业会员旅费伙食等义务,尚嫌不能普及。虞闻此蜚语决然称病去职。近因该会乏人主持,一切会务,不能进行,已无形消灭。"⑤

仍属"传统行会性质"的帮工团体,亦在外力影响下演变为具有近代性质的店员组织。比如江西祁阳县的伙计会,成立于清末的该伙计会又名先生会、永聚堂,是祁阳县江西籍药业店工的团体组织。其会务活动,"一是每年春秋二祭,祭奠老先生(客死祁阳的江西籍药业店工)。祭后,全体会员会餐,申述会规,畅叙乡情,交流药品泡制加工经验。二是店工受到资本家欺压,伙计会派代表与资方谈判,帮助解决"。店伙被资方辞退,一时未有雇主,伙计会员便帮助其集资回乡旅费,或轮流招待伙食住宿,直至另有雇主。店伙中有不正当行为,经伙计会查实,可对犯事人采取严厉制裁,抄没资财,烧毁被服蚊帐。伙计会由会首负责,店伙入会,须"每年交十个毫子或一吊

---

① 《药业友谊联合会章程》,上海《民国日报》1920 年 1 月 21 日。

② 同上。

③ 《药业友谊联合会因事改组》,上海《民国日报》1921 年 4 月 3 日。

④ 朱英:《近代中国商会、行会及商团新论》,北京:中国人民大学出版社,2008 年,第 23～28 页。

⑤ 《药业伙友团结力太薄弱》,上海《民国日报》1921 年 9 月 12 日。

铜钱"。1926 年,"在中共祁阳地下党组织指导下,伙计会扩展为药业工会,有会员 95 人,工会主席为敖伯平,会址设在小码头忠信和药店"。后因中西医门户之争改组为包括店主与店伙的药业公会,会长吴海芸,会址设在中仓街福音堂。"祁阳解放后,药业公会解体,药业店员参加店员工会。"①

与上海药业友谊联合会等团体的"行业联合"相比,上海职工俱乐部、上海工会是这一时期出现的面向各个行业店员、产业工人的社会团体。上海职工俱乐部成立于 1922 年 4 月 30 日,"以养成高尚娱乐,发展贫民教育,实行合作事业为宗旨",该会"入部资格颇宽,凡劳心劳力之职工,均得入部为部员。每月部费自一角起至二元,由部员入部时自由认定,一律平等待遇"②。成立伊始,上海职工俱乐部决定办补习夜校以及职工合作商店,"已拟就草章":夜校定额 30 名,不收学费,课程为簿记、银行、合作、英文、中文,定 15 日上课;合作商店定 100 股,每股 5 元③。上海工会以"增进道德灌输知识,图谋工人幸福巩固工界团结为宗旨",凡具有"本埠轮船火车栈房码头工厂水木两作铜铁机器茶楼酒馆车夫侍者"等各项资格及有正当职业并无其他嗜好者皆得为本会会员,但须有本会会员一人以上之介绍,并须立自愿书。会费为"每月小洋二角,如有不足再召集大会公议进行"。上海工会内设会长部、干事部、评议部:会长部,正会长 1 人,副会长 2 人;干事部,会计科 1 人,庶务科 2 人,文牍科 2 人,交际科 10 人,调查科 10 人,稽核科 2 人;评议部,部长 1 人,副部长 1 人,部员 20 人。各职员"任期一年,连选连任,惟不得连任三次"。加入工会后,有"享受扶助、享受本会保护"之权,有"监督会务选举职员、提案查账读书阅报"之权,亦有"介绍同业或亲友入会、互助介绍职业、遵守会章、担任本会特别经费"之义务。违反章程者,"或假借本会名义,在外招摇,以及收受贿赂私募捐款等事,一经查实,即行取消,严加惩儆,倘对于本会确有劳绩可寻者,当由评干两部公议酌给奖励,以资□劝"④。

天津工商研究总会倡设的"天津工会",亦将店员伙友视为其当然成员:"目下吾们天津,要仿照着商会,立一个工会。凡是手艺人:如那木匠、瓦匠、铜匠、铁匠、扎彩匠、油漆匠等等之类;或是有手艺的铺子:如那鞋铺、帽铺、铜铺、铁铺、首饰铺、点心铺等等之类;或是公司工厂:如那造胰公司、玻璃公司、火柴公司、硝皮厂、织布厂等等之类,全可以入会。个人入会的每年

---

① 祁阳县卫生局等编:《祁阳县卫生志》,内部资料,2008 年,第 173 页。
② 《上海职工俱乐部成立之先声》,上海《民国日报》1922 年 2 月 13 日。
③ 《上海职工俱乐部召开联席会议》,上海《民国日报》1922 年 5 月 5 日。
④ 《上海工会简章》,上海《时报》1922 年 9 月 29 日。

出会费至少一元,愿意多拿的随便。公司工厂铺户入会的每年入会费至少四元,愿意多拿的亦随便。当会议的时候,每一块钱,有一个选举权,选举的时候,每一块钱,有一个选举权。钱越多,权越大。入了工会,就算是工会的会员,然后由会员里头,举出 15 个人来,算是工会的会董。再由会董里头,举出一个人来,算是工会总理。入了工会,要是遇见被人欺负的事,全可以保护;遇见困难的事,全可以维持。开会的时候,全可以跟着会议。选举会董、总理的时候,全可以举人,亦全可以被人举。这实是一件最好的事。凡是关乎工艺的人,皆不可不入会。"①

第三节　店员工会的成立及其取缔

随着数量的增加及群体力量的壮大,店员的组织诉求渐趋强烈,阶级色彩鲜明的"工会"组织形式开始出现:广州印务工人于 1921 年 2 月 5 日举行职员选举大会,宣告成立印务公社,现已联络工人 1000 余人②,至 3 月初,报名入社者已达 1300 余名③;广州陶瓷店约有 300 余名店员,"近日已成立工会"④;1922 年 4 月上旬,广州当押同业店员组织工会,"现得市厅呈复核名,准予立案"⑤;1923 年 4～5 月,长沙新组织的工会有茶居工会、店员工会、洋务(在外国洋行工作的职工)工会等⑥;1922 年成立的琼崖总工会,"陆续参加总工会的有店员工会、民船工会、鞋业工会,会员约数百人"⑦;1923 年 7 月,屯溪商界李汝华发起成立店员工会⑧;1923 年 3 月,成都先后成立长机帮工人小组、店员工会等十余个工会⑨。

部分工会名称上没有标揭"店员"字样,事实上以店员、帮伙为主要成员。比如 1918 年秋改组成立的广州茶居职业工会,成员"大部为伙计而无

---

① 《手艺人跟那有手艺的铺子并公司工厂全请看》,天津《大公报》1911 年 5 月 5 日。

② 《印务工社成立》,《广东群报》1921 年 2 月 9 日。

③ 《印务工人近况》,《真共和报》1921 年 3 月 9 日。

④ 《陶瓷店店员成立工会》,《广东群报》1921 年 6 月 3 日。

⑤ 《当押同业店员工会准予立案》,《广东群报》1922 年 4 月 13 日。

⑥ 李锐著:《毛泽东:峥嵘岁月(1893～1923)》,北京联合出版公司,2013 年,第 506 页。

⑦ 中共海南省委党史研究室编著:《红旗不倒——中共琼崖地方史》,北京:中共党史出版社,1995 年,第 37 页。

⑧ 中共休宁县委党史办公室编:《休宁党史资料选编(1919～1949)》,1989 年,第 2 页。

⑨ 四川省文史研究馆:《有关王右木的革命事迹记录》,《四川文史资料选辑》第 28 辑,四川人民出版社,1983 年,第 58 页。

雇主,纵或有包工的关系,亦只是工头性质,不能同于资方"①。1921 年成立的广州酒业工会、广州钟表工会、广州药材工会、广东油业工会、广东中药工会、广州市漆器西家行工会、广州旅业工会、广州锡业工会、广聚药片工会等,均与广州茶居职业工会的情况类似。这些"工会"皆脱离东家关系"各自独立",其组织内容,或采理事制,或采会长制,均设评议、干事两部,分担决议执行事务,经费"均靠会费收入"②。

店员组建自身团体的活动引起了正尝试以集体行动的"救国"方式达成改造中国的政治目标的知识界与新兴政治集团的注意。上海共产主义小组筹建"店员自己的组织"、中共二大"为无产群众奋斗……要'到群众中去'"③,国民党"所恃为后盾者,实为多数之民众,若知识阶层、若农夫、若工人、若商人是已","一方面当对于农夫、工人之运动,以全力助其开展,辅助其经济组织,使日趋于发达,以期增进国民革命运动之实力,一方面又当对于农夫、工人要求参加国民党,相与为不断之努力,以促国民革命运动之进行"④等,均是这一思路的体现。广州国民政府成立后,支持店员以工会的形式进行组织,截然分离于"落后阶级的商民"⑤。

精英分子的关注、倡行使店员"深感联合之必要",对组织工会"表现了极大的热情"⑥,店员工会的出现、筹设因而成为普遍现象:1925 年 11 月,潮阳县店员工会成立⑦;第一次东征军离开揭阳后,谢培芳将揭阳商界联合会改组为店员工会,并把办公地址从原来较偏僻的城隍庙后搬到考院内⑧;1925 年冬,梧州凉果海味杂货店员工会成立,会员 490 人⑨;1926 年 1 月,莞城纸业店员工会、绸布店员工会相继成立⑩;1926 年 1 月 8 日,广州锦纶店

---

① 刘明逵、唐玉良主编:《中国近代工人阶级和工人运动》第 2 册,第 733 页。
② 卢权、褟倩红编撰:《广东早期工人运动历史资料选编》,广州:广东人民出版社,2015 年,第 30 页。
③ 《关于共产党的组织章程决议案》(1922 年 7 月),《中共中央文件选集》第 1 册,中共中央党校出版社,1989 年,第 57 页。
④ 《中国国民党第一次全国代表大会宣言》,《中国国民党第一、二次全国代表大会会议史料》(上),南京:江苏古籍出版社,1986 年,第 85、87 页。
⑤ 中国国民党中央商人部:《北京商民运动报告》,台北中国国民党党史馆藏档,档号:部 0284。
⑥ 黄述和:《大革命时期富顺县的工会组织》,《富顺文史资料选辑》第 6 辑,1992 年,第 44 页。
⑦ 中共潮阳市党史研究室编著:《中共潮阳地方史》,北京:中央文献出版社,1999 年,第 34 页。
⑧ 揭阳市史志办公室著:《中国共产党揭阳县地方史》第 1 卷,北京:中共党史出版社,2008 年,第 28 页。
⑨ 梧州市地方志编纂委员会编:《梧州市志·政治卷》,南宁:广西人民出版社,2000 年,第 2566 页。
⑩ 中共东莞市委党史研究室著:《中国共产党东莞历史》第 1 卷,北京:中共党史出版社,2008 年,第 45 页。

员联合会举行成立大会,刘尔崧等到会并演说;1926 年 2 月 27 日,惠阳第六区平山杂货工会成立,并办起一所工农学校。不久,惠阳店员工会也宣告成立①;1926 年 3 月下旬,广州估衣行店员工人成立工会②;1926 年 4 月 16日,广州土洋杂货店员工会筹备处召开全体代表大会③;1926 年春,海口店员工会成立④;1926 年 5 月,厦门店员工会成立⑤;1926 年夏,梅箓店员工会、吴川县黄陂圩店员工会相继成立⑥;1926 年 6 月,广州银行职工工会成立,并为此特致函中华全国总工会报告成立经过。陆丰县店员工会亦宣告成立⑦;1926 年,北京瑞蚨祥成立店员工会,提出"保证业余时间行动自由"的口号,这次斗争冲破了山东的内伙计、外伙计的界限,"内伙计和外伙计的联合行动,就是在那种浓重的封建气氛下,也依然显露了自己的力量"⑧;1926 年 6 月,丹城各业店员纷纷成立店员工会⑨;1926 年秋,大安杂货店员工会、药材店员工会、烟丝店员工会相继成立⑩;宁波绸布业伙友"现将发起组织团体,定名为宁波绸缎布业店员工会,并闻该会于二十晚开第一次筹备会,到席者四十余人,结果公推江威、赖锡珊、董锐、费祝、袁儒廉等五人为筹备员,筹备一切"⑪。

需要指出的是,国民革命运动兴起后,国民党人对中小商人、店员的认识有了一定的变化,视店员为商民的重要组成部分⑫,"与店东确有密切的关连,确有共同组织团体,来参加革命的必要与可能,绝对没有如无产阶级的产业工人与资本家之分别,所以组织商民协会,就许可店员加入"⑬。"店员加入商民协会"的话语界定无疑影响到店员工会的法律定位,"深感联合

①　《地方通讯》,《广州民国日报》1926 年 3 月 2 日。
②　《估衣行店员工会成立》,《广州民国日报》1926 年 3 月 29 日。
③　《土洋杂货店员工会筹备处召开全体代表大会》,《广州民国日报》1926 年 4 月 21 日。
④　中共广东省委组织部等编:《中国共产党广东省组织史资料》(上),北京:中共党史出版社,1994 年,第 100 页。
⑤　福建师范大学中国近现代史教研室主编:《中国近现代史论丛》,北京:社会科学文献出版社,2012 年,第 50 页。
⑥　中共吴川市委党史研究室编:《中国共产党吴川地方史》,北京:中共党史出版社,2009 年,第 20 页。
⑦　卢权、禤倩红编撰:《广东早期工人运动历史资料选编》,广州:广东人民出版社,2015 年,第 166 页。
⑧　齐大芝、任安泰著:《北京近代商业的变迁》,北京:首都经济贸易大学出版社,2014 年,第 158 页。
⑨　象山县志编纂委员会编:《象山县志》,杭州:浙江人民出版社,1998 年,第 435 页。
⑩　平南县志编纂委员会编:《平南县志》,南宁:广西人民出版社,1993 年,第 519 页。
⑪　《宁波绸布业伙友组织团体》,《申报》1926 年 12 月 25 日。
⑫　《商民协会组织条例》,国民党中央执行委员会民众训练委员会编印,1928 年 9 月。
⑬　《中央商人部告店友书》,《申报》1927 年 11 月 2 日。

之必要"的店员颇为不满:店员是"受店东薪水而卖劳力的工人,当然有组织工会的权利",隶属商民协会事实上"剥夺"了店员的组织权利,"亦足以防害商民协会的组织","同一的商民协会内,发生种种困难的问题,甚至店员店东双方顿呈分裂的现象"①。上海市党部商民部因而要求明确划分商人及店员的标准:"商人部所谓商人,是否有阶级性的,专指商业资产阶级及大小店主,而不及店员。店员是否应立职工部,而不受商人部管辖?"②

　　1926 年 9 月 22 日召开的国民党中执会常务委员会第 60 次会议上,"店员原属职工,应隶属工人部,以归划一"的议案获得通过,阶级色彩鲜明的店员工会随着北伐的军事推进纷纷成立:1926 年 10 月,仙桃店员工会成立③;1926 年 12 月,滕家堡店员工会成立④;1926 年 12 月上旬,广州大新、先施、真光三大公司工人组织联合会,并发表宣言⑤;1926 年 12 月 22 日,广州烟草店员工会举行成立大会⑥;1927 年 1 月 4 日,云梦县店员工会成立,接着义堂、胡金店、武乐(伍洛)寺、隔浦潭、道人桥等集镇店员工会相继成立,3 月 21 日,以店员工会为基础,成立云梦县总工会,4000 余名会员均系手工业者和商店店员⑦;1927 年 3 月,藕池调关店员工会成立,会员 100 余人⑧;1927 年上半年,梧州已建立海味店员工会(会员 490 人)、平码店员工会(会员 306 人)、烟丝店员工会(会员 106 人),正在筹建的为纸料店员工会、屠猪店员工会、土洋匹头店员工会⑨;1927 年 2 月,沙洋镇匹头、广货、杂货等商店的店员及搬运工人 1000 多人,在白衣庵集会,成立沙洋工会,选举甘子泉为店员工会主席⑩;1927 年 1 月,宁冈县店员工会成立⑪;1927 年春,八里湾店员工会成立,中共党员周纯全任委员长⑫;1927 年 2 月,余干店

① 《中央商人部告店友书》,《申报》1927 年 11 月 2 日。
② 朱英:《商民运动研究(1924~1930)》,北京大学出版社,2011 年,第 341 页。
③ 中共仙桃市委党史办公室著:《中国共产党仙桃(沔阳)历史(1919~1949)》第 1 卷,中共仙桃市委党史办公室,2009 年,第 41 页。
④ 中共黄冈地委组织部等编:《中国共产党湖北省黄冈地区组织史资料(1922~1987)》,武汉:湖北人民出版社,1992 年,第 26 页。
⑤ 《百货业联合会发表宣言》,《广州民国日报》1926 年 12 月 6 日。
⑥ 《烟草店员工会成立》,《广州民国日报》1926 年 12 月 23 日。
⑦ 湖南省云梦县志编纂委员会编:《云梦县志》,北京:三联书店,1994 年,第 88 页。
⑧ 湖北省石首县市地方志编纂委员会编纂:《石首县志》,北京:红旗出版社,1990 年,第 401 页。
⑨ 《1927 年梧州工会组织情况》,《农工周刊》第 6 期,1927 年 8 月 23 日。
⑩ 陈国强主编:《沙洋县志》,武汉:长江出版社,2013 年,第 771 页。
⑪ 中共宁冈县委组织部、中共宁冈县委党史工作办公室、宁冈县档案馆编:《中国共产党江西省宁冈县组织史资料(1924~1987)》,1991 年,第 14 页。
⑫ 刘建国主编:《鄂豫皖革命根据地人民检察制度的发展》,北京:中国检察出版社,2014 年,第 224 页。

员工会成立①;1927年,宁波钱业在三湾弄济生会筹备成立了钱业店员工会,参加会员"六七百人"②,3月,宁波组建工会的活动达到高潮,各业店员工会及宁波店员总工会相继建立③;1927年3月,黄岩路桥药业店员工会成立,到会代表40人,代表路桥、新桥、横街、金清、洪家、长浦、竿蓬等地药业店员工人100多人④;1927年5月,柘林店员工会成立,会员30余人⑤;成都店员工会于1927年3月1日,"假燕鲁公所中法大学正式成立,计到会会员共约一百五十余人,未到者二十余人……通过简章后,即选举职员"⑥;北伐军到达芜湖后,在城里组织了店员工会,其中布业店员工会成立较早,其他各业如杂货纸张业、国药业、帽鞋业、糟酱业、银楼业、百货业、典当业、五洋业、煤炭锅铁业等店员工会先后成立⑦;北伐军到达安庆后,大力发动各行各业广大店员职工筹备成立各行业店员工会、总工会,绸布业店员工会就是在国民革命军第三军政治指导员叶非觉指导下首先筹备成立的⑧;北伐军进入赣州后,钱业店员工会成立,中共党员萧华燨当选为工会委员。其后,赣唐江烟业店员支部、铁业店员支部、帽业店员支部、洋货绸缎布匹店员工会、纸业店员支部、中药店员工会、粉业店员支部、米谷豆麦店员支部,信丰县理发店员工会先后成立⑨;北伐军在莲花县期间,店员工会成立⑩;石首县调弦口店员工会于1927年4月建立,计有会员100余⑪;北伐期间,郑州店员工会成立⑫;

① 张经建主编:《中共余干地方史略(1919～1949)》,中共余干县委党史工作办公室,2001年,第7页。
② 陈铨亚著:《中国本土商业银行的截面:宁波钱庄》,杭州:浙江大学出版社,2010年,第62页。
③ 中共宁波市江北区委党史研究室编:《中国共产党宁波江北历史》第1卷,北京:中共党史出版社,2008年,第28页。
④ 中共黄岩市委组织部等编:《中国共产党浙江省黄岩市组织史资料(1927.2～1990.4)》,杭州:浙江大学出版社,1992年,第7页。
⑤ 中共永修县委史志办编:《永修人民革命史》,2006年,第56页。
⑥ 《店员工会正式成立》,《国民公报》1927年3月2日。
⑦ 赵有恒:《1927年成立的芜湖店员工会》,《芜湖文史资料》第4辑,第83页。
⑧ 佘世雄、杨大耆、江忠义:《一九二七年安庆绸布业店员工会被迫解散的经过》,《安庆文史资料》第3辑,1982年,第40页。
⑨ 《赣南工人运动概况(1927年1月6日)》,《中国国民党江西全省第三次代表大会日刊》第3号,1927年1月6日。
⑩ 中共莲花县委组织部、中共莲花县委党史办公室编:《中国共产党江西省莲花县组织史资料(1926～1987)》,上海:同济大学出版社,1990年,第5页。
⑪ 王家晋:《对调弦口店员工会建立情况的回忆》,1982年12月8日。中共石首市委组织部等编:《中国共产党湖北省石首市组织史资料(1925.5～1987.11)》,武汉:湖北人民出版社,1992年,第14页。
⑫ 《郑州工会和工人运动六十年:纪念郑州市总工会成立六十周年(1927～1987)》,郑州市工会工运史研究室,第2页。

1927 年 4 月，国民革命军到达驻马店，邮务工会、店员工会、摊业工会等纷纷建立①；北伐节节胜利的形势下，宁远店员工会成立②；北伐军进驻沪宁一带时，武进县店员工会成立③；早在北伐军占领公安县期间，部分受革命影响较大的集市，如南平、麻豪口、闸口、甘家厂、黄金口、藕池等地，就有店员工会出现④；唐生智部驻广水后，童子团、店员工会等相继成立⑤。

上海地区，1926 年 6 月新设店员工会 3 个、入会店员 3014 人，9 月新设店员工会 16 个、入会店员 4155 人，1927 年 1 月新设店员工会 28 个、入会店员 11050 人，3 月新增店员工会 72 个、入会店员 79950 人，4 月新增店员工会 34 个⑥、全市 272440 名店员，大多"于一九二七年三月前后建立工会组织"⑦。杭州仅 1927 年 2～5 月间即成立店员工会 18 个，分别为米业店员工会（1927 年 2 月 27 日）、磁业店员联合会（1927 年 3 月 6 日）、南货业职工会（1927 年 3 月 13 日）、典业职员工会（1927 年 3 月 17 日）、布业店员工会（1927 年 3 月 17 日）、钱业店员工会（1927 年 3 月 18 日）、鱼行伙友工会（1927 年 3 月 18 日）、鞋业店伙工会（1927 年 3 月 18 日）、皮货业职员工会（1927 年 3 月 18 日）、酱业店员工会（1927 年 3 月 28 日）、洋广货业店员工会（1927 年 3 月 28 日）、纸业店员工会（1927 年 3 月 28 日）、衣业职员工会（1927 年 3 月 28 日）、颜料店员工会（1927 年 3 月 30 日）、药业店员工会（系中药，西药业另组新药业店员工会，成立于 1927 年 4 月 4 日）、采结业伙友工会（1927 年 4 月 8 日）、笔墨店员工会（1927 年 4 月 18 日）、腌腊鱼□店员工会（1927 年 5 月 23 日）。日本控制下的台湾地区，店员亦以"店员会"的名义进行联合，诸如台北店员会（1927 年 6 月 4 日成立，会员 263 人，代表者陈屋）、丰原店员会（1927 年 12 月 18 日成立，会员 60 人，代表者廖进平）、台南店员会（1927 年 7 月 23 日成立，会员 125 人，代表者吴世明），台北华侨料理店员工友会还是台北华侨总工会的重要加盟团体⑧。广州、武汉、福州的店员工会的情况统计如表 1－4、1－5、1－6：

---

① 欧阳忠宽主编：《驻马店革命老区》，驻马店老区建设促进会，2009 年，第 196 页。
② 中共宁远县委党史资料征集办公室编：《宁远党史资料选辑》第 1 辑，1986 年，第 71 页。
③ 江苏省地方志编纂委员会编：《江苏省志·人物志》，南京：凤凰出版社，2008 年，第 707 页。
④ 中国公安县委党史资料征集小组办公室编：《公安县革命简史（1926～1949）》，中国公安县委党史资料征集小组办公室，1983 年，第 28 页。
⑤ 龚竹如：《炸跑孙建业，迎来唐生智》，《应山文史资料》第 1 辑，1986 年，第 44 页。
⑥ 《上海总工会呈第四次全国劳动代表大会的报告书》，《上海革命历史文件汇集（上海各群众团体文件）》（1924～1927），第 364 页。
⑦ 朱邦兴等编：《上海产业与上海职工》，第 706 页。
⑧ 台湾"总督府"编：《台湾社会运动史》第 5 册，香港：海峡学术出版社，2006 年，第 182～183 页。

表1-4 广州市店员工会状况调查表(1926年10月)①

工会名称	立案机关	成立日期	本行人数	入会人数	未入会人数
海陆粮食理货员工会	省长公署	1922年2月23日	1250	850	400
广州市报关店员工会	农工厅	1926年2月1日	750	700	50
经纶店员工会	农工厅	1926年1月20日	735	585	150
土洋疋头店员工会	农工厅	1926年1月	1650	1330	320
绸缎布疋店员工会	农工厅	1926年2月	2800	2400	400
故衣店员工会	农工厅	1926年5月7日	950	890	60
西药店员工会	未立案	1926年5月	550	250	300
陶瓷店员工会	农工厅	1926年8月6日	700	645	55
土洋什货店员卒强工会	未立案	1926年3月	6000	1350	4650
土洋什货店员工会	农工厅	1926年5月14日	1550	975	575
华洋什货发行店员工会	农工厅	1926年8月		250	
广州当押店员工会	省长公署	1921年	1800	1500	300
梳业工会	农工厅	1926年5月		250	
果栏职工总会	未立案	1926年2月	1250	975	275
广东茶居工会	省长公署	1920年1月1日	11600(在市内者4500)	11600	
广东酒楼茶室总工会	农工厅	1921年	7150	7000	150
粉面茶馆工会	前在公安局、今在农工厅备案	1921年	2150	2000	150
水陆花筵酒楼公余总工会	省长公署及公安局	1921年5月6日	1250	750	500
中华西餐饼干洋务联合会	省长公署	1921年	1500	1500	

① 王清彬等编:《第一次中国劳动年鉴》,北平社会调查部,1928年,第73~79页。

（续表）

工会名称	立案机关	成立日期	本行人数	入会人数	未入会人数
京果海味总工会	未立案	1926 年 8 月	1160	960	200
糖面工会	农工厅	1926 年 6 月 23 日	1200	950	250
酱料凉果杂货工会	呈农工厅未批准	1926 年 5 月 23 日	3100	2550	550
酒业工联会	农工厅	1926 年 1 月	1850	1850	
米业工会	已呈农工厅未批		4500	2560	1850
广东全省油业总工会	省长公署立案 农 工 厅登记	1921 年 5 月 3 日	13500	13400	100
广东全省油业总工会什物分会	农工厅	1925 年 11 月	2500	1300	1200
广东茶业集成总工会	农工厅	1925 年 9 月 15 日	2850	2450	400
鲜果咸货工会	呈农工厅未批准	1925 年 12 月	2100	1550	550
渔业工会	农工厅	1925 年 10 月	3200	2900	300
省佛木料镜妆杂货工会	省长公署公安局	1921 年 11 月		275	学徒 35
广聚药片工会	农工厅	1925 年 8 月	450	450	
广东印务总工会	农工厅	1925 年 12 月	4000	3700	300
大新职员俱乐部	农工厅	1926 年 1 月	550	550	
先施职工俱乐部	农工厅	1912 年 4 月 11 日	415	415	
真光职工俱乐部	农工厅	1925 年 9 月	350	350	
上海帮守经堂店员工会	未立案	1926 年 1 月	345	300	45
按售毛料什货店员工会	未立案	1926 年 4 月 20 日	100	85	15
煤油类店员联合工会	未立案	1926 年 7 月	230	165	65
厨房职工工会	未立案	1921 年 6 月	3500	1330	1720
炮竹店员工会	农工厅	1926 年 2 月	250	175	75

表1-5　汉口武昌店员工会表(1926年12月)①

职　业	会员人数	成立年月	职　业	会员人数	成立年月
煤业店员工会	400	1926.12	麻夏店员工会	300	1926.11
疋头店员工会	450	1926.12	米业店员工会	1000	1926.11
布业店员工会	1300	1926.9	药业饮片店员工会	1330	1926.11
杂货店员工会	2230	1926.11	衣业店员工会	440	1926.11
参业店员工会	220	1926.11	铜业店员工会	300	1930.11
典业店员工会	800	1926.12	绸缎呢绒店员工会	1100	1926.11
煤油店员工会	600	1926.12	酒业店员工会	600	1926.11
油业店员工会	1000	1926.11	铁路转运店员工会	500	1926.12
中外纸业店员工会	400	1926.11	棉业店员工会	400	1926.12
墨业店员工会	160	1926.11	颜料店员工会	400	1926.12
茶货店员工会	500	1926.11	西药店员工会	240	1926.12
玻璃料店员工会	400	1926.12	五金店员工会	300	1926.12
海味糖业店员工会	1500	1926.11	铁业店员工会	320	1926.12
京苏洋货店员工会	1700	1926.11	报关店员工会	500	1926.12
拆药店员工会	340	1926.11	五金业店员工会	150	1926.12
瓷业店员工会	90	1926.10	书业店员工会	25	1926.12
丝织绸纱店员工会	320	1926.11	粮业店员工会	310	1926.12
钱业店员工会	200	1926.11	皮业店员工会	810	不明
漆业店员工会	140	1926.12	堆栈业店员工会	810	不明

表1-6　福州店员工会统计表②

职　业	会员人数	成立年月	职　业	会员人数	成立年月
电气店员工会	128	1926.12.21	书业店员工会	81	1927.4.1
金银首饰店员工会	59	1927.3.22	闽海常关职工工会	107	1927.4.14
松木店员工会	88	1927.4.18	渔业店员工会	85	1927.2.23

---

①　王清彬等编：《第一次中国劳动年鉴》,第738页。

②　同上,第93页。

(续表)

职　业	会员人数	成立年月	职　业	会员人数	成立年月
洋务职员工会	251	1927.4.3	司赈店员工会	215	1927.4.11
冥楮店员工会	132	1927.4.14	梳品金彩描印工会	55	1927.4.4

　　四一二政变后,各地开展改组党部、解散工会、清洗共产党人的行动,"凡农会、工会曾参加共党暴动,或虽未参加暴动,而素对共党同情附和者,均予解散"①。表现激进的店员工会首当其冲,纷纷被改组或解散,"本埠各业店员工会,奉市党部通告,均改组商民同盟会"②,大畈店员工会"遭到严重破坏"③,宁波店员工会则直接被当地驻军捣毁④。广西省"清党"时被解散的店员工会有:梧州市平码店员工会、梧州市土洋匹头经纶店员工会、梧州市土洋杂货店员工会、梧州市纸料店员工会、藤县太平布匹估衣绒杂店员工会、玉林县属店员工会等⑤。广东省、武汉市"清党"时被解散的店员工会统计如下(表1-7、表1-8):

表1-7　广东省清党后被解散工会表⑥
(录十七年三月广西农工厅农工周刊)

广州店员工会	广州酒楼茶室总工会	旅业工会	酒业工会
鸡鹅鸭职工工会	毛笔职工工会	陶瓷职工工会	书籍店员工会
先施职工俱乐部工会	纱绸布匹店员工会	银行店员工会	报界店员工会
当押店员工会	金饰店员工会	烟草发行店员工会	扫梳篦店员工会
糖面职工工会	洋什货店员工会	估衣店员工会	新衣店员工会
大新职工俱乐部工会	颜料店员工会	水店员工会	莢章帆蓬店员工会
烧腊职工工会	腊味店员工会	砖瓦店员工会	京果海味店员工会

---

① 马超俊:《中国劳工运动史》第3册,(台北)中国劳工运动史编纂委员会,1966年,第776页。
② 《宁波快信》,《申报》1927年4月20日。
③ 阮练成:《烈士阮文莉》,《通山文史》第5辑,1991年,第15页。
④ 中共宁波市委党史研究室编:《四明风采:建党九十年来宁波九十事九十人》,宁波出版社,2012年,第206页。
⑤ 工商部劳工司编辑:《十七年各地工会调查报告》附录,北京:京华印书馆,1930年,第13页。
⑥ 同上,第7～13页。

（续表）

厘戥秤尺店员工会	咸鱼栏职工工会	菜栏职工工会	糖米发行店员工会
茶叶店员工会	鲜果咸货职工工会	生药发行店员工会	山货店员工会
皮革店员工会	鱼栏店员工会	晒莨职工工会	粤海关职工工会
洁净职工工会	报关店员女佣工会	绒线发行店员工会	洋货匹头店员工会
广州京果海味店员工会	广州市鱼栏职工代表团	开平金属绸布什货匹头店员公户筹备处	广州市洋酒罐头伙店员工会
合浦县店员工会	华纱店员工会	广州市弹棉花胎工会	广州市麻包职工工会
佛山市各江纸把什货店员工会筹备处	油豆花生发行店员工会		

表 1-8　湖北省及武汉市清党后被解散各总工会及所属工会一览表(1927 年 6 月湖北全省总工会调查、1928 年 7 月湖北省政府抄送)①

工会名称		所属分部和支部		会员人数				备考
		分部数	支部数	男	女	童	总计	
武汉店员总工会	第一分会		101	3400		600	4000	
	第二分会		135	2620		1000	3620	
	第三分会		115	2930		320	3250	
	第四分会		20	780		180	960	
	第五分会		230	4597	200	1000	5797	
	第六分会		110	3260		540	3800	
	第七分会		79	950		450	1400	
	第八分会		58	1780		320	2100	
	第九分会		39	424	200	96	720	
	第十分会		21	497		120	617	
	第十一分会		46	1147		353	1500	
	第十二分会		26	1300			1300	
	第十三分会		8	620			620	
	第十四分会		71	1910		90	2000	
	第十五分会		30	1440		60	1500	

---

① 资料来源：工商部总务司编辑科，1930 年 6 月发行，京华印书馆印刷。

（续表）

工会名称	所属分部和支部		会 员 人 数				备考
	分部数	支部数	男	女	童	总计	
总　　计		1089	27655	400	5129	33184	
武汉棉业店员工会		10	890		270	1160	
堆栈店员工会		5	467			467	

鼎定南京后,将店员运动纳入"党治"范畴是国民党训政体制的必然要求,"人民在法律范围内,有组织团体之自由,但必须受党部之指导与政府之监督"①。鉴于店员工会"既多流弊",河北省国民政府训令"应暂时制止(店员工会)成立,免滋纠纷"②,浙江省国民政府要求对现有店员工会依法进行"改组、撤并",并颁行具体措施如下：

一、本办法根据中央决议商会组织原则及新商会法运用方法要点及国民政府公布之商会法工商同业公会法订立之。

二、各县市镇旧有各业店员工会概须依照本办法之规定撤销归并于各该业工商同业公会,所有店员工会会员一律分别性质随同各该公司行号加入各该业工商同业公会。

三、各县市镇旧有各业店员工会之归并事宜,由各该县市镇商人组织统一委员会或依商会法组织成立之新商会负责办理,当地高级党部负督促指导之责。

四、各县市镇旧有各业店员工会应于本办法颁行及各县市镇商人组织统一委员会成立后两星期内办理结束,由当地高级党部派员接收。

五、各县市镇旧有各业店员工会应于结束时,将钤记认可证等呈缴当地高级党部转呈省党部注销。

六、各县高级党部于接收各业店员工会后,应令知各该县市镇商人组织统一委员会或新商会并呈报省党部备案。

七、各县市镇商人组织统一委员会或新商会接到当地高级党部令知后,应将各该业店员工会分别性质归并于各工商同业公会,并将其旧有会员登记注册。

---

① 荣孟源主编：《中国国民党历次代表大会及中央全会资料》(上),北京：光明日报出版社,1985年,第534页。

② 《河北省政府训令第一一三四号(1929年2月9日)》,《河北省政府公报》,1929年,第203期。

八、本办法由中国国民党浙江省执行委员会议决执行。①

国民党中央亦以"店员系辅佐商业主体人经营商业,在商法上为商业使用人,其性质与店主同属商人,应与店东混合组织"为由,要求店员加入工商同业公会,"以会员代表资格保障其利益,当无另设店员职工会之必要"②。店员参加同业公会的代表,《修正工商同业公会法施行细则》第 10 条规定:最近一年间平均店员人数在 15 人以上者,得增派代表 1 人,由店员互选产生,但至多不得逾 3 人。"店员包含学徒在内",如该业已组有职业公会,则不得加入。

店员工会的"撤并、改组"、店员"不得加入职工会及工会"③的法律界定,使得工商同业公会成为此后店员的主要组织形式。但在强势店主面前,普通店员在同业公会内难以获得顺畅的诉求表达平台。尽管公司、行号店主担心"店员人数恒在三四十人以上",如依《修正工商同业公会法施行细则》第 10 条规定,则"同业公会组织之成分,将为三与二之比,终必成为雇员运用之团体,与同业公会组织之原意根本消失"④。实际上"店员推举代表"只不过是书面之词,大多数同业公会会员代表名额以企业资本额为标准,至于资本额之多少,则由各同业公会自定。即便是参会代表,店员也难以左右同业公会的决策,因同业公会往往规定"本会以行号为本位,每一行号得选派会员代表一人至二人,以经理人或主体人为限"⑤。同业公会有时还以店员已有组织为由,拒绝其加入⑥。此后"长长的十几个年头里,店员组织名存实亡"。

① 《浙江省旧有各业店员工会撤并办法》,《浙江省政府公报》,1930 年,第 1069 期。
② 严谔声编:《商人团体组织规程》,上海市商会 1936 年印行,第 269 页。
③ 《店员不准加入工会》,《工商半月刊》第 23 期,1930 年。
④ 薛光前:《同业公会组织研究》(下),《商业月报》第 13 卷第 10 号,1933 年。
⑤ 沈云龙主编:《近代中国史料丛刊三编》第 42 辑,《上海之商业》,影印本,台北:文海出版社,第 261 页。
⑥ 严谔声编:《商人团体组织规程》,第 208 页。

第二章　店员工会的内部
结构与运行机制

　　店员工会的内部治理结构及其实际运作与店员政治、经济、社会利益的表达息息相关。内部治理结构主要是指店员工会的内部组织设置及运行机制，结构是基于功能需要而发展的，治理结构是否健全合理关系到店员工会的动员能力与运行绩效。从实践层面观察，店员工会的结构设想基本得以实施，但在运作过程当中，店员工会并不完全代表普通店员的利益诉求。店员工会的领导人多不是普通店员，甚至根本就不是店员，而是具有某种党派背景。与之对应，店员工会的很多活动，普通店员可能根本就不知晓，更谈不上积极参与、支持。

第一节　强制性会员资格与店员
工会的组织基础

　　民国时期，店员也称伙计，指一般经营商业之公司、商店、厂社及行庄之职员及其学徒，除经理之外皆属之①。国民党中央工人部，曾将店员分为四种类型：（一）在职店员，不包括股东经理在内；（二）司务，有技艺之熟练工人；（三）学徒；（四）外班，似码头工人，而为店中所经常雇佣者②。具体执行中，国民党司法部界定："店员系指在商店业务上直接服务之人员，商店之工役及茶房自不在店员之列，至于商店之学徒，应视其有无直接在业务上

① 《商民协会组织条例》，《中华民国史档案资料汇编》第五辑，第一编《财政经济（八）》，南京：江苏古籍出版社，1994年，第678～683页。
② 《武汉店员概况》，《汉口民国日报》1927年7月2日。

之服务分别认定之。同时,学徒年龄未满二十岁者及工人出店均不作使用人论[①]。但旅馆茶酒馆及浴池之茶房,"不支薪金"的酬劳方式虽与普通店员"月支薪金"有殊,但从外表形态观之,其与司账掌柜同为各该池店馆之职员,似又应归之于各该业之使用人[②]。为此,国民党中央执行委员会解释为:"商店工役与商店业务无直接关系自不在店员之列,至旅馆酒馆浴池等商店之茶房,实系直接在商店业务上服务之人员,似应列入店员,司法院解释前例,商店茶房不在店员之列似有未当"[③]。

司法院尽管表面上认可"商店茶房不在店员之列系指非在商店业务上直接服务之茶房而言,其旅馆酒店浴池之茶房在商店业务上直接服务者自应认为店员"[④],实际上仍坚持"工役及茶房自不在店员之列"。"旅馆茶酒馆浴池之茶房工役依工会法施行法第六条之规定,应准其加入工会"[⑤]的规定,事实上将茶房等同于工役,视为工人,而工人"不包括店员,由店员组织的职工会亦非'工会'"[⑥]。可见,对"什么是店员"这一基本范畴,国民党内部存在着相当大的争议。

国民党内部之于店员范畴的争议,影响到店员工会的"整齐划一",店员组建工会的实践活动因而呈现出多样化特征。部分地区,店员工会不吸收茶房、工役入会;部分地区,茶房、招待、厨工等服务人员被界定为店员,"各店家之手工业工人与店员及厨工,应尽可能地组织在一个工会之内,尤以店家之厨工应加入店员工会"[⑦]。手工业工人也允许加入店员工会,"富顺县店员工会主要是由店员、手工作坊工人、其他手工业工人和独立劳动者组成"[⑧],大庸店员工会有130余名会员,其中店员80余人,手工业工人、码头工人50余人[⑨]。中共影响下的店员工会甚至允许医院工作人员加入[⑩];部

① 《浙江省执行委员会训练部呈》,《民国史料丛刊》第781辑,郑州:大象出版社,2009年,第401页。
② 《解释旅馆茶酒馆及浴池之茶房是否认为店员案》,《南京市政府公报》第100期,1932年,第61页。
③ 《中央执行委员会秘书处函》,《民国史料丛刊》第781辑,第403页。
④ 《司法院公函》(院字第五八四号,1931年9月8日),《司法公报》第140期,1931年,第16页。
⑤ 《司法院致国民政府文官处公函》,《民国史料丛刊》第781辑,第404页。
⑥ 《行政院关于公布劳资争议处理法训令及北平市政府令所属工人、债主各团体推选仲裁委员会训令(1930)》,北京市档案馆档案,档号:J1-2-17。
⑦ 《湖北全省总工会第一次代表大会宣言及决议案》,1927年1月21日出版。
⑧ 黄述和:《大革命时期富顺县的工会组织》,《富顺文史资料选辑》第6辑,1992年,第43页。
⑨ 孙剑霖主编:《湘西土家族苗族自治州工人运动简史》,长沙:湖南人民出版社,2009年,第82页。
⑩ 王吉民:《郭沫若同志路过上杭城》,《上杭文史资料》第2辑,1982年,第72页。

分地区,店员工会拒绝该业学徒参加,茶陵县店员与学徒即分别成立店员工会、学徒工会①。

加入工会后,店员可以领得一枚铜色会章(见图2-1)以为证明,也有店员工会发"银子做的会章","我成为会员后,整天带着刚发的银子做的会章"②。会员证也是店员加入工会的凭据,黄岩县路桥镇药业店员工会成立伊始,即着手"印制会员证"③。店员工会还设计有专门的袖章,龙岩县店员工会袖章系红棉布缝制,"周长46厘米,高18厘米"④。会章(会员证)、袖章等是店员工会开展工作的外在证明,"连城工会和店员工会各有一面红旗,其余组织无旗"⑤,店员工会行使职权时亦多"佩戴工会徽章,携带工会旗帜"⑥。

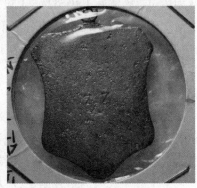

图2-1 汉口纱业店员工会会章

是否强制入会是近代社会团体制度建设中的核心问题,在很大程度上,出入会是否自由被作为判断一个组织是否具有现代性的重要标志。店员组织,早期即有强制入会的传统,"不入会不允许在城做工"⑦,垄断、限制竞争类似于行业公所。国民政府颁行的《店员工会章程》也要求"以某项商业为范围,在此规定范围内之同业,均得加入本会,以资保障,不得另组别会,破坏同业组织"⑧,延续了强制入会的传统。上海店员总会即以烟兑业另有组织,与"本会所属之下本有烟兑业职员公会之筹备"相左,"忠告

---

① 肖甡:《中共党史百人百事》(上),上海人民出版社,2011年,第247页。

② 陈复生:《江西赣州府的工人革命运动》,《江西党史资料》第16辑,1991年,第241页。

③ 蔡官申:《路桥药业工会与罢工斗争》,《黄岩文史资料》第11辑,1989年,第160页。

④ 龙岩市地方志编纂委员会编:《龙岩市志》,北京:中国科学技术出版社,1993年,第776页。

⑤ 卢新标:《连城"二战"时期情况的回忆》,《连城党史资料》第2辑,第37页。

⑥ 《酒业工人为商团击伤工友致电各团体》,《广州民国日报》1924年7月29日。

⑦ 兰心:《省城缝衣业及轩辕公所之沿革与纠纷》,长沙《大公报》1925年9月13日。

⑧ 《广州市店员工会章程》,陈友琴:《工会组织法及工商纠纷条例》,上海民智书局,1927年,第12页。

全埠烟兑业职员,须集中统一组织之下"①。"少数同行,应从速入会,否则本公会登报宣布后,将不能在轮埠招待,希入会诸君互相劝导,以资统一,而便取缔。"②

与同时期《工商同业工会法》规定的"入会不予强制,全凭公司、行号之意愿"③相比,店员工会略显保守。国民革命时期,店员运动出现的过激行为,可以说是强制入会的一个注脚,"凡在工会任职者,不得辞退;店员有重大过失者,可以辞退,但须由工会另行介绍补充"④。解决工商纠纷委员会"店家加用店员时,由店员总工会设立的职业介绍所负责推荐"⑤的规定事实上认可了店员工会强制入会的做法,因为不加入工会店员就会面临失业的危险。"(武汉)各个商店的学徒店员,差不多没有一个不加入工会。"⑥需要指出的是,此处所谓工会,实为行业店员工会。行业店员工会成立后,该行业各商店店员学徒相率加入,但非所有店员均加入工会。比如武汉市,部分行业并未成立店员工会,该业店员亦未加入店员总工会。强制入会的背景下,武汉仍有相当规模的店员学徒游离于工会组织之外。

当然,强制入会的做法也受到一定的指责,"加入工会各人应有自由,为什么纠众强迫","看见许多工会穿起武装制服,打起什么征求队、什么调查队或者纠察队的旗帜,招摇过市,到各工厂作坊或商店征求会员,不觉发生恶感"⑦。1927年6月29日,国民党中执会政治委员会第33次会议上,孙科提到:"店员工会的大毛病,就是在于管理权。店东请一个伙计,也要由工会分发,这非改变不可。"汪精卫接话:"竟闹得社会不宁,军心不安!"孙科又举例说:"现在厨子也有工会,辞了他就请不到别人。最近交通部因为厨子的饭做的不好,将他辞了,却又请不着第二个,交通部的人索性不吃饭,尽是这些稀奇古怪的事!"⑧广东省农工厅亦曾以提案的形式要求制止店员工

---

① 部分烟兑业店员,另有组织,并已要求加薪,"上海之大,究或该烟兑公会,有未尽联络各同业一致组合之处,致遭名目对峙,团体分散。然窃思我烟兑业店员,今处此经济困难之时,加薪固为要著,而团体未固亦足为碍,盖势力既不统一,易为店主所乘,为特重行通告,凡我烟兑业店员,概可向四马路清河坊四十二号烟兑业职员公会筹备处接洽,一致加入该会",《店员总会常务委员会纪》,《申报》1926年12月29日。
② 《旅馆招待公会常会纪》,《申报》1927年1月13日。
③ 《工商同业工会法》,《国民政府公报》第246号,1929年8月17日公布。
④ 《解决工商纠纷委员会决议案九条》,《汉口民国日报》1927年5月25日。
⑤ 《工商联席会议议决案》,《汉口民国日报》1927年5月24日。
⑥ 瞿秋白著:《瞿秋白文集·政治理论编》(6),北京:人民出版社,2013年,第219页。
⑦ 邓中夏著:《邓中夏文集》,北京:人民出版社,1983年,第329页。
⑧ 中国第二历史档案馆编:《中国国民党第一、二次全国代表大会会议史料》(下),南京:江苏古籍出版社,1986年,第1304页。

会"强制店员入会"的做法①。

对此,店员工会解释"强迫入会"实为"工会的一种自卫行动":东家组织御用工会以与工人工会对垒,工人如果要保障工会组织与工会行动不至为对方破坏,是不是要希望所有工人都要组织在一个工会之下,方能免除这个危险?"假使你是一个革命家,就应该予以充分的同情和谅解才是。"②将"职业介绍权与开革同意权"视为工会的存在基础:假使工会没有此种权,雇主方面可以随意开除工人,另雇最低工资之薪工及童工、女工,或安插御用工会之会员。此种现象,在广州过去事件已经发生不少,如火柴厂与酱料雇主都是采用这个手段。假使工会没有这个权,工人加入工会,不特不能得到职业保障,反因加入工会而有失业之危险,工人何必加入工会? 工会拿来何用? 工会将从此完全失其作用而解体了③。

第二节　店员工会的运行机制

店员工会要真正发挥对会员的服务、利益代表和管理职能,需要有规范性的运行机制,包括店员工会的组织网络、议事及选举制度。

一、组织网络

店员工会建有全体会员大会—代表大会—执行委员会—常务委员会—分会—分会会员大会—分会代表大会—分会执行委员会—支部—小组的层级结构,具体见图2-2。

国共合作破裂后,国民政府着手改组工会组织,强调其与政府的一致性。店员总工会被改组为店员总会,其组织结构亦体现出与店员工会相区别的因素(见图2-3)④。

(一) 代表大会

代表大会是店员工会的最高权力机关,分定期代表大会和临时代表大会。定期代表大会,每半年至少开正式会议一次,由执行委员会召集之,主

① 《农工厅呈请制止梅县药业工会强迫店员入会案》,《广东省政府周报》,1928年,第34～36期合刊。
② 邓中夏著:《一九二六年之广州工潮》,《邓中夏文集》(中),北京:人民出版社,2014年,第1218页。
③ 同上,第1219页。
④ 《店员总会第一次筹委会议》,《汉口民国日报》1927年9月7日。

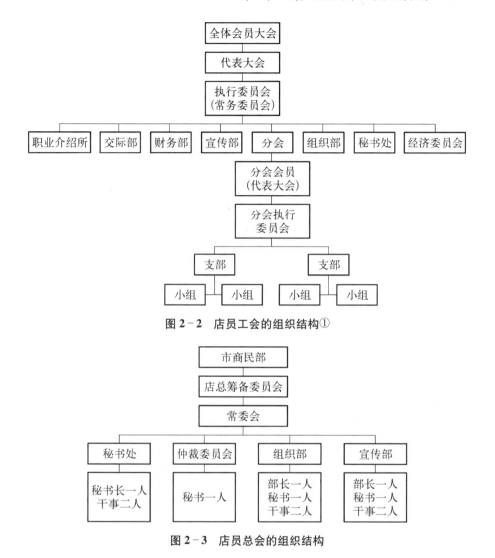

图 2-2　店员工会的组织结构①

图 2-3　店员总会的组织结构

要职务是修订章程,"选举执行委员会监察委员、议决本会经费之预决算案、
审查执行委员会监察委员会之半年报告、议决报告委员会提出下半年举办
之事项及计划"等②。武汉店员工会第五次代表大会,全体代表一致表决:执
行工商联合会议议案,"努力在红色的五月店员发展国民党员一万";关于第
十五分会账目,"在三月内由店总经济保管委员审察,如有不清处所,将负责人
交省总惩办。十五分会限于二日内,将账簿交店总核算,否则即将负责人交省

①　《武汉店员总工会报告》(1927 年 6 月),武汉地方志编纂委员会编:《武汉国民政府史料》,
　　武汉出版社,2005 年,第 135 页。

②　《市党部第十四次会议通过之广州店员公会组织简章》,《广州民国日报》1924 年 8 月
　　14 日。

总惩办";至于训练会员,"请求省总教育局,针对店员方面,发展工人学校"①。

临时代表大会系遇重大事件,由执行委员会决定或经代表五分之一以上请求召集的临时会议。针对1927年夏斗寅事变的突发情况及参加太平洋大会面临的新问题,武汉店员总工会召集非常代表大会,"以极至诚意拥护太平洋劳动大会,以最大努力与世界无产阶级共同奋斗! 争得世界无产阶级最后胜利与解放";"今日的大会改为讨伐夏斗寅大会,到会同志,须报名参加讨伐夏斗寅军事行动并武装起来……誓率武汉全体店员工友与此逆奋斗,尤望全体民众,即起直追,共灭此豸"②。

(二) 执行委员会

执行委员会是店员工会的执行机构,"执行代表大会通过的一切决议案,并办理各项会务",必要时,得开临时会议。比如武汉店总各业执委联席会议,执行代表大会通过决议案方面:谨守全省总工会及店员总工会所颁布之纪律条规;遵照总工会议决办法,执行会员未缴费者,从速缴纳;即日集款慰劳兵士。行使店员工会的日常管理与事务处理的职权方面:办理刊品及教育训练工作,经市党部工会推荐四五人办理,自能应付裕如;决议一致欢迎全国总工会迁鄂;设职业介绍所救济失业会员;本工会以内事,不得在工会外开会议决通过;迟到或不到各种工会之执委,一次不到警告,二次不到处罚,三次不到开除会籍。工会不到者,同一处罚,连续三次不到者,解散其执委会,另行选举③。执行委员会担负着店员工会的会务与事务管理等繁重职责,仅依赖数量有限的执行委员显然难尽职尽责,因此执行委员会往往需要下设常设性的办事机构。

常务委员会即是执行委员会的常设机构,"行使店员工会的日常管理与事务处理等职权"。常委由执委选出,主席担负着协调与组织任务,并代表工会开展对外交往活动。比如武汉店员总会新执委第一次常务委员会,设常务委员9人、候补委员5人,"次日下午一时开常务委员会及新旧交替"④。

(三) 分会

建立一个囊括所有会员的基层组织,是发挥团体组织影响力的重要环节,"一个工会若没有支部、小组等基本组织,或有支部、小组而不起作用,则这个工会的组织就不完全,行动的时候,就必感觉很大的困难。支部、小组是工会的基础,工会是建筑在支部、小组之上的,支部、小组若不坚固,工会

---

① 《店总第五次代表大会》,《汉口民国日报》1927年5月29日。
② 《武汉店员总工会非常代表大会》,《汉口民国日报》1927年5月19日。
③ 《店总第五次代表大会》,《汉口民国日报》1927年5月29日。
④ 《店总新执委会议》,《汉口民国日报》1927年7月14日。

的基础就不坚固;有了好的支部和小组,工会的基础就有了保障"①。

店员工会的基层组织单位,"为街坊或马路支部。每一街坊或马路之同一商业店铺店员,须联合组织为一支部"②。芜湖店员工会成立后,"有店员二三十人的大店要建立支部,五人以上的小店也成立小组。支部设干事一名,负责本支部工作,执行工会决议。支部成立时,工会来人指导,友会及其他支部派人参加观礼"③;福州店员总工会,下辖钱庄、京果、布匹、小百货、角梳、牙刷、乐器、锡箔、大木、细木、中药房、西药房、桶石、泥业、制笔、拣茶、染布、洋衣、竹排、金银、渔业、米业等基层工会数十个,会员达万余人④;连城店员工会下属有酒业支部、米业支部、手工业支部等⑤;会昌市店员工会建有 3 个支部,入会店员 72 人。永定县羊稔区建立 2 个店员支部,入会店员 24 人⑥。武汉店员总工会,根据行业区分下设 15 个分会,各分会按辐射范围成立支部,每名入会店员都有自己的归属支部(见表 2-1)。这与列宁主义政党"每一名党员都应该归属于一个基层组织"的组织原则相契合,也与 1924 年国民党改组后,中央党部—省党部—市(县)党部—区党部—区分部的组织结构一致。

表 2-1　武汉店员总工会各分会情况统计表⑦

分会番号	所属业别	地　址	支部数	委员长	成立年月	电话	备　考
一分会	饮片、拆药、西药、参燕药行	流通巷	103 个	蔡子贞	1927 年 3 月		
二分会	□ 业、皮件、□□、原业、颜料□、丝绵、玻璃	太平会馆	135 个	汪士庵	1927 年 3 月		后加梳篦、毛巾、板带工会
三分会	山货、水土果、西皮、□业、□油、皮毛、□油粉	流通巷天泰里	124 个	熊玉亭			后加古纸、猪行

① 刘少奇:《工会基本组织法》,1926 年 12 月 28 日,见《中国工运史料》1981 年第 3 期,第 61 页。
② 《广州市店员工会章程》,陈友琴:《工会组织法及工商纠纷条例》,上海民智书局,1927 年,第 12~14 页。
③ 赵有恒:《1927 年成立的芜湖店员工会》,《芜湖文史资料》第 4 辑,第 83 页。
④ 福建省地方志编纂委员会编:《福建省志·工人运动志》,沈阳:辽宁大学出版社,2001 年,第 8 页。
⑤ 卢新标:《连城"二战"时期情况的回忆》,《连城党史资料》第 2 辑,第 37 页。
⑥ 《全总苏区执行局报告(1932 年 3 月 17 日)》。江西省总工会、江西省档案馆选编:《江西工人运动史料选编》,南昌:江西人民出版社,1986 年,第 263~273 页。
⑦ 《武汉店员总工会报告》(1927 年 6 月),武汉地方志编纂委员会编:《武汉国民政府史料》,第 136 页。

（续表）

分会 番号	所属业别	地　址	支部数	委员长	成立年月	电话	备　考
四分会	书业、中外纸	革命里二十五号	20 个	曾禹田	1927 年 4 月		
五分会	杂货、油、酒、鞭	清芬土马路货□□	208 个	黄舜五		2097	
六分会	布业、麻夏、匹头、绸缎呢绒绒花布、白布	大夹街大布工会	707 个	甘泽生	1927 年 4 月	2809	
七分会	金银、五金、铜铁	革命里十二号	71 个	陶益成	1927 年 4 月	8903	
八分会	海味、糖、茶食、泰西食物	小夹街昌家巷	58 个	张耀良	1927 年 5 月	2312	
九分会	茶业、店员、行员、女工	后城马路五常里	26 个	陈莹廷	1927 年 5 月	1055	
十分会	煤油、火柴、面粉、香烟	革命里二十五号	21 个	周炜廷	1927 年 5 月		
十一分会	衣典业	济生马路高元里	47 个	吴锡九	1927 年 3 月		
十二分会	皮业	牛皮公所	26 个	张茂亭	1926 年 12 月	1059	
十三分会	煤业	大火路煤业公所	6 个	朱子江	1926 年 11 月		
十四分会	钱业	一三里	67 个	王玉堂	1926 年 11 月	3120	
十五分会	报关	大蔡家巷	20 个	陈芝圃	1926 年 10 月		
武昌杂处		武昌□□街二十一号		姚尧 （主任）	1927 年 5 月	869	

　　不过，"每一名入会店员均有自己的归属支部"并不意味着店员工会的所有支部均为店员组织，黄冈县新州镇店员工会，其基层组织包括"各分店分会和理发、缝纫、小手工业 3 个行业分会"①。大庸店员工会设有店员及

---

① 新洲县志编纂委员会编：《新洲县志》，武汉出版社，1992 年，第 165 页。

手工业工人、码头工人 2 个分会①。

二、议事制度

店员工会以"联络感情,交换知识,互助扶助,共谋福利"为宗旨,"凡在某某店内任柜面及后生等职务之店员,皆得加入本会,为本会会员。曾任某某店内柜面及后生等职务,有会员二人介绍,经本工会审查认可者,亦得加入本会,为本会会员"②。

店员加入工会后,享有一定的权利和义务。《广州店员工会章程》对之有着明确的规定:会员有选举及被选举权;有提议及表决权;弹劾职员之权;有享受会内一切公共利益之权。会员有恪守会章之义务;有缴纳各项会费(如基金月费等)之义务;有扶助同人(如介绍职业等)之义务;有维持及拥护本会之义务。凡违背会章,破坏公共利益与行动者,或连续三个月不纳会费者,皆得开除其会籍,并停止其一切利益之保障。"宣告除名"的店员"不得再行加入"③。

店员工会的代表大会、执行委员会、街坊或马路支部同人大会依据章程形成了较为有效的会议议事制度。代表大会的代表,"由各街坊或马路同人,以十人选举一人为标准进行选派,如该街坊或马路不及十人者亦得选派一名"④。黄岩县路桥镇药业店员工会的 40 余名与会代表,就是从"路桥、长浦、白枫桥、横街、洪家、竿蓬、金清等地的一百多位会员中推选出来的"⑤。

执行委员会是代表大会闭会期间店员工会的最高权力机关,每星期由主席召集常会一次,必要时,得随时召集特别会议。执行委员由代表大会选举,人数依店员工会的规模有所不同,一般是 7 名执行委员、5 名候补委员:遂安县店员工会有会员 500 多人,设 7 名执行委员,5 名常务委员,委员长洪万中⑥;淳安县港口镇店员工会,有执行委员 8 人,候补执行会员 4 人,纪律裁判员 2 人,候补裁判员 1 人⑦;黄岩县路桥镇药业店员工会设执委 7 人(其

① 孙剑霖主编:《湘西土家族苗族自治州工人运动简史》,长沙:湖南人民出版社,2009 年,第 82 页。

② 《广州市店员工会章程》,陈友琴:《工会组织法及工商纠纷条例》,第 12~14 页。

③ 《市党部第十四次会议通过之广州店员公会组织简章》,《广州民国日报》1924 年 8 月 14 日。

④ 《广州市店员工会章程》,陈友琴:《工会组织法及工商纠纷条例》,第 12~14 页。

⑤ 中共黄岩市委组织部等编:《中国共产党浙江省黄岩市组织史资料(1927.2~1990.4)》,第 7 页。

⑥ 简驰:《淳安人民声援五卅运动的反帝爱国运动》,《淳安文史资料》第 3 辑,1987 年,第 6 页。

⑦ 淳安县志编纂委员会编:《淳安县志》,上海:汉语大词典出版社,1990 年,第 465 页。

中常务委员 1 人,由陈桂芳担任),候补委员 3 人①;广州店员公会设执行委员 9 人,执行委员互选常务委员 3 人,分任本会之会务会计文书各股事务②;漳浦店员工会设执行委员 5 人③;上海煤业职员友谊会有会员 70 余人,"现已(举)改选委员 16 人"④;大庸县店员工会设执行委员 7 人,分别为李锦章、喻德卿、刘布德、胡圣武、郑昌官、李良弼、王建勋。常务委员 6 人,分别为范子瑜、孟子厚、张升初、毛寿卿、罗尧章、吴少堂⑤。

执行委员可以连选连任,但不得连任超过三年,如有出缺,由候补委员递补,"均不支薪金","但因公往来费用,可酌量给予交通费。如常川驻会办事者,均酌津贴生活费"⑥。街坊或马路支部同人大会,每月开会一次。各种会议取"少数服从多数"的议事原则。

店员工会各级会议均遵循一定的议事程序,一般分为提议、讨论、决议执行三大环节。议题包括报告上次会议议决执行情况和现时需要解决的问题,如有上次会议未决或执行过程中情形有变者与新问题一起交付委员会讨论。讨论时各抒己见,可以互相辩论,然后以投票方式议决,会议过程均有文书记录,以备核查。宁波药行店员工会改组时,即"开会报告并投票,选执行委员"⑦;黄岩县路桥镇药业店员工会成立时,"以记名投票方式",选举执行委员、候补委员⑧。店员工会还设有监察委员会,以监视会务的进行及保护会员的利益等⑨。

第三节　店员工会的内部结构及其活动

店员工会由执行委员会主持一切会务。执行委员会设主席 1 人,文书、

---

① 中共黄岩市委组织部等编:《中国共产党浙江省黄岩市组织史资料(1927.2~1990.4)》,第 7 页。

② 《市党部第十四次会议通过之广州店员公会组织简章》,《广州民国日报》1924 年 8 月 14 日。

③ 黄荣昌:《大革命时期的漳浦工会》,《漳浦文史资料 1~25 辑合订本(1981~2006)》上册,2007 年,第 312 页。

④ 《上海工委宋林关于最近五月来上海职工运动报告》,《上海革命历史文件汇集(中共上海区委宣传部组织部等文件)》(1925 年 8 月~1927 年 4 月),上海市档案局,第 510 页。

⑤ 张文贤:《大庸店员工会》,《永定文史资料第 7~8 辑》,1992 年,第 244 页。

⑥ 《广州市店员工会章程》,陈友琴:《工会组织法及工商纠纷条例》,上海民智书局,1927 年,第 14 页。

⑦ 《药行工会成立》,《申报》1927 年 9 月 15 日。

⑧ 蔡官申:《路桥药业工会与罢工斗争》,《黄岩文史资料》第 11 辑,1989 年,第 159 页。

⑨ 广州市地方志编纂委员会编:《广州市志》卷 9(下),广州出版社,1999 年,第 415~416 页。

理财、宣传、调查、交际、庶务、救济 7 科。各科主任,由执行委员互推,干事由执行委员会聘任。文书科设主任 1 人、干事若干,办理本会一切来往文件之拟稿、缮写、印刷、保管,及议案之记录、汇编等事项;宣传科设主任 1 人、干事若干,办理本会一切宣传、教育事件,如出版刊物、创办补习学校、图书馆等;调查科设主任 1 人、干事若干,调查同业生活状况及死亡统计,并调查本会所属商店之营业状况等事项;交际科设主任 1 人、干事若干,办理一切对内对外之接洽、交涉及联络等事件;理财科设主任 1 人,干事 3 人,分任征收、支应、审计三股,办理本会一切经费、收支、审计等事件;庶务科设主任 1 人、干事若干,办理会内之管理及购置等事项;救济科设主任 1 人、干事若干,办理会员之职业介绍、同人储金及各项救济事件。各职员皆任期半年,连选得连任,但不得连续三任①。

内部结构的正常运作是店员工会会务推行的制度保证。从实践层面观察,店员工会的内部结构的实施情况地域差异较大:遂川店员工会只设有宣传组和调查组,"宣传组到街上向群众进行宣传、张贴标语,调查组在县城调查和查封土豪劣绅的财产,召开群众大会分发土豪劣绅的财物"②;黄岩县路桥镇药业店员工会设有文牍、交际、总务、宣传 4 科③;武汉店员总工会设置秘书处、组织部、宣传部、财务部、交际部、职业介绍所、经济保管委员会等职能部门,有效对应了店员工会文书、理财、宣传、调查、交际、庶务、救济 7科的制度构想,童子团、纠察队更是制度创新的尝试。详见下文:

一、秘书处

秘书处主要负责店员工会来往文件的拟稿、缮写、印刷、保管。从 1927年 2 月到 1927 年 6 月,武汉店员总工会秘书处收到文件 2000 余件,发出的文件有 1500 余件。1927 年 2 月之前没有确切的统计,每日平均约有 15 件(不包括油印通告)。

二、组织部

组织工作是店员工会的重要工作,没有严密的组织,店员工会不可能发挥其团体凝聚力。武汉店员总工会组织部的工作,可分为两个时期:第

① 《广州市店员工会章程》,陈友琴:《工会组织法及工商纠纷条例》,上海民智书局,1927 年,第 12～14 页。
② 中共遂川县委党史工作办公室编:《中国共产党遂川历史(1919～1949)》第 1 卷,北京:中共党史出版社,2011 年,第 53～54 页。
③ 蔡官申:《路桥药业工会与罢工斗争》,《黄岩文史资料》第 11 辑,1989 年,第 159 页。

一个时期主要做经济斗争的工作。第二个时期主要做合并工会、组织分会及支部的工作。经过整合，武汉店员总工会成立了 15 个分会，1647 个支部。

当然，组织工作"并非组成了若干形式的支部就算完事，而是要让每一个支部，都成为健全的工会的基础"。以这个标准考察武汉店员总工会组织部的工作，经济斗争成效不大，"因为物价高涨，其成绩实等于零"；整合分会、训练会员略有成效，"每次开支部干事联会时，莫不在未开会以前之半点钟到，从整齐严肃中，可以见其组织力量了"。但也有不少店员对政治运动"莫名其妙"，"这都是缺少训练的原（缘）故。谈起训练，真使得我们惭愧！在过去我们对训练的工作，可以说完全没有做到。这是我们组织工作中的一个缺点"①。

三、职业介绍所

救济失业店员，可以说是店员工会的分内之事。1927 年 2 月，武汉店员失业者有 8923 人②，救济这些失业店员，"引导他们上革命的道路，遵守革命的纪律，巩固北伐的后方，可以避免反动派利用失业工友，扰乱革命根据地的治安"。缘此考量，武汉店员总工会职业介绍所致力于"安插失业店员及介绍失业店员重新上岗，动员失业店员参军"，"他们肚子饱了，好为革命而奋斗"③。

从实践层面观察，店员工会介绍职业的成绩呈现出明显的地域、行业差异：（台州路桥药业店员工会）为解决 30 余名店员的生活问题，药业工会一面积极筹款帮助解决，一面与临、黄、温三县药业工会联系，设法给予异地临时安排工作。至 10 月中旬，罢工店员都找到临时工作④。武汉店员总工会职业介绍所的工作成效不大，经职业介绍所介绍获得工作的店员只有 400 余人。"少数店东不明白工商联合议决案，拒绝工会的介绍，要改由商民协会办理"，对这些"受了反动派的挑拨故意破坏革命联合战线"的店主，店员工会没有切实可行的应对措施，只是"希望中小商人能与我们一致来救济失业店员的痛苦"，"将来工商俱乐部必有解决得办法，我们为顾全革命起见，

---

① 《武汉店员总工会报告》（1927 年 6 月），武汉地方志编纂委员会编：《武汉国民政府史料》，第 140 页。
② 《武汉店员概况》，《汉口民国日报》，1927 年 7 月 2 日。
③ 《武汉店员总工会报告》（1927 年 6 月），武汉地方志编纂委员会编：《武汉国民政府史料》，第 141 页。
④ 中共台州市路桥区委宣传部、台州市路桥区文学艺术界联合会编：《路桥历史名人故事》，北京：人民文学出版社，2004 年，第 160 页。

只好静待而已"①。与介绍工作相比,广州当按押店员工会建立的失业会员宿舍,"深得会员的欢迎",失业会员"得以寄托"②。

四、童子团

童子团是在学徒经济斗争的基础上成立的。武汉店员总工会第十四分会成立童子团较早,其次是一分会、六分会、八分会。1927年3月6日,童子团店总大队成立,大队长陈啸谷、副大队长熊定安,未成立童子团之分会亦"开筹备会、抄名册、编队伍"③。其后,武汉店员总工会15个分会均成立了童子团,童子团的服装由店主担负,"但以一次为限,童工集会店主预留膳食"④。夏斗寅、许克祥事变后,"不革命的走开去",武汉店员总工会童子团人数因而出现一定的流失(见表2-27)。

表2-2 武汉店员总工会劳动童子团情况统计⑤(1927年6月)

队 别	过去人数	现在人数
一分队	518人	302人
二分队	702人	348人
三分队	330人	120人
四分队	180人	92人
五分队	138人	59人
六分队	642人	515人
七分队	222人	140人
八分队	342人	128人
九分队	106人	43人
十分队	137人	99人
十一分队	262人	153人

① 《武汉店员总工会报告》(1927年6月),武汉地方志编纂委员会编:《武汉国民政府史料》,第141页。
② 广州市地方志编纂委员会编:《广州市志》卷9(下),广州出版社,1999年,第415页。
③ 《武汉店员总工会报告》(1927年6月),武汉地方志编纂委员会编:《武汉国民政府史料》,第142页。
④ 《工商联席会议决议案》,《汉口民国日报》1927年5月24日。
⑤ 《武汉店员总工会报告》(1927年6月),武汉地方志编纂委员会编:《武汉国民政府史料》,第142页。

队 别	过去人数	现在人数
十三分队	126 人	80 人
十四分队	104 人	60 人
十五分队	68 人	35 人
总 数	3877 人	2174 人

附注:(一)十二分队无组织。
　　　(二)年龄在 16 岁以内者共 859 人;以外者共 1289 人(应为 1315 人,引者注)。

武汉店员总工会童子团在改善青年店员及学徒的工作环境、救护伤兵方面起到一定的作用,但组织不太完善。店总大队"现在只有陈啸谷和熊定安两人随手应付,办事的人太缺乏了",工作"没有详思(细)的计划,店总大队的组织,尚没有十分强健,店总大队的工作,尚没有臻到完善的地步"①,"十五个分队,没有常设的经常性负责人,大都一盘散沙"(见表2-3)。

表 2 - 3　武汉店员总工会劳动童子团分队长
名□(单)②(1927 年 6 月)

一分队	董□□	九分队	
二分队	施亚□	十分队	王润生
三分队		十一分队	李昌荫
四分队	冯作新	十二分队	
五分队	孙 业	十三分队	徐星兰
六分队	曹 朗	十四分队	谢伯棠
七分队	苏子禄	十五分队	
八分队	许元勋		

为请愿扩大童工八小时工作制的范围宣言③

(1927 年 6 月 25 日)

"童子的身体没有发育完全",这句话我们随时随地都曾听见,一般

---

① 《武汉店员总工会报告》(1927 年 6 月),武汉地方志编纂委员会编:《武汉国民政府史料》,第 142 页。
② 同上。
③ 武汉地方志编纂委员会编:《武汉国民政府史料》,第 375 页。

资产阶级的少爷,确实很能研究,可怜一般劳苦的儿童,为着吃饭问题,而出外做工了。工厂的童工因钟点太久,以致身体疲倦,不幸而被机器伤命者有之,成为废人者亦有之。手工业、商店的童工每日受尽压迫,尚不敢一呻(沉)吟。你们要想产生许多将来社会上的健全分子,务必要使童工一律实行八小时工作制,增加童工工资,并能多受工人的教育才能实现,这是目前唯一要事。

各界的同志们,盼你们一致起来,努力促成童工一律工作八小时,订出童工最低工资,缩短学徒年限,扩大童工教育;最后我们再高呼几个万岁!

湖北全省总工会劳动童工团店总大队童工分队(印)

相比武汉店员总工会童子团,广州市店员公会第一分会早在1925年5月即呈请国民党中央执行委员会,要求组织广州市店员自卫团,以"联合市店设团自卫防御盗贼为宗旨","联合各店将街坊原有练勇,额数克日改组成团",并分为常备与后备两种,"常备则原日练勇","后备则以店员自愿入团专学技击者,组织之内分侦探队巡察队均与军警并同办理,务将匪患永除",编制上"由众公定参照民团兵团农团联防办法","按照广州市各街坊为团区,每街坊设一自卫团分队长,应使权操自街坊,即权操自店员,免为资本家所专制,复蹈商团之覆辙"①。

童子团成立后,青年店员、学徒的"精神很踊跃",这"固是很好的现象",但也"发生许多不好的现象"。武汉店员总工会童子团即出现任意抓人、殴打人、武力干涉他人行动及赌嫖等行为,年龄偏大的团员甚至"放弃责任,不愿列队了"②。为"纠正以往不应有之错误,培养童子团的正当发展起见",湖北省总工会发布"整顿童子团"的命令:"童子团目前的重要工作与行动,是严明童子团共同遵守的纪律,训练全体团员的纪律生活;为得培养青年工人善良习惯,经过审查与工会及童子团总部的命令,可以干涉童子团员的烟赌嫖等坠落青年人格与损害身体的行动;童子团员在正当工作期间,应遵守工作规程,照常工作,不得借故离开工作或任意怠工;各级童子团及团员,未经本会允许,不得向工会强制要挟置办什物事件,不得向厂店主直接要求置办什物事件;童子团员未经童子团总部及工会命令,不得在工作时

① 《店员组织自卫团之简章》,《广州民国日报》1925年5月16日。
② 《武汉店员总工会报告》(1927年6月),武汉地方志编纂委员会编:《武汉国民政府史料》,第142页。

间离开或□□团部请假开会或会操;童子团员的一切行动,应绝对遵守纪律;违反上例之一者,应予以严明之处罚"①。

五、宣传部

店员具备一定的文化程度,"许多人具有一定程度的新思想、新知识,对革命宣传容易接受"②。与之相应,宣传成了工会动员店员群体的重要方式,亦是店员工会日常工作的重要内容。宁远店员工会有"会员三四百人,有高小程度的约占一半(当时宁远还没有设中学),经常开会,宣传工人运动与农民运动的革命道理,讲资本家和大店主的发家史"。店员工会的宣传标语口号有"打倒帝国主义! 打倒列强! 打倒北洋军阀! 打倒买办阶级! 打倒资本家! 工人农民联合起来! 打倒土豪劣绅! 一切权力归农会! 打倒苛捐杂税! 耕者有其田! 实行八小时工作制! 节制资本! 平均地权!"等③。"二女事件"发生后,赣州店员工会在街上的宣传标语是——"欧阳校长,鬼魅伎俩,店员工会,很有力量",工会的士气因之"更加高涨"④。遂安县店员工会增资斗争时的宣传口号为"不增加工资,店员不给资本家营业,粗工不给资本家做工,炊事员不给老板烧饭"⑤。兰溪店员工会采取街头演讲的宣传方式,宣传内容"大多是反对帝国主义侵略,揭露军阀、贪官污吏、土豪劣绅祸国殃民之罪状,以及剥削阶级之压迫等"⑥。

宣传部是店员工会宣传工作的主要载体,其工作内容包括店员工会的宣传、教育事项、出版刊物、创办补习学校、图书馆等。圻水县杂货店员工会宣传队下设1个支队、2个小队,队员11人⑦。武汉店员总工会宣传部的工作,早期主要是会员的宣传,"印过四万份'敬告店员书',遍散各店,内容是说明店员的痛苦,指出店员应走的道路。又印二千份标语,粘贴各街市,内容是唤起店员加入组织团体"。后期开始做文字的宣传,成立大会的宣言、标语以及消息,皆于报章上披露。外交上、政治上的主张,工会自身的问题——纪念会、欢迎会等都有宣言、通电或标语发表。执行委员会以及各部

① 《湖北全省总工会关于整顿童子团的通告》,《中央日报》1927年5月7日。
② 黄述和:《大革命时期富顺县的工会组织》,《富顺文史资料选辑》第6辑,1992年,第44页。
③ 万启员:《大革命时期宁远农运工运回忆录》,《宁远党史资料选辑》第1辑,1986年,第71~72页。
④ 陈复生:《江西赣州府的工人革命运动》,《江西党史资料》第16辑,1991年,第241页。
⑤ 《淳安县志》编纂委员会编:《淳安县志》,第465页。
⑥ 吴湘:《回忆兰溪初建工会概况》,《兰溪文史资料》第7辑,1989年,第27页。
⑦ 《湖北全省总工会宣传队总部报告》,《汉口民国日报》1927年3月25日。

重要会议,亦拟新闻稿送各报登载。店员经济斗争情形,店东破坏成约或店东造谣、摧残店员等情形,也于报上或其他刊物上宣布。各种群众大会或各分会及支部开会时派宣传员前往演讲,或者化装宣传。如遇重大事件发生,召集各分会宣传主任组织宣传委员会。训练方面,设立宣传训练班培育宣传工作人才,出版《店员之友》半月刊壁报、每日时事简报,以增长店员理论、政治知识。教育方面,设立两个青年工人补习学校,宣传部内部的技术工作,分配报纸、裁剪报上重要消息、制填表册、发新闻通告、到训练班授课等,皆应做尽做。但"专职工作人员太少,起初只有一人负责,后虽增加一人","事情亦随时增加,不能顾及"。教育训练工作太差,会员的革命知识浅薄,对工会及政治漠不关心。虽设有宣传训练班,但队员时常不到,宣传部有时也因参加其他会议不能授课。宣传文章不切合店员实际生活,太过深而枯燥,如《店员之友》,"会员不愿去看(它)"。下层群众或分会代表会,宣传部参加较少,技术工作也不周全,"有时候连应付工作也做不到"①。概而言之,"没有成绩可言","大多是应付,没有积极性"。

六、财务部

财务部主要管理店员工会的经费、收支、审计。武汉店员总工会财务部的工作有:接收前店员联合会移交的记账部(簿)3 册,洋 18.47 元。接收各工会筹备费及特别捐,500 人以下工会,收筹备费 5 元;500 人以上工会,收筹备费 6元。各工会自由捐助特别捐,自 10 元起至 30 元止。规范加入店员工会的会费,经济未集中之前,抽收工友 3%或 4%～5%为工会经常费,店员总工会抽收各会收入 5%为经常费;经济集中之后,将各工会合并成分会,抽收会员所得 3%为工会经常费,并实行集中经济,各分会收入款项,一概解送,开支则按月照预算案发给;每月将收入支出分门别类,缮造清册分发各分会查核,核算各分会送交账目;组织由各分会财务负责人组成的经济保管委员会,工会一切往来款项,均由保管委员监督,"遇事公开,不许有丝毫的苟且"。

从资金筹措的角度考量,武汉店员总工会财务部的工作颇具成效:财务部代募援助上海罢工救济金,"先后募得洋六千余元";代募各团体暨各事业工友游艺券与赈券,"为数甚巨";代收各工会省总第一次代表大会代表费,"得洋六百二十八元三角,缴省总五百三十元,其余留作店员工会开支"②。

---

① 《武汉店员总工会报告》(1927 年 6 月),武汉地方志编纂委员会编:《武汉国民政府史料》,第 143 页。

② 同上,第 145 页。

七、纠察队

工会纠察队是以店员工会为主体,以在岗店员工人为基干,有常态化军事训练的工人自卫武装。赣州钱业店员工会纠察队,穿军衣、执长矛,"遇群众大会,全体武装起来,整齐、严肃,令人望而起敬"①,"当时我们店员工会的纠察队很活跃,穿的服装很整齐,都是黄色的衣、裤,戴的是大沿黄帽,手拿着黄皮子的藤条皮鞭。因为当时我才是十五岁的小青年,不拿梭标,其他年级大点的纠察队队员都拿着梭标"②。

一般来讲,工会纠察队有市—区—店、行业—区—店两套组织体系。例如上海工人纠察队,既有五金工人纠察队、棉纺工人纠察队这样的行业纠察组织,又有按区设置、统一该区分散的厂店纠察队的区域纠察队。店员总工会纠察队属于行业纠察队,武汉店员总工会成立之前,各业店员工会已经组织有纠察队,但"既无一致的指挥,又无相当的训练":有工会执委,借纠察队力量压抑异己;有不肖会员,私着纠察队服装在外欺骗恫吓,出现遍街纠察的怪象;有各工会纠察队干涉代表会及执行委员会的事实发生。鉴于此,武汉店员总工会决议解散各业店员工会纠察队,由店总"组织一大队","限定非服务之查部队,不得私着制服行街"③。

武汉店员总工会之于纠察队的改组取得了一定成效,"指挥使得统一,行动也没有从前那样散漫"。但新成立的店员工会纠察队,队员积极性并不高:夏斗寅事变后,湖北省总工会召集所属各工会纠察队赴南湖训练,武汉店员总工会纠察队仅有100余人应召,实到者30余人。店员总工会因而决议不再组织纠察队,"即便组织,亦必严择队员,一定要青年的、勇敢的、忠实的"④。

纠察队是店员工会各项措施能够执行的保障力量:上海工人第三次武装起义时,店员工会纠察队甚至成为武装斗争的"攻坚队","商务印书馆俱乐部的敌人虽系少数,但拥有机关枪和多量炸弹,不断地向群众袭击,十分顽强。21日午后4时,纠察队以纸为书,口呼停战。投书人,劝降并负责保护其生命。鲁军亦就纸之背面回书,请求停止攻击,但不肯降。嗣后纠察队即取包围战略,防守终宵"⑤;滕家堡店员工会纠察队"痛打了当时的地方反

①　《江西省工会志》编纂委员会编:《江西省工会志》,北京:方志出版社,2003年,第160页。
②　陈复生:《江西赣州府的工人革命运动》,《江西党史资料》第16辑,1991年,第241页。
③　《武汉店员总工会报告》(1927年6月),武汉地方志编纂委员会编:《武汉国民政府史料》,第145页。
④　同上,第146页。
⑤　施英:《上海工人三月暴动纪实》,《向导》周报第193期,1927年4月6日。

动武装'缉私营',收缴了'缉私营'的十多条枪,为罗田后来建立工农自卫军作了贡献"①。

不过,店员工会纠察队的斗争,往往伴随着对店主的人身限制、侮辱。沙洋县店员工会开展经济斗争时,"揭发陈子庆(杂货店老板)打骂学徒的事实后,就给陈子庆戴上纸做的高帽子游行,由带队人高喊口号'打倒天裕成!''打倒陈子庆!''劳工神圣万岁!'"②这无疑影响到店员诉求的合理彰显,进而影响到国民革命的正当性,对其加以限制成了国共两党的共同诉求:"不准工会擅自拘人,严行制止持械游行"③;"工会不得干涉店东的用人权、管理权,更不能侮辱店东,如逮捕、罚款、戴高帽子等事。童子团执行警察职务,如捕人、干涉行人等事,应严行禁止"④。湖北省总工会第20次常务委员会亦决议:"以后无论任何工会,不得擅自调遣各该工会之纠察队员和替纠察队员请假","如各工会必须纠察队应用时,可函请本会核派"⑤。

第四节　店员工会的运行绩效

店员工会的制度构想在实践层面的运行效果,可从经费、领导层、行业主体三方面进行考察,包括经费收支状况、领导人与普通店员的立场异同、工会内部的利益分歧等。

一、店员工会的收支状况

经费问题关系到店员工会的组织建构,关乎店员工会运作中的立场、地位与功能发挥,上海药业店员组织的药业伙友联谊会即因缺乏稳定的资金来源而日处窘乡⑥。店员工会的经费来源,《广州市店员工会章程》界定为三种:(一)会员基本金。入会时每人缴纳基本金,不得超过5元。(二)月费。每月月费,不得超过工金3%,惟失业者不在此例。但须该会员亲到本会报名,方许免纳。(三)特别捐。会内经费发生困难时,得发行

① 邱南方、雷进征:《罗田最早的工会组织》,《罗田文史资料》第1辑,1987年,第67页。
② 何君香、陈国强主编:《沙洋风物》,《沙洋文史资料》第6辑,沙洋县政协文史资料委员会、沙洋县地方志办公室,2006年,第41页。
③ 《国民党中央政治会议对于解决工会纠纷的决议》,《广州民国日报》1926年12月9日。
④ 《关于国共合作关系的决议(一九二七年六月三十日中共中央扩大会议通过)》,《中共党史教学参考资料·党的创立和第一次国内革命战争时期》,1979年,第405~406页。
⑤ 《湖北全省总工会关于纠察队调遣的通告》,《中央日报》1927年5月7日。
⑥ 《药业友谊联合会近况》,上海《民国日报》1921年4月3日。

特别捐①。

从收入状况看,店员工会以入会费、事务费为大宗,临时捐、捐款也占有一定的比例。会费由初入会者缴纳,是会员享有店员工会提供的服务而需要付出的成本,"记得店员工会成立时,我加入洋货绸缎布匹店员工会,当时还交了一块'白洋'"②,广州店员公会"入会基本金为一元",于"会员入会时一次缴纳之"③。事务费由入会店员按月缴纳,以维持日常开支,"皆有定额",黄岩县路桥镇药业店员工会的会费标准为"每人每月一角钱"④;广州店员公会规定入会店员"月费二角,由会员于每月下旬缴纳之"⑤。具体执行中,各业店员工会规定的入会费各不相同,广州市各业店员工会的入会费可见表2-4。遇有紧急事务经费不敷时,临时召集代表大会筹措,另有捐助款项时亦列入工会预算。当然,店员工会还以会费结余参与经营以获得收入,或者将工会会所出租,获取租金以补会费之不足。

表2-4 广州市店员工会会员入会费统计表(1926年10月)⑥

工 会 名 称	入 会 会 费	
	基 金	月 费
海陆粮食理货员工会	1元	2角
广州市报关店员工会	2元	2角或4角
经纶店员工会	柜面2元后生1元	柜面4角后生2角
土洋疋头店员工会	1元	柜面打杂2角后生伙头1角
绸缎布疋店员工会	5元	4角
故衣店员工会	1元	2角,东家出
西药店员工会	2元	工金3%
陶瓷店员工会	3元	2角
土洋什货店员卒强工会	2元	2角
土洋什货店员工会	1元	2角

---

① 《广州市店员工会章程》,陈友琴:《工会组织法及工商纠纷条例》,上海民智书局,1927年,第12~14页。
② 陈复生:《江西赣州府的工人革命运动》,《江西党史资料》第16辑,1991年,第241页。
③ 《市党部第十四次会议通过之广州店员公会组织简章》,《广州民国日报》1924年8月14日。
④ 蔡官申:《路桥药业工会与罢工斗争》,《黄岩文史资料》第11辑,1989年,第160页。
⑤ 《市党部第十四次会议通过之广州店员公会组织简章》,《广州民国日报》1924年8月14日。
⑥ 《广州市工会调查表》,王清彬等编:《第一次中国劳动年鉴》,北平社会调查部,1928年,第72~79页。

（续表）

工 会 名 称	入 会 会 费	
	基 金	月 费
华洋什货发行店员工会	2 元	2 角
广州当押店员工会	2 元	2 角
梳业工会	1 元 5 角	3 角
果栏职工总会		
广东茶居工会	10 元	年费 16 角由各店出
广东酒楼茶室总工会	15 元	店费拨出一部分
粉面茶馆工会	10 元	由各店储蓄下拨 5%
水陆花筵酒楼公余总工会	5 元	2 角
中华西餐饼干洋务联合工会	10 元	3 角
京果海味总工会	2 元	4 角
糖面工会	2 元	2 角
酱料凉果杂货工会	1 元	1 角
酒业工联会	3 元	2 角
米业工会	1 元	1 角
广东全省油业总工会	5 元	15 角
广东全省油业总工会什物分会	24 角	4 角
广东茶业集成总工会	3 元	3 角
鲜果咸货工会	2 元	待定
渔业工会	5 角	2 角
省佛木料镜妆杂货工会	1 元	2 角
广聚药片工会	2 元	1 角
广东印务总工会	5 元	工金一天
大新职员俱乐部	1 元，杂役 5 角	薪金 3%
先施职工俱乐部	1 元，杂役 5 角	薪金 3%
真光职工俱乐部	1 元，杂役 5 角	薪金 3%
上海帮守经堂店员工会	2 元	2 角
按售毛料什货店员工会	1 元	2 角

工 会 名 称	入 会 会 费	
	基 金	月 费
煤油类店员联合工会	1元	2角
厨房职工工会	1元6角	无
炮竹店员工会	5元	月薪5%

店员工会的支出主要有办公费、车马费、职员工资、公益费、捐款及其他种种临时性开支。办公费包括印刷费、打印费、纸张费、办公用品费等。车马费是工会执委办理会务的差旅补助。职员工资主要是工会聘请的文书、书记、门卫等职员的薪资,工会执委及各科主任、干事虽然以不支薪为原则,但常驻会办事的须补助一定的生活费。公益费主要是办理公益教育、店员救济等类事务的花费。捐款是向社会捐助的慈善、福利或救济款项。

店员工会建有会内财务制度,由专门的财务委员会负责财务开支的监督。新式会计簿记法推广后,大部分店员工会采取新式会计管理财务,以"防止财务漏厄"。

不同地区,店员工会的经费充裕程度不尽相同。武汉店员总工会的财务收支状况梳理如下:

表2-5　武汉店员总工会各分会每月收入常费概况

第一分会	1000元	第九分会	220元
第二分会	900元	第十分会	260元
第三分会	700元	第十一分会	600元
第四分会	360元	第十二分会	200元
第五分会	1800元	第十三分会	200元
第六分会	2000元	第十四分会	1000元
第七分会	450元	第十五分会	200元
第八分会	800元	总　计	10690元

表2-6　武汉店员总工会各分会每月预算统计

分会名	房租	邮电费	水电费	文具纸张费	交通费	杂用伙食费	共计
第一分会	无	5元	30元	50元	10元	120元	215元
第二分会	无	5元	25元	25元	10元	120元	185元

(续表)

分会名	房租	邮电费	水电费	文具纸张费	交通费	杂用伙食费	共计
第三分会	无	5元	20元	30元	10元	120元	185元
第四分会	无	3元	10元	15元	5元	80元	113元
第五分会	无	10元	30元	100元	30元	200元	370元
第六分会	无	10元	30元	50元	10元	120元	220元
第七分会	无	4元	30元	30元	10元	60元	134元
第八分会	无	5元	40元	50元	10元	70元	175元
第九分会	40元	3元	20元	20元	10元	80元	172元
第十分会	无	3元	10元	20元	5元	80元	118元
第十一分会	无	3元	20元	20元	6元	80元	129元
第十二分会	无	3元	无	20元	5元	40元	68元
第十三分会	无	2元	16元	30元	5元	60元	113元
第十四分会	无	10元	40元	60元	10元	200元	320元
第十五分会	30元	3元	10元	20元	5元	60元	128元
总　　计							2645元 （原表为2646元）

表2-7 武汉店员总工会各分会地址电话及财务主任经济保管委员一览表

分会名	会　址	电话号码	财务主任	保管委员
一分会	太新码头正街		冯幼如	戴瑞芝
二分会	太平会馆		陈仲希	沈文斌
三分会	小夹街		林志清	熊玉亭
四分会	革命里		罗勋臣	罗勋臣
五分会	厚荣里	2097	金卓英	龙步云
六分会	大夹街	2809	任善祥	彭　清
七分会	革命里		王兰亭	竺涵卿
八分会	集稼嘴	2312	王文韶	董梓安
九分会	五常里	1055	胡明清	齐光远
十分会	革命里		张遐松	张遐松

（续表）

分会名	会 址	电话号码	财务主任	保管委员
十一分会	富源里		吴继堂	吴继堂
十二分会	笃安里	1059	李荣廷	李荣廷
十三分会	大火路		詹家鑫	胡荣臣
十四分会	一三里	3120	符锦华	陈凤鸣
十五分会	大蔡家巷		谭少泉	俞志祥

表2-8　武汉店员总工会派驻各分会特派员生活费统计表

姓 名	所属分会	生活费	应缴伙食费	实 付
骆贵生	第一分会	25元	6元	19元
鲍志坚	第二分会	25元	6元	19元
李瑞生	第三分会	25元	6元	19元
雷泗石	第五分会	25元	自吃	25元
陈作模	第六分会	25元	6元	19元
张振清	第八分会	25元	6元	19元
庄耀明	第十二分会	25元	6元	19元
萧秀耀	第十五分会	25元	6元	19元
姚 垚	武昌办事处	25元	6元	19元
薛兆盛	干事	20元	6元	14元
王继之	干事	20元	6元	14元
蒋竹□	交通	15元	6元	9元

表2-9　武汉店员总工会驻会职员生活费统计表

姓 名	职 务	生活费	应缴伙食费	实 付
董锄平	委员长	30元	6元	24元
张厚安	秘书长	25元	6元	19元
习 瑞	秘书	20元	6元	14元
刘万秩	秘书	20元	6元	14元
赵 敏	组织主任	25元	6元	19元

（续表）

姓　名	职　务	生活费	应缴伙食费	实　付
朱纪尧	组织	20 元	6 元	14 元
张济东	职业介绍所	20 元	6 元	14 元
廖廷选	干事	20 元	6 元	14 元
金荣卿	宣传主任	25 元	6 元	19 元
崔文焕	干事	20 元	6 元	14 元
覃星照	干事	20 元	6 元	14 元
汪伯章	收发	20 元	6 元	14 元
厨司【师】		15 元	6 元	9 元
夏交通		15 元	6 元	9 元
李交通		15 元	6 元	9 元
孙交通		15 元	6 元	9 元

资料来源：《武汉店员总工会报告》(1927 年 6 月)，武汉地方志编纂委员会编：《武汉国民政府史料》，武汉出版社，2005 年，第 143～145 页。

结合每月的收入支出情况，武汉店员总工会的经费较为充裕：截止到 1927 年 6 月 31 日，"计存洋一万六千三百四十四元六角三分——中央银行存八千元，本部存八千三百四十六角三分"[1]。结余最多的第六分会每月可预计结余 1780 元，结余最少的第九分会也有 48 元。虽然这只是大致的预算，实际运作与之尚有较大差距，但武汉店员工会不至于因经费问题陷入窘境当是不争的事实。

与武汉店员总工会的"充裕经费"相比，上海店员总工会的经费状况不容乐观，"渐谋经济之独立，减少上总之津贴"表明其经费尚难独立，主要靠上海总工会的津贴开展工作。中共上海区委亦要求店员总工会"逐渐自行筹付"生活费、办公费等，"同时并须制定公开的预算，使一般工人均得了解收支实况"[2]。

二、工会的团体行为与入会店员的利益表达

团体组织的领导层是各自所在社团的主要决策者，他们的政治倾向可

[1] 《武汉店员总工会报告》(1927 年 6 月)，武汉地方志编纂委员会编：《武汉国民政府史料》，第 145 页。
[2] 《今后上海职工运动的改进计划》，《教育杂志》第 2 期，1926 年 10 月 25 日。

以影响到团体组织的政治立场,内化为社会团体的群体诉求。解读领导人与普通店员的立场异同,可以投射出店员工会的政治经济活动与普通店员的关系。

武汉店员总工会,执行委员会设常务委员 9 人,分别为王玉堂、张厚安、董锄平、金荣卿、汪士庵、江晓安、陈作模、朱枕戈、鲍志坚。候补常委 5 人,分别为蔡子贞、吴锡九、姚必显、赵敏、陈金秀。其中,王玉堂任委员长,张厚安任秘书长,董锄平任组织部主任,金荣卿任宣传部主任,汪士庵任交际部主任,江晓安任财务部主任。一到十五分会的委员长分别为蔡子贞、汪士庵、熊玉亭、曾禹田、黄舜五、甘泽生、陶益成、张耀良、陈莹廷、周炜廷、吴锡九、张茂亭、朱子江、王玉堂、陈芝圃。参加全国第四次劳动代表大会的代表为周庭、蔡子贞、陈作模、汪士庵、潘乾生、许少安、董锄平、朱枕戈 8 人。

由于资料匮乏,对武汉店员总工会的领导层作一详细统计几不可能,但有限的资料大致可以反映出,店员工会的领导人不尽然能够代表普通店员的政治、经济诉求。真正活跃于店员工会的多不是普通店员,甚至于根本就不是店员,而是具有某种党派背景的人。比如执行委员会组织部主任董锄平,常务执行委员朱枕戈、赵敏及第三分会委员长熊玉亭系中共党员,店员运动委员会书记崔文焕亦中共党员。董锄平毕业于湖北省法政专科学校法律系,是五四运动的学生领导人,中国劳动组合书记部负责人之一,系中国共产党早期的重要领导人,并不是严格意义上的店员。

与武汉店员总工会类似,政党介入、控制实为国民革命时期店员工会的常态。国共合作时期,国民党主要做上层工作,"至于下层的民众运动,国民党员参加的少,共产党员参加的多"①。中共指导、筹建店员工会因而成为历史常态:1926 年 10 月,中共党员唐伯赓建立芷江第一个地下党支部,组建店员工会②;1926 年冬,七里坪镇"柯义生"杂货店店员郑行瑞遵照中共黄安党团特支的指示,发动串联各商店店员成立七里坪店员工会,郑行瑞被选为工会主任③;1927 年 2 月,中共党员顾我、金维映在东沙、高亭发动工人,先后成立南货茶食业店员工会、酱业职工工会,不久停止活动④;临川县店员工会执行委员周寿南,系中共党员⑤;遂川店员工会是在中共遂川特支的

① 顾孟余:《武汉二届三中全会提案大纲之说明》,见蒋永敬编:《北伐时期的政治史料》,台北:正中书局,1981 年,第 111 页。
② 刘革:《解放前芷江的工会组织》,《芷江文史》第 4 辑,1991 年,第 98 页。
③ 夏红胜主编:《红色记忆:七里坪》,武汉:华中师范大学出版社,2011 年,第 12 页。
④ 岱山县志编纂委员会编:《岱山县志》,杭州:浙江人民出版社,1994 年,第 495 页。
⑤ 李敏编:《中央革命根据地词典》,北京:档案出版社,1993 年,第 498 页。

组织下成立的①；长汀县店员工会甚至成为中共地下交通线的重要载体；梧州店员工会建有中共支部，支部书记陈漫远，这是中共在梧州的唯一一个工会支部②；揭阳县总工会下辖的店员工会是中共揭阳党支部派员筹建的③；钟祥店员工会系中共党员李相九、周恩熙、费必茂组织店员工人成立，杂货铺店员韩光汉为委员长④；蕲春县店员工会纠察员干事、劳动童子团代表魏今非为中共党员⑤；老河口店员工会、襄樊钱业店员工会、襄樊绸缎布业店员工会、双沟京广货店员工会、东津店员工会系中共支持成立的⑥；中共慈北支部在观海卫发动职工成立各业店员工会和手工业工会，开展工人运动⑦；福州店员工会由中共福州地方委员会书记方尔灏发起成立⑧；梅川镇店员工会由中共党员蓝文峰筹建⑨；赣州钱业店员工会主席阳立垣系中共党员，并以钱业店员工会主席的身份出任赣州总工会执行委员、组织部长⑩；东莞绸布店员工会委员长谭明后成为中共党员⑪；荆门店员工会系中共党员张大陆组织成立的，成立后开展增加工资、改善生活、实行 8 小时工作制等斗争⑫。

国民党各级党部亦"指导"成立店员工会：江都县银行职业工会、盐业店员工会、钱业店员工会等由国民党江都县党部工人部负责筹备⑬；大庸店员工会是在当时国民党县党部的组织下首先成立的，李玉初担任主席，工会设在东门和丰当铺内⑭；安庆绸布业店员工会，是在国民革命军第三军政治

① 中共遂川县委党史工作办公室编：《中国共产党遂川历史（1919～1949）》第 1 卷，第 20 页。
② 中共梧州市委组织部、中共梧州市委党史办公室、梧州市档案局编：《中国共产党广西壮族自治区梧州市组织史资料（1925.10～1987.10）》，南宁：广西人民出版社，1993 年，第 46 页。
③ 揭阳市史志办公室编著：《中国共产党揭阳县地方史》第 1 卷，第 28 页。
④ 中共钟祥县委组织部等编：《中国共产党湖北省钟祥县组织史资料（1924.10～1987.11）》，武汉：湖北人民出版社，1991 年，第 11 页。
⑤ 中共临沂市委组织部、中共临沂市委党史委编：《中共临沂历史人物》，香港：华夏文化出版社，2005 年，第 402 页。
⑥ 孟宪杰著：《鄂西北革命史稿》，武汉：中国地质大学出版社，1998 年，第 50 页。
⑦ 慈溪市地方志编纂委员会编：《慈溪县志》，杭州：浙江人民出版社，1992 年，第 612 页。
⑧ 张连旺主编：《园中村志》，福州：福建省地图出版社，2002 年，第 93 页。
⑨ 湖北省武穴市地方志编纂委员会编纂：《广济县志》，上海汉语大词典出版社，1994 年，第 854 页。
⑩ 中共赣州市委党史工作办公室编：《赣州人民革命史》，北京：中央文献出版社，1995 年，第 201 页。
⑪ 中共东莞市委党史研究室著：《中国共产党东莞历史》第 1 卷，第 46 页。
⑫ 陈国强主编：《沙洋县志》，第 1194 页。
⑬ 扬州市工运史志编纂委员会编：《扬州市工会志》，南京：江苏古籍出版社，1994 年，第 122 页。
⑭ 张文贤：《大庸店员工会》，《永定文史资料第 7～8 辑》，1992 年，第 244 页。

指导员叶非党指导下筹备成立的①；公安县南平、麻豪口、闸口、甘家厂、黄金口、藕池等地店员工会，仅限于宣传三民主义、抵制外货以及和不法资本家进行"合法"的斗争②；宁波观海卫店员工会由国民党观海卫第六区党部支持成立③；国民党光化临时县党部筹备成立了店员工会④；沙洋店员工会由国民党沙洋区党部发动组织⑤；洪江店员工会是国民党员聂君中发起成立的，得到国民党洪江市党部马贞南的全力支持，店员工会扩大为店员工会联合会后，聂君中任委员长⑥；国民党芜湖县党部，在城里组织了店员工会，其中布业店员工会成立较早，其他各业如杂货纸张业、国药业、帽鞋业、糟酱业、银楼业、百货业、典当业、五洋业、煤炭锅铁业等店员工会也先后成立⑦。只是数量较"中共领导的"少，且受到中共的话语敌视，"接受国民党指导的"上海店工联合会参加成立的"上海工团联合会"，在中共看来实为"流氓工会的大联合"⑧。

即便是普通店员，担任领导人后身份发生变化，也不屑再做店员。武汉店员总工会第一分会理事长蔡子贞，原系药材行朝奉（售货员），担任第一分会理事长后，即辞去店员工作，成了"脱产干部"。并且，蔡与隶属于第一分会的叶开泰药店老板叶凤池往来密切，叶凤池每月发给蔡 80 元工资；作为回报，叶开泰药店发生劳资纠纷，蔡子贞出面调解⑨。武汉店员总工会第四分会常委徐秉权、李协卿以权谋私，勒诈商民裴子恒，因之"被判禁闭，候召集人证对峙"⑩。以国民革命时期工农运动为背景的文学作品，对店员工会负责人从"劳动者"到"领导者"的转变多有着墨：

　　　他本来是在父亲的东家开的一个分店当店员，但不久北伐的革命

① 佘世雄、杨大耆、江忠义：《一九二七年安庆绸布业店员工会被迫解散的经过》，《安庆文史资料》第 3 辑，1982 年，第 40 页。
② 中国公安县委党史资料征集小组办公室编：《公安县革命简史（1926～1949）》，中国公安县委党史资料征集小组办公室，1983 年，第 28 页。
③ 吉向国著：《包头市经济社会发展研究》，沈阳出版社，2011 年，第 311 页。
④ 孟宪杰著：《鄂西北革命史稿》，第 50 页。
⑤ 何君香、陈国强主编：《沙洋风物》，《沙洋文史资料》第 6 辑，沙洋县政协文史资料委员会、沙洋县地方志办公室，2006 年，第 41 页。
⑥ 中共洪江市委党史办编：《建国前洪江党史资料》，1987 年，第 5 期。
⑦ 赵有恒：《1927 年成立的芜湖店员工会》，《芜湖文史资料》第 4 辑，第 83 页。
⑧ 邓中夏著：《中国职工运动简史》，北京：人民出版社，1985 年，第 120 页。
⑨ 叶式同：《中国四大中药店之一的"叶开泰"》，政协武汉市委员会文史学习委员会编：《武汉文史资料文库》第三卷《工商经济》，武汉出版社，1999 年，第 223 页。
⑩ 《湖北全省总工会的报告》（1927 年 6 月 11 日），台北中国国民党党史馆档案，档号：汉13107。

军打进了这个大城市,他就组织了他这个行业的店员工会,而且很快就
成了这工会的负责人。他不再按时到东家的店里上班了。不仅如此,
他有时还找东家的一点小麻烦。最后只好与东家脱离关系。东家吁了
一口气,好像是卸掉了一个大包袱。①

部分店员工会的领导人虽自始至终为普通店员,但在"为改善工人生活
开展的罢工斗争"中,因"资方威胁"而"中途退出"②,或"经不起店老板的
金钱引诱而信念动摇"③,事实上缺乏"为同行谋福利"的斗争意识。

店员工会的"外力渗透"很容易导致工会为"领袖把持","组织是领袖
的组织,不能深入组织下的群众,倘领袖一去,组织也无形中取消"④。工会
的立场并不完全是普通店员的诉求体现,店员工会的很多活动,普通店员可
能根本就不知道,与他们的日常生活无关,自然也谈不上积极参与。"清党
开始,工人纠察队缴械。店员联合会代表章郁庵向职工会筹备处提出罢市
要求,幸职会同人洞烛其阴谋,一致反对,遂未获逞。盖其时店员虽有联合
会之组织,而大多数商店伙友,均以总工会之恣睢跋扈,不愿受其指挥,而仍
愿受职工会之命令,一发危机,赖以补救。"⑤

三、店员工会的内部整合

店员工会属于行业联合组织,武汉店员总工会即是由 53 个行业店员工
会组成的。由于组织程度不同,各业店员工会对筹建店员总工会的态度及
担任的角色各不相同。上海地区,商务印书馆职工会、药业友谊会、华洋布
业职工会、估衣业职工会等出面召集各业店员筹设店员总会⑥。上海各业
店员总联合会成立时,商务印书馆发行部职工会、华洋布业公会、估衣业职
员公会、南货业职员公会、药业友谊会、煤业友谊会、典质业同人会、商余社、
职工青年会等 9 团体被推举为执行委员⑦,其中以商务印书馆发行部职工
会和华洋布业公会为核心力量。1926 年 12 月 10 日,上海店员总联合会召

① 叶君健著:《寂寞的群山》,《叶君健全集》第 7 卷,北京:清华大学出版社,2010 年,第 195 页。
② 黄岩路桥药业店员工会为改善工人生活开展的罢工斗争,因个别领导人被资方威胁,中途
退出,后新推选常务委员 1 人。中共黄岩市委组织部等编:《中国共产党浙江省黄岩市组
织史资料(1927.2~1990.4)》,第 19 页。
③ 简驰:《淳安人民声援五卅运动的反帝爱国斗争》,《淳安文史资料》第 3 辑,1987 年,第 7 页。
④ 《宁波地委职工委员会职工运动报告》(1926 年 6 月),《上海革命历史文件汇集》(1925~
1927)甲 5,第 120 页。
⑤ 《请于审定条例时划分工商界限》,《申报》1927 年 5 月 28 日。
⑥ 《各业店员总会今日开成立会》,《申报》1926 年 12 月 4 日。
⑦ 《店员总联合会成立大会纪》,《申报》1926 年 12 月 6 日。

开第一次执行委员会,公推商务职工会代表担任会议主席。会议议定店员总联合会内设 5 股:秘书股,洋布职员会;组织股,商务职工会(正)、南货业公会(副);教育股,职工青年会(正)、农业职员会(副);经济股,典质友谊会(正)、煤业友谊会(副);交际股,药业友谊会(正)、商保社(副)。并推选洋布职员会、药业友谊会、商务职工会、典质友谊会、商保社等为常务委员①。

广州自五卅运动以来,先后组织店员工会 16 个,10000 多人,"近来一致感觉,非更加严密组织不可"。1926 年 10 月 24 日,广州店员总工会筹备会召开代表大会,到会代表 128 人。大新俱乐部、先施俱乐部、纱绸工会、经纶工会、土洋杂货工会五团体担任主席团,会议选举当按押同业店员工会、大新俱乐部、经纶工会、先施俱乐部、真光俱乐部、西药店员工会、银行职工会、土洋匹头工会、土洋杂货工会、纱绸工会、炮竹工会为执行委员②。

担任上海店员总会执行委员的 9 个团体中,华洋布业公会、估衣业职员公会属于中国的传统行业——棉纺业。南货业职员公会、药业友谊会、煤业友谊会系与社会生活密切相关的行业,分布广,社会影响力大。商务印书馆职工运动较为活跃,职工薪酬、医疗、保险等福利措施比较完备,上海地区店员运动多要求"以商务印书馆职员待遇办理"。担任广州店员工会主席团的大新俱乐部、先施俱乐部,系广州百货业龙头企业,公司资本雄厚且管理理念先进,对店职员的教育程度要求较高。据此可知,人数多、分布广、与社会生活密切相关的传统行业,以及职工组织较为完备、职员自身教育程度较为优越的行业是店员工会的主导者、行业主体。

与之相应,除与其他工会存在斗争、分歧外(诸如先施公司事件)③,店员工会内部,行业、分会之间以及总会与分会、支部之间立场也不完全一致,

---

① 《店员总会委员会纪》,《申报》1926 年 12 月 11 日。
② 《广州店员总工会筹备会召开代表大会》,《工人之路特号》第 475 期,1926 年 10 月 28 日。
③ 广州三大公司(大新、先施、真光)职工,突破了原来的"行会"组织形式,组成了产业性的工会,即凡三公司的职工,不论任何工种工人,一律加入统一的职工会。反动的机器工会,马上在右派支持下,坚决予以反对,不准三公司的机器工人(电梯、电灯等工人)参加统一的工会组织。有意挑起工人内部的矛盾斗争。果然,当先施公司的职工与参加机器工会的机工第一次发生冲突的时候,机器工会的工贼们,乃按照预定计划,派出"体育队"(打手)驰赴先施公司,见职工就打。先施职工未有防备,乃向楼上退却。最后,竟被机器工会的流氓打手们包围于顶楼之上,用汽水瓶与之对抗。机器工会的工贼们,为了扩大事件,一面命令各企业的机器工人,派队把先施公司重重包围,一面把通往顶楼的自来水管截断,企图把先施职工饿死、渴死。长堤交通,一时为之阻断。工人部、工代会一再派人调解,机器工会均置之不理。最后,工代会乃发动各工会派出工人纠察队,对整个机器工会的打手进行反包围,右派、工贼才慌忙接受调解,率队离去。而长堤交通,已中断两天有余。见罗大明等:《大革命时期广东工运情况的回忆》,《广东文史资料》第 42 辑,广州:广东人民出版社,1984 年,第 175 页。

而是有着不同的利益要求：店员工会开展的"与老板斗争"中,老板收买高级店员,有些店员是老板的亲戚,站在老板一边,于是常有争吵①。广州药材业伙友郭镜荃组织熟药工业研究会,"公安卫生两局会同查议在案"期间,药材工会会长郑某,以郭镜荃破坏团体,令(另)行立会,特具呈市厅,请予制止②。(武汉)店员总工会对于分会、支部等,不能完全指挥,以致工人不能完全执行纪律③。上海米业职工会第一分会委员陆文照,出而组织第二分会,两会因而发生纠纷④;第二、三分会合并改组后,上海先施职工会以"前第二分会欠款有一千九百元之多,显系少数人把持会务,至财政如此混乱"为由,要求工统会调查账目,"绝对不能承认"⑤。上海药业友谊会在 7 月有2000 余人缴纳会费,8、9 两月仅能收到 1200 余人的会费,职员用费巨大,引起群众之不满,内部且分新旧两派,不免惹起争执,后从事改组,以期重加整顿⑥。北伐军进入福建后,"国民党右派分子组织的鞋底、铅箱、店员等少数工会组成福州总工会",与"中共福州地委领导"的福州店员总工会相对峙⑦;凡工代会所属的工会,他们就另立一个,雇用打手去强迫工人入他们的会,如他们组织土洋杂货华强工会去破坏广州土洋杂货店员工会⑧。"书店店员酝酿成立组织时,曾慕琴和我们主张成立'店员工会'受'川西工联'的领导,而成都其他书店的店员主张成立'店员协会',受黄色工会的领导,其中'甚么书店'的一个姓周的店员反对'店员工会',双方争执不下,结果各搞一套。"⑨1929 年,北平总工会的姊妹组织——商人联盟,通过动员店铺雇员来暗中破坏商人的权威,"在最近几天内,大店铺中的年轻店员在国民党支部与商人联盟的激励下已经组织了北平店员联合会(店员工会)的分会";商人也发起组织店员或员工联合会,并张贴"该店店员已组织自己的工会,将不会参加其他任何组织"的告示,"以防工会组织站稳脚跟"⑩。

① 陈漫远:《回忆大革命时期在梧州的革命活动》,《梧州文史资料选辑》第 13 辑,1988 年,第 21 页。
② 《药材工会之分裂》,广东《群报》1922 年 5 月 10 日。
③ 《今后之店员工会》,《汉口民国日报》1927 年 7 月 5 日。
④ 《工统会解决米业第一、二分会纠纷》,《申报》1927 年 10 月 25 日。
⑤ 《先施职工会第一次执委会议》,《申报》1927 年 10 月 20 日。
⑥ 《上海工委宋林关于最近五月来上海职工运动报告》,《上海革命历史文件汇集(中共上海区委宣传部组织部等文件)》(1925 年 8 月~1927 年 4 月),第 510 页。
⑦ 福建省地方志编纂委员会编:《福建省志·工人运动志》,第 9 页。
⑧ 《第一次国共合作时期的广州工人代表》,《广东文史资料》第 42 辑,第 185 页。
⑨ 杨生国著:《历史的记忆——纪念中共遵义县委成立 75 周年》,贵阳快捷印刷有限公司,2011 年,第 183 页。
⑩ 许纪霖主编:《公共空间中的知识分子》,南京:江苏人民出版社,2007 年,第 125 页。

　　店员工会的内部分歧有时会演化为暴力冲突,"东家组织御用工会与真正工会对抗……工人或作铲除东家工会运动"①,"敝会工友因维持工会组织,防止东家冒名所设之酿酒工商联合会之煽动工人,于 27 日派出纠察队朱梓等,佩戴工会徽章,携带工会旗帜,调查各铺工友有无受惑加入该会,行至东鬼基恒茂、志成、信启、昌隆等酒米铺时,忽被该三铺恶东主持商团,开枪轰击。至工友朱梓被伤额部及右手部,胡标伤头部、枪伤左手,汤杰伤后枕部。经由警区兜往医院医治,现伤势沉重,死生不卜;另被竹木棍伤者十余人"②。情节严重者甚至演变为波及全行业的区域性群体事件,比如捣毁宁波总工会会所、宁波店员总工会的"三二〇"事件(以下引文虽有一定的倾向性,但大体可以反映出事件的面貌):

　　　　国民革命军东路军第一师师长王俊到宁波后,千方百计破坏正在蓬勃发展的宁波工人运动……他们收买了国民党江北区党部负责人李伯平……另立了一个店员工会,不断挑起事端。

　　　　1927 年 3 月 20 日上午,在国民党左派人士商民部部长庄禹梅的主持下,在江北岸青年会堂召开宁波商民协会成立大会,到会有各界商民代表 1500 余人。会上,已分裂出去的店员工会头目施永勤(国民党右派分子),冒充宁波总工会代表擅自登台发言,并以挑衅的口吻要店主商民立即答应工人提出的经济要求,否则总工会将下令没收他们的一切财产。右派分子的蓄意挑动,使一些原本不明真相的商民代表都认清了这是故意寻衅滋事,纷纷登台把施拖下台,加以责问痛打,顿时,会场秩序大乱。一伙事先被右派雇佣的流氓乘机混进商民队伍,把施永勤逐出会场并拥向宁波总工会,沿途高呼"打倒总工会"等反动口号,至江北封仁桥宁波总工会会所前,与受李伯平挑动前来闹事的一批航船业工人一起冲击总工会……接着涌到三湾弄宁波店员总工会,将财务器具悉数捣毁,正欲举火焚烧,幸而宁波总工会千余纠察队员及时赶到才未能得逞……当晚,宁波总工会发动和丰纱厂、铁路、店员等工会2000 余名纠察队员分别缉捕肇事犯,至次日晨,先后捕获纵火暴徒 10余人。③

---

①　《刘尔崧在中国国民党广东省第二次全省代表大会上的报告,1926 年 12 月》,《刘尔崧研究史料》,第 186 页。
②　《酒业工人为商团击伤工友致电各团体》,《广州民国日报》1924 年 7 月 29 日。
③　中共宁波市江北区委党史研究室编:《中国共产党宁波江北历史》第 1 卷,中共党史出版社,2008 年,第 35~36 页。

为解决店员工会内部的纷争,湖北、江西等地强调同业店员的"组织统一"①,"各店家之手工业工会与店员尽可能组织在一个工会之内"②。并严格工会纪律,"各工会之一切重要行动,须报告上级总工会同意……禁止工人打工人"③。

事实上,区域性的店员总工会成立后,并未囊括该区域所有的行业店员工会:攸县书纸业店员工会即未加入该县店员联合工会④,武汉棉业店员工会、堆栈店员工会亦未加入武汉店员总工会⑤,广州糖面店员工会"经议决饬令其加入糖面工会,在糖面工会之内另成立糖面店员部"⑥。亦有店员加入不同工会的情况出现⑦。因而,考察店员工会的政治活动时,既要分析其作为社会团体的整体诉求,又要凸显内部的不同声音,同时彰显"未加入店员总工会"的行业店员工会的别样诉求。

① 《湖北全省总工会第一次代表大会宣言及决议案》,1927 年 1 月 21 日出版。

② 《江西全省工人第一次代表大会主要议决案·统一工会组织案》,江西省总工会、江西省档案馆选编:《江西工人运动史料选编》,第 54 页。

③ 《湖北省总工会严整纪律的 21 条规定》,《汉口民国日报》1927 年 2 月 9 日。

④ 攸县清理"劣绅积谷"时,"书纸业店员工会曾福林、店员联合工会谢林生各派 10 人,由我带队,将大豪绅余德沅、尹仲敦、朱谷君、余树滋等 4 人分头传集尹华安家对质",表明该县店员联合工会并未"联合"书纸业店员工会。见易长生:《攸县城关清理积谷的斗争》,《株洲文史》第 12 辑《"马日事变"前后的株洲地区》,1988 年,第 213~214 页。

⑤ 《湖北省及武汉市清党后被解散各总工会及所属工会一览表》,工商部总务司编辑科 1930 年 6 月发行,京华印书馆印刷。

⑥ 《广州工人代表大会要闻》,《工人之路特号》第 370 期,1926 年 7 月 7 日。

⑦ 武汉市"由于成立工会的自发性和行帮观念的左右,一个店员因销售货物品种的关系,也要参加多个工会,势必需要整顿"。

第三章　店员工会的政治表达
及其公益活动

作为店员群体的结社组织,店员工会具有潜在的政治动员能力,其在民族主义运动、国内(地方)政局变动中,通过制度性和非制度性参与,进行自身的政治表达,维护店员的政治和经济利益。店员工会在财力所及的情况下,积极参与社会公益活动,在公共事件、慈善救济中扮演着重要角色,进而对地方社会生活产生一定的影响。

第一节　店员工会的政治表达

"工人运动的激进者"是长期以来店员留给我们的集体记忆,反帝示威、抗议罢市中都活跃着店员的身影。一度担任国民党中央工人部部长的陈公博对此深有体会:"在把工业社会当中极强烈的工农运动搬到中国以后,由于没有大资产阶级作对象,只好以小资产阶级为对象;在城市当中没有大工厂作工运的大本营,便以商店为工运的中心。极南的广州以至长江中心的武汉、九江,表面虽然工人运动很强烈,但骨子里实在还是店员运动。"①

广州工人第三次代表大会,大新职工俱乐部、经纶店员工会、先施职工俱乐部当选为大会执行委员,当押店员工会、土洋什货店员工会当选为候补委员②;筹建上海市民代表会议时,店员工会是"预设"的主要社团代表③;

---

①　陈公博:《国民革命的危机和我们的错误》,出版者不详,1928 年,第 34~35 页。

②　《广州工人第三次代表大会之第三天》,《工人之路特号》第 481 期,1926 年 11 月 3 日。

③　王稼祥:《关于上海市民代表会议之组织法及职任拟案(一九二七年三月六日)》,中央档案馆编:《上海革命历史文件汇集(中共上海区委文件)1926~1927》,1986 年,第 276 页。

上海永安百货公司职工会主席章光明当选为上海总工会正选委员①;惠阳县行业工会中,组织较强、人数较多的为店员工会,囊括店员 3000 余人②;1927 年,宁波全市参加工会的会员有 8 万人,其中店员工会 5 万多人③;南宁市店员工会常委罗子卿系南宁市总工会执行委员、广西省总工会筹备委员会执行委员④;东莞绸布店员工会委员长谭明担任东莞县总工会执行委员会执行委员⑤;1926 年冬,钟祥的工人组织"仅成立了一个店员工会"⑥;四一二政变后,激进的店员工会多被改组或取缔,但商务印书馆工会、先施公司工会、永安公司工会、新新公司工会、药业工会依然被选为官方色彩浓厚的"上海工人总会"的临时执委,华洋布业工会、南货业工会为候补执委等等⑦。一定程度上显现了店员工会在工人运动中的影响力。

一、店员工会与民族主义运动

历次民族危机中,店员工会都不同程度地参与其中。五四运动时期,屯溪商界李汝华发起成立店员工会,组织 10 余名骨干店员成立"反日会",下设"抵制日货检查登记组",开展抵制日货的斗争,"对商店逐户检查,发现日货,就地封锁,禁止出售","一律不准奸商搞洋货进口,若有发现全部扣留烧毁"。对于"少数买办资产阶级秘密收运洋货"的行为,店员工会坚决与之斗争,"仅布店一个行业,就被罚款千余元(银元),并将查出价值千元左右的日货等洋货集中屯溪烧毁,以堵塞外货进入"⑧。

香港海员罢工期间,以"店员为主"的上海工商友谊会参与组织"上海海员后援会",其主要成员童理璋、赵醒侬、俞澄参与了"上海海员后援会"的成立仪式及其后的捐款会议,"我为'友谊'的、'人道'的驱使,特向各界愿帮助劳工的人们面前呼号,敢请诸君子解囊以助"⑨。1922 年爆发的上海

① 上海华联商厦党委、《上海永安公司职工运动史》编审组编:《上海永安公司职工运动史》,北京:中共党史出版社,1991 年,第 30 页。
② 中共惠阳区委党史研究室、中共惠东县委党史研究室、深圳市龙岗区史志办公室著:《中国共产党惠阳地方史》,北京:中国社会出版社,2004 年,第 30 页。
③ 苏利冕主编:《近代宁波城市变迁与发展》,宁波出版社,2010 年,第 238 页。
④ 莫文军主编:《广西少数民族人物志》,南宁:广西民族出版社,1998 年,第 108 页。
⑤ 中共东莞市委党史研究室著:《中国共产党东莞历史》第 1 卷,第 46 页。
⑥ 钟祥市地方志编纂委员会编:《钟祥市志(1979~2005)》,武汉:长江出版社,2013 年,第 1056 页。
⑦ 马超俊:《中国劳工运动史》第 2 册,(台北)中国劳工运动史编纂委员会,1958 年,第 734 页。
⑧ 中共休宁县委党史办公室编:《休宁党史资料选编(1919~1949)》,1989 年,第 2 页。
⑨ 《上海香港海员后援会募捐启》,上海《民国日报》1922 年 2 月 17 日。

日华纱厂工人罢工,工商友谊会发起组织"浦东纺织工人经济后援会",并负责通讯事务①,其后的募捐活动中,童理璋被推举为代表,"随带各种食物送往纺织工会,转给全体休业工人"②。京汉铁路大罢工时,工商友谊会、上海水果地货友谊会、上海钱业友谊会、上海职工俱乐部联合通电表示"异常悲愤","誓为列位工友经济实力之后盾,望奋斗前进,一息尚存,勿为屈服"③。

五卅运动爆发后,上海"各外国银行华职员大为激愤,爰于3日晚6时半开联席会议,到会者计汇丰银行、大英银行、花旗银行、大通银行、华比银行、美丰银行等,提议于4日一致实行罢业,为各界后援"④。华洋杂货职员同议会连发四函:沪商会提出的十三条要求,望外交特使"毅力坚持,公理自有胜强权之日";乞上海市长"毅然坚持,保国权而慰民愤";乞少帅(张学良)"据理力争";总商会应"极力坚持,非达圆满目的不止"⑤。上海店员联合会"致电执政府,劝各商店不进某货"⑥,"撤换英日领事;释放被捕市民学生工人,赔偿死伤、罢市、罢工损失;取消工部局,撤退外国驻扎上海之一切水陆军队;华人管理租界市政,外人不能有参政权;市民言论、出版、集会、结社、罢工,绝对自由;永远打消印刷附律及码头捐;收回会审公堂,取消领事裁判权;日本纱厂当完全答应工人之要求,先行解决工潮"⑦,并积极参与各种群体性抗议活动:参与工商学界组织的抗议活动,当选为日人残杀同胞雪耻会筹备委员会委员,并以筹备会名义致电执政府"向日本领事严重抗议警告日资本家,促其醒悟,抚恤受伤工人;电请中华总工会援助"⑧;出席在总商会举行的群众大会,迫使总商会同意上海全市罢市,"总商会副会长方椒伯,神情显然是受到胁迫的样子,带着犹豫的声调说:'总商会赞成总罢市的提议'"⑨;对于上海总商会"单独对英,急于日本调解,接受无理之条件"的行为,表示"诧异",望其"深思熟虑"⑩。屯溪店员工会主张:立即组织游行示威,坚决反对日本帝国主义对中国政治上的压迫,经济上的侵略;大力开展宣传与募捐活动,支援上海工人罢工斗争;全面清查,抵制日货。最终,

---

①《各工团联席会议记》,上海《民国日报》1922年4月20日。

②《纺织工人经济后援会开会》,上海《民国日报》1922年4月21日。

③《上海各工团声援京汉工人》,上海《时报》1923年2月10日。

④《外商银行、洋行华员罢工》,上海《民国日报》1925年6月4日。

⑤《华洋杂货职员同议会之四函》,《申报》1925年6月16日。

⑥《店员联合会昨开大会》,《申报》1925年6月15日。

⑦《上海店员联合会宣言》,《公理日报》第12号,1925年6月14日。

⑧《工商学界团体组织"日人残杀同胞雪耻会"》,上海《民国日报》1925年5月17日。

⑨《总商会被迫同意罢市》,《字林西报》1925年6月1日。

⑩《店员联合会致商总联合会函》,《申报》1925年8月7日。

屯溪镇共募得1000余元(银元)寄往上海《申报》馆①。遂安店员工会举行示威游行,"发动工人检查英、日货物,加以封存"②。

五卅运动期间各地罢工、罢市活动,店员均为积极参与者、推动者,"上海公共租界罢市,广大店员是积极推动者和支持者。当时马路商总联会所属有3万余家商铺,其中参加罢市的店员当有数万人以上"③。"沪案发生后,津埠各界对此异常激愤,特于昨日(14日)举行市民大会之大游行……队首为各学校学生,次为县教育会,次为各报馆职工,次为各印刷局职工,次为各纺织工,次为各布商店员。"④"长街聚生布号全体店员,愤沪事日亟,上海罢工进行但不足搏最后胜利,全体店员互相劝勉,共捐国币60元,送外交后援会,以援助上海罢工者之生活"⑤。因"奉系驻沪军队以戒严为名,禁止人民集会",上海店员联合会等团体发起上海市民大会,公决对时局之态度:"继续爱国运动,启封爱国团体;无条件关税自主,废除一切不平等条约;解除奉军武装;推倒段政府,拥护北京国民行政委员会;废除苛税苛法,还我人民自由"⑥。

一三惨案发生后,武汉店员总工会通电抗议,提出"惩办英水手,赔偿死伤损失,英国政府应向国民政府道歉,收回英租界,收回领事裁判权,撤退长江英兵舰,收回海关"等要求,呼吁"大家勇敢前进,不帮英国人做工、不给英帝国主义食料、对英经济绝交、打倒英帝国主义"⑦。汀泗桥店员工会联合商民协会、学生联合会、蒲圻第八区党部组织反英运动大会,"高喊口号,环游全市一周"⑧。汉川杂货店员工会参加反英委员会,呼吁"全体民众,一致奋起,作政府后盾",主张"收回英租界,取消英帝国主义内河航行权,撤退驻华英国兵舰",要求"英政府向我国政府道歉,赔偿死伤者之损失,凶手交我政府惩办"⑨。鄂城杂货店员工会手持"打倒帝国主义"、"不用英国货"的标语,抗议游行⑩。成都店员联合会500余人参加各界反英运动大会⑪。南

①　中共休宁县委党史办公室编:《休宁党史资料选编(1919~1949)》,1989年,第3页。
②　简驰:《淳安人民声援五卅运动的反帝爱国斗争》,《淳安文史资料》第3辑,1987年,第6页。
③　上海社会科学院历史研究所编:《五卅运动史料》第2卷,上海人民出版社,1986年,第71页。
④　《参加市民大会及游行示威》,天津《大公报》1925年6月15日。
⑤　《安徽各地工人捐助援助上海工人》,芜湖《工商日报》1925年6月16日。
⑥　《上海市民举行五卅半周年纪念大会》,《时事新报》1925年11月30日。
⑦　《武汉店员总工会宣言》,《汉口民国日报》1927年1月6日。
⑧　《各地通信·汀泗桥》,《汉口民国日报》1927年1月11日。
⑨　《汉川反英委员会成立》,《汉口民国日报》1927年1月19日。
⑩　《鄂城成立两工会》,《汉口民国日报》1927年1月21日。
⑪　《成都各界反英运动会记》,《国民公报》1927年2月13日。

昌各业店员联合会组织"调查仇货委员会","讨论进行办法"①。天门县匹头店员工会、杂货店员工会、广货店员工会、药业工会等团体到县党部门口进行游行示威,"散发传单十余种,张贴讽刺性画报十余种",呼吁"与英帝国主义决一死战,求得我民族之独立"②。上海金银工会呼吁"全国同胞,一致起来,伸张大义,以抗争公理",要求"赔偿损失,惩办凶手,收回汉口租界,撤退英国驻华海陆军,英国向我国民政府道歉"③。

汉口、九江爆发的收回英租界斗争,英国反应强烈,认为"汉口事件是严重的",决定出兵上海。英国增兵来华使"事态更加恶化","武汉三镇全体总罢工一小时,反对英兵来华。三万余店员,各身背标语一张,尤为夺目"④,长沙店员"概行停止工作,高呼口号,沿街演讲"⑤,厦门店员总工会主张"实行对英经济绝交"⑥。1927 年 3 月 12 日,新加坡华侨因纪念孙中山逝世二周年与英属殖民当局发生冲突,巡警开枪打死华人 6 人、伤 11 人,中国学生示威抗议,又被枪伤多人。上海南货业职员公会因之致电国民政府,"严重抗议,务期胜利";新新公司职工会要求"政府提出严重抗议,本会誓为后盾"⑦。

1928 年发生的"济南惨案",上海商务印书馆印刷所工会、发行所职工会通电反对,"深望国民政府对日本帝国主义者严重抗议,并希望全国民众,一致奋起,积极抗日,为政府之后盾。上海工人愿操戈负弩,万死不辞"⑧。"九·一八"事变后,芜湖百货业职工会召开抗日救国大会,决议:大量印发抗日宣言、传单,报道"九·一八"事变真相;组织宣传队、演讲队,广泛进行抗日宣传活动,并进行游行示威;提倡国货,抵制日货,不卖日货;节省开支,支援对日作战;联合商、学各界人民,共同抗日⑨。泉州市安海店员工会加入抗日的公开组织"反帝大同盟",在该组织中起骨干作用⑩。汕头店员工会组织义勇军、大刀队等,"至是日止,已有 50 多工人到工会报名,愿意自筹

① 《江西各界人民的反英斗争》,《汉口民国日报》1927 年 1 月 21 日。
② 《大革命时期竟陵地区的群团活动》,《天门文史资料》1986 年第 1 辑,1986 年,第 43~44 页。
③ 《上海金银工会通电》,《汉口民国日报》1927 年 1 月 19 日。
④ 《追志武汉三镇全体总罢工一时反对英兵来华》,《汉口民国日报》1927 年 3 月 4 日。
⑤ 《长沙一小时总罢工》,《革命军日报》1927 年 3 月 4 日。
⑥ 《厦门之反英大运动》,《汉口民国日报》1927 年 3 月 4 日。
⑦ 《上海民众对英人惨杀华侨之愤激》,《汉口民国日报》1927 年 3 月 26 日。
⑧ 马超俊:《中国劳工运动史》第 3 册,第 806 页。
⑨ 《芜湖百货公司店员工人召开抗日救国大会》,芜湖《工商日报》1931 年 9 月 24 日。
⑩ 中共晋江县委组织部等编:《中国共产党福建省晋江县组织史资料(1927 年 1 月~1987 年 12 月)》,福州:福建人民出版社,1992 年,第 26 页。

资金购买枪支参加抗日"①。

二、店员工会的政治参与

店员工会作为店员利益的代言者,在国内政局发展的关键时期往往会发表自己的意见,采取一定的行动,促成有利于自身利益的时局走向。面对"孙中山就任非常大总统后,南北政府对立的局面",上海工商友谊会号召店员"承认南方政府,否认北方政府",指责"北政府横征暴敛,卖国借债",称赞"南方县长民选,言论自由,集会自由","孙中山不是在那里凑热闹的,因为北方不成政府而干有新政府底组织的"②。

1925 年 3 月 6 日,国民革命军东征军右路军到达揭阳,揭阳店员工会"组织四五百人在考院小广场集会",黄埔军校政治部主任周恩来发表题为《国民革命的宗旨和三民主义的真谛》的演说:只有打倒帝国主义、封建主义和地方封建势力,才能够救中国;只有实行孙中山先生的联共、联俄、扶助农工三大政策,国民革命才能胜利③。其后,广州国民政府成立,上海店员联合会公开予以支持,发起针对北洋政府的"市民反段大会",呼吁"推翻卖国政府、组织人民政府、启封爱国团体、释放被捕爱国同胞、解除奉系军阀武装"④。

北伐战争期间,张宗昌率直鲁军南下援助孙传芳。对此,上海布业职员公会通电反对,主张划上海为特别市,召集国民会议,以上海市政归上海市民⑤。上海估衣业职员工会,对"奉鲁军南下,表示拒绝","违背民意,变本加厉,以五百万军费借款订约",希望"全体同胞,一致奋起反对"⑥。长沙店员工会以罢工为抵制手段,"(店员)一听炮声,立即紧闭店门,停止营业",站立门外高喊"援助上海工人打倒孙传芳,援助上海工人打倒帝国主义,拥护国民政府、工农商学兵大联合,北伐胜利万岁,国民革命万岁"⑦。

对于英国"共同防卫上海租界"的出兵行动,武汉店员总工会反应强烈,表示"英帝国主义欲再以强暴之武力,阻我民族自由之行动,敝会代表武汉四万工友,一致团结,作上海工友之后盾。非达到中国一切政治经济之自

① 何干成审校,钟点编:《新民主主义革命时期广东工人运动大事记(1927 年 8 月~1937 年 6 月)》,广东省总工会,1983 年,第 88 页。
② 《车中所闻之问答》,《伙友报》第 2 册,1921 年 6 月 10 日。
③ 孙锐卿主编:《揭阳市工会志》,广州:广东人民出版社,2011 年,第 22 页。
④ 《上海市民举行反段大会》,《时事新报》1925 年 12 月 7 日。
⑤ 《总商会宣言应声之昨讯》,《申报》1926 年 11 月 15 日。
⑥ 《各团体表示反对外债》,《申报》1926 年 11 月 28 日。
⑦ 《举行全国总罢工之积极筹备》,长沙《大公报》1927 年 2 月 26 日。

由,惟有与彼帝国主义者决一死战"①。决定执行"上级工会总罢工一小时之命令,对英示威":彼时店总下一命令,每会员需披带白布标语,前书"驱逐替孙传芳保镖的英贼兵"。不到一小时,武汉到处皆是矣。影响所及,非店员工会之工友与商人,皆亦批次标语而行。到后发起捐款接济,店员生活虽窘迫万状,然所募得者竟至万元以上,而商民捐助者,"尚不及三分之一"②。汉口棉业店员工会希望"上海政治总罢工坚持到底,敝会誓为后盾"③。汉口钱业店员工会表示,针对"英帝国主义及孙逆"的政治罢工,使国民革命前途得着很大的援助而发展以至成功,"敝工会谨领率三千工友为后盾"④。

随着国民革命军军事上的节节胜利,上海各团体组成上海特别市政府市民公会,店员总联合会、药业友谊会、南货业职员公会一致通电拥护⑤。北伐军进入上海前夕,商务职工会以及先施、永安、新新、丽华等百货公司的职工会参与上海工人总罢工,发出"反对帝国主义、消灭军阀黑暗统治等17条政治经济宣言"⑥。上海第三次工人武装起义,店员工会积极参加,"店员今天预备组五大公司组联席会议,使之一致行动。余为估衣、南货业等。决集中全力于大店,以影响小店"⑦。上海特别市临时市政府成立后,新新百货公司职工会认为"临时市民政府成立,我市民解放有待",誓以铁血拥护⑧。估衣业职员公会主张临时市民政府"接受国民政府指挥,以符民主国主权在民之旨",本会同人誓以全力拥护⑨。洋货职员工会、南货业职员工会、报关业职员工会主张:收回租界、肃清一切反动派、拥护国民政府及上海市民政府、工人武装自卫、工兵合作;改良工人生活、改善不良待遇、提高工人地位、提高工人智识;统一工人运动、发展及整顿、重申工会纪律⑩。北伐军攻克南京之际,南京绸布业店员工会、衣业店员工会热烈欢迎北伐军,

① 《武汉店员总工会电》,《汉口民国日报》1927 年 2 月 23 日。
② 《武汉店员总工会报告(1927 年 6 月)》,武汉市地方志编纂委员会编:《武汉国民政府史料》,第 139 页。
③ 《汉棉业店员工会拥护上海政治总罢工》,《汉口民国日报》1927 年 2 月 23 日。
④ 《钱业店员工会通电援助上海政治总罢工》,《汉口民国日报》1927 年 2 月 26 日。
⑤ 《各团体开会志》,《申报》1926 年 12 月 18 日;《各团体拥护市民公会宣言》,《申报》1926 年 12 月 18 日;《各职工会消息》,《申报》1927 年 3 月 12 日。
⑥ 施英:《上海总同盟罢工的记录》,《向导》周报第 189 期,1927 年 2 月 28 日。
⑦ 《特委会议关于武装起义的准备工作等问题的讨论和决定》,刘明逵、唐玉良主编:《中国近代工人阶级和工人运动》第 6 册,第 504 页。
⑧ 《新新职工会消息》,《申报》1927 年 3 月 24 日。
⑨ 《估衣业职员公会消息》,《申报》1927 年 3 月 24 日。
⑩ 《上海工人代表大会》,《汉口民国日报》1927 年 4 月 6 日。

"拥护江右军程潜改造南京,拥护总理三大政策,敦请汪主席销假,拥护中央执行委员会第三次决议案"①。

"迎汪复职"活动是店员工会进行政治表达的直观体现。汪精卫长期被视为国民党左派领袖,以汪代蒋,理论上有利于店员运动的开展。为此,武汉店员总工会敦促汪精卫"顺全国民众之意,本爱护党国之热诚,销假视事"②;汉口棉业店员工会希"汪精卫复职,主持党国大计,以竟总理之遗志,竣革命之全功"③;莆圻店员工会主张"恢复党权,拥汪复职,打倒昏庸老朽份子";汉口疋头纱业店员联合总工会"敬请先生回国复职,支持党务,革命前途,实深利赖"④。四一二政变后,上海店员总联会当日即向白崇禧请愿,并于4月13日下午2时召集第五次代表大会,决议:自明天起在店总属下未罢工的各工会一律实行罢工,并组织宣传队到各店劝告工友;罢工后到南市游行示威,罢工到交还工人武装严办反动派为止⑤。武汉店员总工会呼吁"全国民众,速奋起为上海工友后盾,与蒋贼决一死战"⑥。滕家堡店员工会举行游行示威,高喊"打倒蒋介石、打倒新军阀、打倒土豪劣绅、工农革命万岁"等口号⑦。对于"压制工农运动"的蒋介石,店员工会的反应可谓发自肺腑。

不过,店员工会的政治表达受店员经济地位的影响,店员属基层职业群体,因"生活问题,不敢违反店主意旨,大事活动"⑧,"每一次游行的或宣传的男女同志们经过我们铺子时,我巴不得跑过去参加他们的队伍。看看经理,又看看同事,终于没有勇气冲过去……诚恳的请求大家联合起来,要求老板给我们的救国时间。我们也组织宣传队,也要出壁报,并唤起和联合不愿做奴隶的同事们,参加我们的团体来工作"⑨。与之相应,提供救济金成了店员运动持久、壮大和力量整合的一个重要手段,"我对罢工没什么认识……人们上街游行,我就跟在后头……在四个月的罢工中,我们得到不少罢工补贴。我们想:'不上班也能拿钱,真是大好事!'我们根本没有其他认识"⑩。部分店

---

① 《南京市民欢迎北伐军大会》,《申报》1927年3月31日。
② 《武汉店员总工会电》,《汉口民国日报》1927年2月16日。
③ 《工农团体纷电迎汪复职》,《汉口民国日报》1927年2月23日。
④ 《各工会一致欢迎汪主席复职》,《汉口民国日报》1927年2月19日。
⑤ 《店员总会之代表大会》,《时报》1927年4月14日。
⑥ 《各方纷请惩办蒋介石》,《汉口民国日报》1927年4月14日。
⑦ 邱南方、雷进征:《罗田最早的工会组织》,《罗田文史资料》第1辑,1987年,第67页。
⑧ 四川商民部:《四川商民运动报告》,《商民运动》第8期,1926年11月15日。
⑨ 《店员们起来,参加救亡运动》,《新民报》1938年2月23日。
⑩ 《李新宝访谈录》,1958年8月11日,上海社会科学院历史研究所工人运动档案。转引自裴宜理著,刘平译:《上海罢工:中国工人政治研究》,南京:江苏人民出版社,2001年,第207页。

员甚至认为工会就是发救济费的,专门搞罢工,"不知阶级为何物"①。

店员的职业性质也是店员工会政治表达的制约因素,"(店员)工作时间长,工作时间不准许外出","所有的时间都消磨在职业上面"②。鼎定南京后,训政体制进一步限制了店员工会的政治参与空间,店员工会表达诉求的平台因之变得狭小,但当店员的政治权益受到侵害,经济利益难以保障时,店员工会也会突破训政体制的限制,长沙市苏广业店员捣毁商民协会会所的过激行为即是店员工会突破制度性限制的极端案例。

第二节　店员工会的公益活动

作为社会团体,店员工会积极参与社会救济、职业教育等公共事务。

一、扶贫助弱与职业介绍

互助救济是社会群体结成组织的首要考量,与乡村"熟人"社会分离后,个人抵御风险的能力大为削弱,风险莫测,需要加入团体彰显群体团结力,其历史可以追溯到明清之际的会馆、公所。

对同业年老孤贫、病残无依者"生贴养赡,死助殓葬"是会馆、公所的重要活动,"捐厘助济绸业中失业贫苦,身后无备,以及异籍不能回乡,捐资助棺,酌给盘费,置地设冢等善事,自当永远恪遵"③。当然,会馆、公所的善举不仅及于店主,也涵盖店员、伙友。苏州梳妆公所的碑文记述:"同业公议善举,如有伙友年迈无依,不能工作,由公所每月酌给膳金若干。如遇有病,无力医治,由公所延医诊治给药。设或身后无着,给发衣衾棺木,暂葬义冢"④。《长元吴三县为机业公议按机抽捐办理同业善举谕各机户踊跃捐输毋许地匪游勇借端滋扰碑记》记载,云锦公所每月每台织机征银五分,以作机工丧葬的补助和孤儿寡妇的救济⑤。

同业公会成为普遍的商人组织后,依然将救济年迈伙友、抚恤孤寡、贫

---

① 《中共广东区委关于工人运动的报告》(1925年10月),见中央档案馆、广东省档案馆编:《广东革命历史文件汇集》(中共广东区委文件,1921～1926),编者自印,内部发行,1983年,第45～51页。
② 《店员们起来,参加救亡运动》,《新民报》1938年2月23日。
③ 苏州历史博物馆等编:《明清苏州工商业碑刻集》,第26页。
④ 同上,第137页。
⑤ 江苏省博物馆等编:《江苏省明清以来碑刻资料选集》,第15～16页。

病死葬、协助川资、因公救济等视为商人济世的重要方式。"凡同业中有年老而且贫穷者,即可呈报该会请求救济,一经查明属实,斟酌情形,即提出一笔基金予之,惟须召集临时会员大会决议其项目。此种工作平均每两年有一次,请求者俱系店员,救济数目每次均在200元以下,100元以上。凡店员服务5年以上而又忠于职守者,若其逝世,身后萧条,其家属可请求抚恤"①。"本会同业之客师,若有无家可归,一时尚未就事者,须报请本会注册,代为介绍,由会酌给津贴,暂维生活,以免流离而示体恤。"②"本公会会员或工人,有无处为业者,得由本公会设法推荐,如无从设法而衣食不周,愿回故乡无川资者,得由本会会员二人之介绍,酌给川资送回",如"有贫苦而遭不测者,由本公会赠给寿具葬费"③。部分同业公会根据行业特点,规定由入会会员负责救济、抚恤该店店员,并制定相应标准。上海木业同业公会规定"同业中因公过江遇有不测之事,由该号酌给抚恤":司事每人恤洋100元,栈司80元,小工30元。上海源茂盛木行工人宣胜宝因公受伤,"医费家资,两无所出",震巽木业公会为此致函源茂盛木行,要求其"秉平日乐善为怀之志,酌量抚恤,以矜苦工"④。

店员自发组织的上海药业伙友联谊会延续了商业团体扶贫助弱的行业传统,设置济安科,"专门办理本会会员疾病(花柳病除外)及失业后一切救济与善后事宜,兼济助贫苦会员之丧葬事宜":"会员失业后,须在3日内报告本会,本会赁定寄宿舍,以便会员之寄宿,每日由本会供给米饭两餐,或膳费大洋2角,寄宿时期,以本月为限,在半月内未觅得职业者,由本会发给川资还籍,遣回川资,以会员路途之远近酌量给之;会员丧亡后,须由其家属或戚友,在3日内报告本会,济助额分100元、50元、30元;会员患病后,须即日报告本会,由秘书处给介绍信,至会医处诊察,诊费号金,由本会负担,药费由本会发给,本会会员须就诊西医时,由本会指定西医诊治,一切医药等费,均归本会负担。"⑤职工运动兴起后,劳资纠纷激烈,上海市大批店员失业,药业友谊会为救济失业店员,征收济安捐,"特等店每人十角,甲乙等店每人八

① 《昆明市当业商业同业公会》,郭士沅:《昆明市十二个同业公会调查》(1930年5月),李文海主编:《民国时期社会调查丛编·社会组织卷》,福州:福建教育出版社,2005年,第388页。
② 《昆明市食馆业公会会员营业规则》,杨志:《昆明市十二个公会调查》(1940年),李文海主编:《民国时期社会调查丛编·社会组织卷》(二编),福州:福建教育出版社,2009年,第621页。
③ 天津市档案馆等:《天津商会档案汇编(1912~1928)》第1册,天津人民出版社,1992年,第253页。
④ 《上海震巽木业公会历年公文》,木业同业公会档案,上海市档案馆藏档,档号:5145-1-7。
⑤ 《药业友谊会举办济安事宜》,《申报》1927年1月20日。

角,丙丁等店每人四角"①,失业伙友"到公会寄宿舍住宿"②,从今日(初十)起,"每人每日发给膳费大洋两角"③。"米业职工会,募捐租设宿舍,并发给稀粥两餐;南货业,一面设法介绍(职业),一面寻觅宿舍,备失业会员暂行寄宿,愿意回家者,发给川资,非会员之被歇伙友,亦可前往享同等待遇。"④

　　店员发起成立、会员包括劳资双方且与政党关系密切的上海工商友谊会,对入会店员的救济活动亦有专门规定:会友如遇不平等之待遇,得陈述本会据理力争;会友如身遇不测,经本会调查确实,得由各会友互相优恤;伙友如有疾病者,得在本会医生处医治;本会设立会友俱乐部,会友得随时凭证入部娱乐;本会设立储蓄部,会友可随时储蓄,以生利息而备将来;本会设立消费协作社,会友自由集股协作,以挽回权利;本会设立介绍部,会友如有歇业等事由,各会友互相介绍职业,如自无理由及不正当之行为而歇业者,不在此例;本会设立寄宿舍,会友皆可住宿,惟贴补寄宿费⑤。

　　店员工会成立后,明确提出"互助扶助,共谋福利,扶助同人,救济职业"⑥。即便是国民政府控制下,以"秩序、建设"为出发点的店员组织,同业救济依然是其重要工作内容。《四川省成都市茶社业职业工会章程》清楚表明这是一个得到国家支持的组织,总共 5 章 35 款的章程中,没有任何专门关于茶社行业特点的规定,有几处出现"茶社业"时,都是手写的,其内容不过是照抄《工会法》而已。尽管如此,该章程还是强调以"联络感情,增进知识技能,发达生产,维持并改善劳动条件及生活为目的"⑦,定位其职责为:建立职业介绍所,帮助会员解决储蓄、保险、医疗、托儿等生活具体问题;建立合作社,帮助处理会员的工作、生活和教育事务;建立图书室,提供报纸和其他读物;提供会员俱乐部和娱乐设施;调查工人家庭和生计及其他有关工作条件和会员福利的事务⑧。

　　考察店员团体的会员救济活动可知,失业是店员陷入"需救济"境地的主要原因,也是近代中国店员职场生活的常态。1927 年,"(武汉)店员先后

---

① 《各业救济失业工友之会议》,《申报》1928 年 6 月 29 日。
② 《各业失业职员之救济》,《申报》1927 年 2 月 8 日。
③ 《各业救济失业伙友之昨讯》,《申报》1927 年 2 月 11 日。
④ 《各业救济失业伙友之措置》,《申报》1927 年 2 月 13 日。
⑤ 《上海工商友谊会章程》,上海《民国日报》1920 年 9 月 27 日。
⑥ 《广州市店员工会章程》,陈友琴:《工会组织法及工商纠纷条例》,上海民智书局,1927 年,第 12 页。
⑦ 《成都市政府工商档案》,档号:38－11－982,转引自王笛著译:《茶馆——成都的公共生活和微观世界,1900～1950》,第 297 页。
⑧ 同上,第 297～298 页。

失业者已有八千九百二十三人之多"①,1928 年,汉口各业店员失业者 7489
人(具体见表 3-1)。广州土洋杂货店员工会失业会员 30 人,占会员总数
580 人的 5.2%,炮竹店员工会失业会员 22 人,占会员总数 171 人的
12.9%②。1929 年,"全国产业工人、手工业工人、店员工人,直接间接受失
业影响者为数总在几千万人"③。

表 3-1　汉口各业店员失业调查表④(1928 年冬)

业　别	失业人数	业　别	失业人数	业　别	失业人数
布　业	600	油　业	85	参　燕	100
杂货业	700	绸缎业	200	书　业	30
京苏洋货	670	山　货	120	花　布	34
典　当	320	饮　片	700	煤　炭	50
疋头业	200	中西医	30	茯　苓	100
酒　业	90	中外纸业	120	药材号	200
亮瓦瓷器	2000	西洋食物	120	海味糖果	300
衣　业	70	五金业	50	总　计	7489
钱　业	500	药　材	100		

对失业店员的救济活动,介绍工作重新上岗可谓是治本之策,"解除会
员失业痛苦,安插工作,稳定会员之生活"⑤因而成为店员工会的重要工作
内容,"最要紧的问题,就是救济工人的失业,尤其是要救济四千多失业的店
员,引导他们上革命的道路,遵守革命的纪律,巩固北伐的后防"⑥。上海药
业职工会、南货业职工会组织有专门机构,负责介绍失业会员⑦,汉阳县侏
儒镇店员工会致力于"替失业工人介绍工作"⑧,武汉店员总工会设立职业
介绍所"设法安置失业店员","或介绍到店家去,或介绍到军队中去,已经

①　《武汉店员总工会报告》(1927 年 6 月),武汉地方志编纂委员会编:《武汉国民政府史料》,
　　第 135 页。
②　《广州工会工人失业调查表(十八年度)》,广州建设厅抄件,1929 年。
③　文虎:《中国职工运动状况(1929~1930)》,《中国工运史料》第 23 期,1983 年,第 120 页。
④　《汉口各业店员失业调查表》,《汉口社会》第 1 期,1929 年 8 月,第 8~9 页。
⑤　《成都市政府工商档案》,档号:38-11-983、38-11-984。转引自王笛著译:《茶馆——
　　成都的公共生活和微观世界,1900~1950》,第 299 页。
⑥　《武汉店员总工会报告》(1927 年 6 月),武汉地方志编纂委员会编:《武汉国民政府史料》,
　　第 141 页。
⑦　《各业失业职员之救济》,《申报》1927 年 2 月 8 日。
⑧　侏儒镇、横龙乡、五公乡编:《侏儒山方志》,1987 年,第 67 页。

介绍四百余人进店了"①。上海工商友谊会也曾刊登为失业店员介绍工作的启事,"不问会友或会外伙友们,如有失业同另谋事情,只要拿姓名、年龄,和从前底职业并经验,寄到本会。如各公司和各商店,欲招请职员的,也只要写明需用何等人才(中文或外国文),充当何种职务,详细写明,寄交本会。本会派人,前去调查接洽后,即行登入本周刊介绍栏"②。

与店员工会的职业介绍同步,职业介绍所也是失业店员获得工作的重要平台。民国时期的职业介绍所,有公营、私营之别,"各地已设或拟设立之公营职业介绍所,计有北平、天津、汉口、青岛、上海、南京、广州、济南、汕头等处"③。"介绍之职工,暂限于男女店员、工友、学徒及佣工"④,"纯系义务性质,概不收费,并不得以任何名义征收手续费"⑤。但公营职业介绍所,"办理著有成绩者颇少,天津、汉口等处,早已撤销,或至今尚无成立"。

私营职业介绍所,多以营利为目的,凡由私人设立之荐头行、中人行、佣工介绍所等均属之,尤以佣工介绍所为最多(北平市社会局登记在册的佣工介绍所可见表3-2)。私营职业介绍所介绍费由主管官署按当地情形核定,"须订立工作契约后由雇劳双方平均负担,须于介绍所明白揭示之",其登记的《请求职业登记簿》、《请求雇佣登记簿》、《介绍日记簿》、《介绍费收入簿》,"须自最后之日起保存三年以上"⑥。

表3-2　北平市职业介绍所概况一览表

	地　址	成立日期	请求介绍人数	被介绍人数
吴果氏佣工介绍所	北平东四	1903 年	217 人	142 人
贺萧氏佣工介绍所	北平	1932 年 2 月	39 人	20 人
王田氏佣工介绍所	北平北池子	1932 年 12 月	61 人	29 人
王焦氏佣工介绍所	北平葡萄园	1930 年 5 月	121 人	77 人
李张氏佣工介绍所	北平梯子胡同		82 人	49 人

---

① 《武汉店员总工会报告》(1927 年 6 月),武汉地方志编纂委员会编:《武汉国民政府史料》,第 140 页。
② 《工商友谊会启事》,《伙友》第 6 册,1920 年 11 月 14 日。
③ 《汉口市社会局规程汇编》,1929 年 12 月,第 168～170 页,见邢必信等编:《第二次中国劳动年鉴》第三编《劳动法令与设施》,北平社会调查所,1932 年,第 202 页。
④ 同上,第 203 页。
⑤ 《济南市政公报·法规》第 46 卷,1929 年 11 月,见邢必信等编:《第二次中国劳动年鉴》第三编《劳动法令与设施》,北平社会调查所,1932 年,第 204 页。
⑥ 《职业介绍所暂行办法》(民国二十年十二月部令公布),《南京社会特刊》第 3 册,第 144～146 页。

（续表）

	地　址	成立日期	请求介绍人数	被介绍人数
张张氏佣工介绍所	北平东四八	1933 年 6 月	50 人	35 人
闫王氏佣工介绍所	北平普济寺	1911 年	79 人	33 人
王郝氏佣工介绍所	北平东四		140 人	103 人
任杨氏佣工介绍所	北平山老胡同		265 人	104 人
焦刘氏佣工介绍所	北平东四		105 人	78 人
李陈氏佣工介绍所	北平南沟沿	1930 年 10 月	102 人	70 人
张刘氏佣工介绍所	北平东城		68 人	43 人
郝梁氏佣工介绍所	北平香灯营	1931 年 3 月	43 人	24 人
张吴氏佣工介绍所	北平北沟沿	1930 年	74 人	44 人
段张氏佣工介绍所	北平大兴县	1933 年	20 人	12 人
云赵氏佣工介绍所	北平北沟沿	1931 年 6 月	113 人	52 人

店员通过职业介绍所求职及得职情况,北平市职业介绍所每月《求职者分类统计表》及《职业介绍处介绍得职人数统计表》为我们提供了微观分析文本。具体见表 3－3 至表 3－13:

表 3－3　1939 年 3 月份求职者分类统计表

业　别	人　数	男　性	女　性
商店练习生	24	20	4
职　员	23	19	4
店　员	20	17	3

表 3－4　1939 年 3 月份职业介绍处介绍得职人数统计表

项别 / 业别	总计	性　别						年　龄				教育程度		
		男　性			女　性			11～20	21～30	31～40	41～50	高等教育	中等教育	初等教育
		共计	已婚	未婚	共计	已婚	未婚							
店员	13	4		4	9		9	13					1	12
商店练习生	8	8		8				8						8

表 3－5　1939 年 8 月份求职者分类统计表

业　别	人　数	男　性	女　性
银行练习生	8	8	
职　员	21	21	
店　员	26	18	8

表 3－6　1939 年 9 月份求职者分类统计表

业　别	人　数	男　性	女　性
练习生	9	9	
机关职员	38	33	5
银行业务	12	11	1
营业员	26	23	3

表 3－7　1939 年 9 月份职业介绍处介绍得职人数统计表

项别　业别	总计	性　别						年　龄				教育程度		
		男　性			女　性			11～20	21～30	31～40	41～50	高等教育	中等教育	初等教育
		共计	已婚	未婚	共计	已婚	未婚							
店员	33	14	2	12	19	1	18	29	4				5	28
银行公司洋行商店练习生	8	8		8				8						8

表 3－8　1939 年 11 月份求职者分类统计表

业　别	人　数	男　性	女　性
练习生	10	10	
售货员	3	3	
店　员	13	11	2
商业外交员	2	2	
售票员	1	1	

表 3 – 9　1939 年 11 月份职业介绍处介绍得职人数统计表

项别 / 业别	总计	性别						年龄				教育程度		
		男性			女性			11~20	21~30	31~40	41~50	高等教育	中等教育	初等教育
		共计	已婚	未婚	共计	已婚	未婚							
公司洋行练习生	6	5		5	1		1	5		1			1	5

表 3 – 10　1939 年 12 月份求职者分类统计表

业别	人数	男性	女性
练习生	5	5	
送货员	6	6	
店员	14	13	1

表 3 – 11　1939 年 12 月份职业介绍处介绍得职人数统计表

项别 / 业别	总计	性别						年龄				教育程度		
		男性			女性			11~20	21~30	31~40	41~50	高等教育	中等教育	初等教育
		共计	已婚	未婚	共计	已婚	未婚							
店员	36	15	2	13	21	2	19	31	5				5	31
银行公司洋行商店练习生	27	24		24	3		3	26	1				5	22

表 3 – 12　1940 年 2 月份求职者分类统计表

业别	人数	男性	女性
练习生	2	2	
送货员	10	10	
店员	14	12	2
职员	20	14	6

表 3-13　1940 年 2 月份职业介绍处介绍得职人数统计表

项别\业别	总计	性别						年龄				教育程度		
		男性			女性			11～20	21～30	31～40	41～50	高等教育	中等教育	初等教育
		共计	已婚	未婚	共计	已婚	未婚							
店员	38	17	3	14	21	2	19	31	7				6	32
银行公司洋行商店练习生	30	27		27	3		3	29	1				5	25

资料来源:《社会统计月刊》第 1 卷第 1 期、第 1 卷第 2 期、第 2 卷第 1 期、第 2 卷第 2 期。

　　民国时期颇为活跃的社会团体、非政府组织也设立有针对店员的职业介绍所。秉承"使无业者有业,使有业者乐业"理念的中华职业教育社于 1927 年 9 月设立中华职业教育社上海职业指导所,内分职业介绍及职业指导、升学指导及人事指导(包括法律、健康、婚姻等数种),其介绍的店员得业情况可见表 3-14。

表 3-14　中华职业教育社上海职业指导所请求
介绍及被介绍人数分月统计表①

项目\月别	请求介绍人数						被介绍人数					
	店员		学徒		佣工		店员		学徒		佣工	
	男	女	男	女	男	女	男	女	男	女	男	女
一月	89	6	84		10		23	2	22		3	
二月	61		81		13		16		25		4	
三月	78		28		11		21		9		4	
四月	23		46		6		5		12		1	
五月	32	4	33		2		5	2	11			
六月	131		92		16		30		26		3	
七月	3		26		31				8		9	
八月	35		20		21		7		4		6	
九月	50		6		30		14		1		7	

① 实业部劳动年鉴编辑委员会:《民国二十二年中国劳动年鉴》,1933 年,第 257～259 页,见沈云龙主编:《近代中国史料丛刊三编》第 60 辑,台北:文海出版社,1990 年。

（续表）

项目 月别	请求介绍人数						被介绍人数					
	店员		学徒		佣工		店员		学徒		佣工	
	男	女	男	女	男	女	男	女	男	女	男	女
十月	247	15	8		4		55	3	2			
十一月	134		5		3		31		2		1	
十二月	21		23		17		4		6		6	
总　计	904	25	452		164		213	7	128		44	

说明：上列各项数目系民国二十二年度实数；
　　　女子充任教师或机关职员甚多，充任店员工友或雇工者至少。

二、职业教育与子弟教育

店员工会的教育活动主要包括子弟教育和职业教育，以职业教育为主。子弟教育是近代工商团体的重要活动之一，会馆、公所时期，同业即普遍举办子弟教育事业，范围涵盖店员、伙友。苏州石业公所于1906年设置知新蒙小学堂，"延师教授同业子弟"①。苏州云锦公所设立蒙养义塾，"培植业中清寒子弟求学向上之愿，而再筹措博恤业中孤儿寡妇之月贴恤金，公所中全年支付亦属一大宗款项也"②。苏州云锦纱缎业公会设立纱缎小学，"凡同业中寒苦子弟，经会员保送查实者，得免费入学，其余均酌收学费，每月额定费用由本公会担任支给"。上海棉布商业同业公会办有振华学校，振华学校毕业生家境贫寒无力升学者，应向校中登记，经校长审核许可，由本会董理事长久峰等筹集贷学金，资助升学③。上海书业同业公会于1930年设立私立书业崇德小学，招收学生80名。制革工业公会开办制革业小学，由公会提供资金。创办之初，原在抢救失学儿童，收费特低。一学期每生收费9元3角，不及他校之半④。

店员团体延续了会馆、公所子弟教育的行业传统。《工商友谊会章程》第二十七条规定，本会设立义务学校，凡会内外子女均可入学⑤。部分商店实行员工子女教育补助，上海新新百货公司规定，每一家庭可以领取一名子

---

① 苏州历史博物馆等编：《明清苏州工商业碑刻集》，第133页。
② 苏州市档案馆编：《苏州丝绸档案汇编》上册，南京：江苏古籍出版社，1995年，第115页。
③ 上海棉布商业同业公会编：《棉布月报》第1卷第2期，1947年9月15日。
④ 《制革业小学办学情况》，上海制革工业同业公会档案，上海市档案馆藏档，档号：5119-1-43，1948年11月。
⑤ 《上海工商友谊会章程》，上海《民国日报》1920年9月27日。

女的补助费,但限于无力负担子女教育的清贫员工。若该员工升薪至可负担子女教育时,公司不再提供补助①。上海永安百货公司则由公司高级职员发起,向公司借用房屋及款项,开办永乐小学校,以救济同事失学之子女。该校明确规定"只收永安公司同人子弟,不收外人",且永安公司有随时调查指导之权。然而该校一切财务及管理,皆由校董会负责,与永安公司无关②。

职业教育是店员工会教育活动的主体。与产业工人大多是文盲相比,店员具备一定的文化程度,但知识层次不高,多为中学以下教育程度,人数众多的学徒、练习生,则大多"学历不高、知识不足"③。店员缺乏商业知识成了精英分子眼中制约商店业务健康发展的外在因素,"我国商业没有地位实在于伙友没有智识,没有时间学习"④;商业无法和国外竞争的原因在于"经理、伙友没有智识"⑤。与之相应,知识界大力鼓吹对店职员进行职业教育:望商界义务办业余夜校、商业补习学校,同时号召伙友起来向店主斗争,要求改变旧制,有学习的自由⑥;学徒时代的商友,晚上应该到各路商界义务夜校去读补习课。已学满的商友,空闲时间多看书报,并要求店主多备书报,"相信明白的店主会理解支持"⑦。

进修以提升自身知识素养也是店职员的共同关切点,其中又以学徒、练习生的需求最为迫切。1927 年 1 月 12 日爆发的上海先施百货公司店职员罢工,明确提出"公司出资创办补习学校,优待青年职工及学徒,免费入学"的要求⑧。与之对应,店员自发组织的工会团体多设立劳动学校以呼应店员的求知诉求:上海药业伙友联谊会设立学习部,"学习药材原料产地之优劣,性质之厚薄及医药之原理"⑨。上海店员联合会成立后,"购充书报室,及举办补习学校为目前要务",并组织募金委员会,向外界同情于本会而热心教育人士劝募⑩;华洋布职员公会"现正创设生产合作社及函授学校";商

① 《同人子女教育补助费暂行规则》,上海新新公司档案,上海市档案馆藏档,档号:Q226 - 1 - 63。
② 《永乐小学校常务校董使用永安公司房屋校具之借据》,上海永安公司档案,上海市档案馆藏档,档号:Q225 - 2 - 44。
③ 《店员通讯:一个学徒的烦闷》,《申报》1932 年 12 月 4 日。
④ 劳民:《商店的工作时间》,《伙友》第 1 册,1920 年 10 月 10 日。
⑤ 《商人解放底研究》,《伙友》第 4 册,1920 年 10 月 31 日。
⑥ 《伙友道德谈》,《伙友》第 3 册,1920 年 10 月 24 日。
⑦ 《商友为什么不看书报》,《伙友》第 3 册,1920 年 10 月 24 日。
⑧ 《先施职员罢工》,上海《新闻报》1927 年 1 月 13 日。
⑨ 《药业友谊联合会宣言(附章程)》,上海《民国日报》1920 年 1 月 21 日。
⑩ 《店员联合会之进行》,《申报》1924 年 7 月 1 日。

务职工会最近开设一夜校,有学生百余人,容纳商务、五金铺、纸烟店及铁路等之职员补习功课,成绩尚好①。广州理发工会,附设一劳动学校,请李云农任该校教授事宜,教授时间设在夜晚,学生分有甲乙两班,每班定额百人。甲班学生系定每逢星期一、三、五晚上 10 时至 11 时为授课时间,乙班系定星期一、三、五晚上 7 时至 9 时半为授课时间。该校不收学费,只每月收杂费二豪(毫)②。成都店员工会成立后,"当众表示愿将东大街团务公所开办夜校学校,藉以增进店员之知识"③。武汉店员总工会主张"完全取得职业教育权,扫除学徒制"④。

1928 年,政府层面的店员职业教育渐次推行,"须创办工人补习学校以增进一般在店的店伙和在厂的工友之智识与技能"⑤,"由大学院会同工商部规定,凡四十人以上之工厂与商店,应设相当之练习学校,其经费由工厂厂主或公司股东担负;请大学院编制职工适用之教材;由市县社会教育主管机关聘请专员往各工厂巡回演讲"。1929 年 2 月,工商部发布《工人教育计划纲要》,规定工厂、矿山、学校、商店、各级党部机关公团、工人住宅区域为教区,各教区均应设立男女工人学校或读书处,或其他教育方式。男女合教或分教,得按照当地情形酌定。各区办理劳工教育之责,由各教区组织工人教育执行委员会任之。科目、时间、师资、教材等也均有详细规定⑥。1932 年 1 月,实业部颁布《劳工教育实施办法大纲》:劳工教育分识字训练、公民训练及职业练习三种。各地方应于最短期内,按工人教育程度分别实施;各厂场公司商店等,雇用工人在 50 人以上 200 人以下者,应设劳工学校或读书班。每增 200 人应即增一班,其不满 50 人者得与附近各厂场公司商店联合办理之;劳工学校或读书班应兼顾学生课外生活,举行工友访问、演讲会、同乐会及展览会等;劳工学校或读书班之教学,须在工作时间以外,每班每周至少 8 小时。至各科训练之完成时期,识字及公民训练限于 1 年,职业补习视需要情形,由各校拟定,但最长不得过 2 年;劳工学校或读书班之经济,由原设立机关负担,联合办理者,应共同负担之;劳工学校或读书班不收学费或其他费用,所有书籍文

---

① 《上海工委宋林关于最近五月来上海职工运动报告》,《上海革命历史文件汇集(中共上海区委宣传部组织部等文件)》(1925 年 8 月~1927 年 4 月),第 510 页。

② 《广州理发工会设立劳动学校》,《真共和报》1921 年 6 月 2 日。

③ 《宁波店员工会正式成立》,《国民公报》1927 年 3 月 2 日。

④ 《武汉店员总工会报告》(1927 年 6 月),武汉地方志编纂委员会编:《武汉国民政府史料》,第 140 页。

⑤ 骆传华:《今日中国劳工问题》,第 118 页。

⑥ 南京国民政府工商部颁:《工人教育计划纲要》,上海机制国货工厂联合会 1929 年印行。

具,均由学校供给①。

根据《劳工教育实施办法大纲》的指导精神,南京市政府要求"各商店经理督促各该店职工入民众学校肄业并不得阻止"②,开办商人补习学校。第一校附设市立大行宫小学内,第二校附设府东街益友社内,"招收商店职工授以商业上必须之智识以增进生活技能,凡本市商店店员年在十四岁以上四十岁以下而具有小学毕业程度者为合格",志愿入学者须先向各校报名,经试验合格,由各商店具函保证方得入学,试验科目暂定普通党义问答、浅近国语论说、笔算、口试等。商人补习学校每班定额 50 名,修业期拟定 6 个月,每晚 7 时至 9 时半授课,星期日及例假休息。店员伙友入校,学费免收,书籍及课业用品等由学生自备。"凡毕业学员之成绩优良者,得由本局函知其服务商店奖励,凡入学者不得中途退学,如无故退学须追缴学杂费大洋十元,倘无力缴纳,由保证人负责赔偿,但有特别事故不在此例。"③开办商人补习学校的经费,"由各工厂商店自行担负,其经常费限度最少须得规定标准",商人补习教育的临时开办费"亦由商店自行筹划支配但事先须得社会局之认可",各商店办理补习学校如经费不足,得呈请教育局酌予补助课业用品;各商店如经费短缺无力举办,而经调查属实者,得联合其他同业合资创设但须经社会局之认可④。商人补习学校的经费支出标准,南京市政府规定为:开办费 67 元——补习学校 15 元(桌椅利用原有者,不列入预算),包括黑板 8 元,保险灯 7 元(如有电灯者,此项可省);阅书报处 2.0 元,主要是报夹,每双 0.5 元,共需 4 双;格言标语牌 15 元,珐琅牌每块 0.5 元,共需 30 块;娱乐设备 35 元,包括留声机 25 元(连唱片),简单乐器 10 元。经常费每月 23 元——补习学校经费 15.5 元,阅读书报经费 2.2 元,问事处经费 2.3 元,标语牌、娱乐设施经费 3.0 元。补习学校经费包括教师俸给 10 元,设主办教师一名,以半义务职计月支薪;办公费 3 元,灯油 1.5 元、文具 0.4 元、纸张 0.5 元、杂支 0.6 元;书籍费 2.5 元,各项课本均以 0.04 元计,每生月需《千字课》、《三民主义》各 1 册,每级以 30 人计。阅读书报经费包括报纸 1.0 元(沪《新闻报》、京《中央日报》各 1 份);图书 1.0 元;杂费 0.2 元。问事处经费包括问事处主任津贴费 1.0 元;笔墨 0.5 元、笺纸 0.5 元(问事处备特制笺封供职工使用);

---

① 实业部:《劳工教育实施办法大纲》(民国二十一年二月四日,部令公布),王宗渊主编:《中国劳动法规全书》,济南:黄河出版社,1989 年,第 236 页。
② 《督促市内厂店职工入民众学校肄业》,《南京社会特刊》第 3 册,第 136 页。
③ 《南京特别市教育局商人补习学校招生简章》,《南京社会特刊》第 3 册,第 145 页。
④ 《南京市设施工人补习教育初步计划及经费预算》,《南京社会特刊》第 3 册,第 118 页。

杂费 0.3 元。标语牌、娱乐设施经费包括标语牌 1.0 元(每块 0.5 元,每月添置 2 块);娱乐设施 2.0 元①。

不过,店员工会的职业教育活动存在着一系列制约因素:伙友只求苟安,不思进取,不愿去受教育,感觉没有必要,"眼前虽有各马路的补习夜校稍为辅助,但是伙友们底思想非常陈腐,只有少数人肯入校求学"②;工作时间过长,没有受教育的时间,精神不继;工资低,生活痛苦,受教育之兴趣减少;纪律散漫,少数由工会组织者得加以相当教育外,其余无从着手;中国语言文字的困难和不统一,一字多义、一义数字,非积年累月努力,难于应用③。此外,店员参加业余商业学校,肯定会减少守店、料理店务的时间,与上海四大百货公司"愈来愈看重职工的教育程度及其在业余学校内的学习成果,作为雇用及擢升的标准"④不同,部分商店限制店友参加业余学校,担心因之影响商店业务。"我十六岁的一年,想着自己的学问浅薄,所以入了一个英文夜校,那知只去了一天,就听到他的恶声,后来终于给他禁止"⑤。"我们年才十三四岁就被生计迫着,出来学生意,更没有求学余地。怎么补救呢? 只有广设商余补习学校一法,可恨一般资本家,只知自饱,岂愿培植人才,振兴商业等正经。故我国商界,几毫没有增进现象。"⑥

三、"储蓄保险"与团体互助

社会保障"即社会通过一系列的公共措施对其成员提供的保护,以防止他们由于疾病、妊娠、工伤、失业、残疾、老年及死亡而导致的收入中断或大大降低而遭受经济和社会困窘"⑦。民国时期,政府颁行了一系列社会保障方面的法律法规及政策措施,但包括店员在内的社会民众"从中所获取的收益甚微"⑧。补救之法,"莫如店主鼓励店伙储蓄":仿照邮政储蓄金办法,每月由店主以薪金百分之几划入,而每年店中营业结余之红利亦加入;储金存放店中生息而示优待,兼补其经营之不敷;储蓄金除疾病或老死、父母妻子伤亡或不慎于火外,不得支取;店伙离职,按本利统算付给。如是,店伙虽

---

① 《南京市各工厂商店设施工人补习教育经费标准》,《南京社会特刊》第 3 册,第 124 页。
② 罗钟羽:《改良社会的困难》,《伙友》第 11 册,1921 年 1 月 16 日。
③ 骆传华:《今日中国劳工问题》,第 251 页。
④ 连玲玲:《企业文化的形成与转型:以民国时期的上海永安公司为例》,《中研院近代史研究所集刊》第 49 期,2005 年。
⑤ 卧薪:《怎样有进步的日子呢》,《伙友》第 8 册,1920 年 12 月 26 日。
⑥ 倪楚权:《杂感》,《伙友》第 9 册,1921 年 1 月 2 日。
⑦ 孟醒:《统筹城乡社会保障》,北京:经济科学出版社,2005 年,第 6 页。
⑧ 宋士云:《民国时期中国社会制度与绩效浅析》,《齐鲁学刊》2004 年第 5 期。

去职，而得此项意外之收入补助，可免饥寒矣①。

对于"生计困难，一年所得恒不能量入为出"的店员、学徒来讲，参与储蓄一定程度上可以增强其应对风险的能力。"一则可得优厚之利息，二则集腋成裘，将来可得大宗款项，兴办其须办之事业或充作养老金；可以养成负责任之习惯；职工存款后即得分红息而能尽力操作，可以养成勤恳之风；职工以其所余之薪金存储，可免除不良之嗜好（如饮酒赌博之类），因此得以养成节俭之风而为社会上模范之劳工；职工生活既宽裕，可免除罢工风潮。"②

缘此考量，精英分子大力鼓吹店员参与储蓄活动，《申报》曾刊登某商店的"两元储蓄会"办法，以求在社会上广泛推广："唔侪伙友，处此生活程度日高之时，对于平日所得薪金，苟不力图省俭以事储蓄，倘若一旦失业，则将来之困苦，诚有不堪设想者，如子女之教育费、己之赡养金以及婚丧疾病等。若能早事储蓄即可有备无患。因之鄙经理有两元储蓄会之发起，期以十五年为满，不论同事缺分之高卑，每月概须储蓄两元，按月一分五厘生息，以周年复利，该款即存在本店，遇有急需可以提出若干，预计十五年后可得本利一千七百十七元九角二分七厘。此项办法，既可养成同事储蓄之美德，又可免亏累舞弊等事，诚可谓一举而两得。"③

激进者甚至主张强制店员参与储蓄：能节俭乃能储蓄，欲储蓄不得不节俭，此一定不易之理。顾储蓄一事，虽人人所喜，然节俭二字恒不易做到，尤以厂家之工人、商店之店伙为最。因渠辈太半进款甚微，且家无恒产，手头所有转眼即空，设或一旦发生疾病、休职等意外之事，往往坐困穷城，束手待毙，可悯亦复可忧。欲免斯患，非强迫储金不可。即所谓未雨绸缪，庶有备而无恐焉。故余甚愿厂家商店每于发给工资时，坐扣十分之一二，扣存之款，由厂主或店主代为并数存于可靠银行生利。俟有急用之时，酌量发还，平日则不得任意支取。照此办法，于工人店伙方面人款既灭，用途自俭。于厂主店主方面，并可舍有作为保证金之便利。苟能实行，非但为受佣者造福不浅，亦资本家之利也④。

店员工会成立后，"办理同人储金"是其重要工作内容，《广州市店员工会章程》的救济科、《上海药业友谊联合会章程》的储蓄部，均为办理该项工作的具体机构。精英分子的鼓吹及店员工会的强烈要求下，近代企业大多

---

① 瑞庭：《店主应鼓励店伙储蓄》，《申报》1925年12月14日。
② 守恒：《职工存款之利益》，《申报》1926年7月2日。
③ 狄秀芝：《我店之两元储蓄会》，《申报》1926年11月28日。
④ 汪斐卿：《劝厂家商店办理强迫储金》，《申报》1926年1月4日。

鼓励店员参加储蓄活动。比如上海商务印书馆,其店职员储蓄分定期储蓄、活期储蓄2种:定期储蓄以一年为期,满期如不提取,或满期前并无来信嘱不转期,即于满期之日再转一期,其以前利息凭存单照付,不再计息。"定期存款以洋二千元为足额,利息常年九厘,前后合计逾二千元者不收"。定期由总馆发给存单,分支馆局收到定期存款时,先给收条,该款转入总馆后,再由总馆发给存单,交本人收执。定期储蓄如因有急用,须中途提取,经总务处核准者,其利息计算方法,"存足九个月者,改照常年八厘计算,存足六个月者,改照常年七厘计算,存足三个月者,改照常年六厘计算,不满三个月者,改照常年四厘计算";活期储蓄凭折收付,"以洋一千元为足额,利息常年八厘,如有超出一千元者,其超出之数不计利息。存数不满一元之零数不计利息"。活期存款利息,"以阳历六月底及十二月底,各结一次,加入本金内计息"。储蓄仅限"本馆在职同人",总馆同人以活期为限,不存定期,分支馆局同人以定期为限,不存活期。同人离职后,其定期存款(待期满后)、活期存款(本届结息后)均不续存,如不来提取,不再计息①。

此外,商务印书馆还以"花红"作为店职员的特别储蓄:总馆同人花红,以当届股息与股息公积之比例分派,其超过股息比例数之数,依各人当届所得花红比例分派,作为各本人特别储蓄;分支馆局同人花红之分派,依照表3－15所列限度计算,溢出限度时,其溢出之数,依各人当届所得花红比例分派,作为各人特别储蓄,但"溢出数目不满百元时,得由各该馆局经理,酌量情形,留作派剩花红,归下届并派,或于当届一并派讫"。支馆同人,与其所隶属之分馆,分别计算。特别储蓄的利息,"自分派之日起计息,利率以第一年提存数多寡分别计算,未过二十元,周息二分,未过五十元,一分五厘,未过一百元,一分二厘,过一百元以上九厘"②。

表3－15　商务印书馆分支馆局花红限度表

第一年提存数	积存数	利率
未过二十元	过二百元	一分五厘
	过五百元	一分二厘
	过一千元	九厘

① 《同人储蓄章程》,1926年3月26日重订,见《上海商务印书馆总公司待遇同人章程》,编者、出版地不详,1927年10月。
② 《同人特别储蓄办法》,1923年5月12日订定,1926年5月13日改定,见《上海商务印书馆总公司待遇同人章程》,1927年10月。

（续表）

第一年提存数	积 存 数	利　率
未过五十元	过五百元	一分二厘
	过一千元	九厘
未过一百元	过一千元	九厘

附：第一年提存数，以各本人全年应得数计算，其到馆未足一年者，依所得花红月数推算之。

特别储蓄，"本人离馆、本人死亡"可全数提取；"自民国十二年开办特别储蓄之年份起，每经过三年得全数提取，愿提取者，自当年六月一日起至八月底止（分支馆局展期至九月底止），并以一次为限，过期不得提取（如十五年六月至八月底不提或少提者须至十八年六月至八月底期内始可提取，以此类推）"；总馆同人，遇分配股息不足一分之年份，分支馆局同人，遇所得花红数目不足前三年平均数之九成之年份，得以应补比例提取一部分；本人结婚或子女婚嫁、父母丧妻丧、本人患病请假至两个月以上、家遭重大之天灾，得提取当时积存数三分之一；"本人离馆"应提而不来提取者，其利率改依周息四厘计算，"本人死亡"应提而不来提取者，经过三年后，改依四厘计算。店员所得花红总数未过 20 元，"不愿储蓄者听"，店员所提存储蓄数未满 20 元，"愿就所得花红内，自行提出，以补满二十元之数，作为储蓄者亦听"①。

除倡导店员参与储蓄外，店员工会还尝试向保险公司投保及"职工团体储蓄保险"等保障办法。上海商务印书馆职工会要求"自（公司）盈余内提出十万元"作为店职员的人寿保险基金，"不论本人同意与否，一律由商务印书馆投保"：凡公司总分支馆局同人，在职期内，无论职员工友学徒店司男女老幼，一律由本公司代向人寿保险公司投保寿险。每人保额洋二百元，所有每年应付之保费，均由本公司代为交付，同人不必自付保费；本公司同人，如遇有在职身故者，由本公司备具正式通知书，叙明该本人身故情形，送交承保之人寿保险公司，该承保之人寿保险公司，将应付之寿险赔款交到本公司后，随即转交该家属收领；本公司同人退职后，无论自辞或被辞，所有本公司代保之寿险，即于退职之次日取消②。上海永安百货公司职工会开办职工团体储蓄保险，"凡属公司职员，一律加入投保，法由公司按该员年龄及月入薪金为根据，以定其应保之数额，保费由公司负担三分之二，本人负担三

---

① 《同人特别储蓄办法》，见《上海商务印书馆总公司待遇同人章程》，1927 年 10 月。
② 《同人人寿保险章程》，1926 年 7 月，见《上海商务印书馆总公司待遇同人章程》，1927 年 10 月。

分之一。如职员不幸身故,则照保额赔付,将来届保寿期满,亦照全额退还,如中途离职亦可领回其本人所供之保费"①。

会员互助也是店员工会倡行的店职员保障方式,上海永安百货公司职员"如遇不幸身故,由该会按全公司人员一个月薪金提百分之一,数约四百余元,交死者家属,以资善后"②。上海毛纶业同人互助会规定,捐助 200 元以上者为董事,50 元以上者为基本会员,还有普通会员,以自认为主,分 1元、2 元、4 元三种,每年缴纳会费一次。凡是绒线行业的学徒、店友、店主、经理等,可称人人是互助会会员,凡参加毛纶业同人互助会者,都可享受会中一切权利,身后可以领取 150 元作为抚恤金,不分彼此③。

四、店员工会的公益活动

店员工会的社会公益活动包括会员公益与社会公益。会员公益主要是针对入会店员的福利措施,"为实行本会之宗旨,凡对于同人有利之事业,如职业介绍、失业救济、消费协作、疾病救助、商人补助学校等,均当由本会次第举办之"④。咸宁县店员工会创办的职工消费合作社即为店员工会之于会员的福利举措:

1927 年 2 月,咸宁县城关镇资本家佘光卿为逃避群众斗争,携带两箱铜元外逃,被店员工会捉住,全部财产被没收。同年 3 月,即以没收来的财产为基础,以佘光卿的房屋为基地,办起了职工消费合作社。这是湖北省最早的一个城镇合作社。

咸宁城区职工消费合作社负责人是店员工会主席余华,营业负责人是吴老四,管账的是江华先,还雇用两名店员。县农协财政部长李传和县工会宣传部长刘济美也在消费合作社兼职。消费合作社经营商品主要有糖、烟、酒、食盐、煤油、布匹、百货等,资金来源一是没收资本家的财产,二是县店员工会资助。合作社对店员工会会员供货,一律以九七折优待,即按市场零售价减少 3%。

由于合作社房屋宽敞,全县没收资本家的物资都堆放在这里,货物"堆积如山"。另外,该合作社又向各区农民消费合作社(当时全县 16 个区都成

① 《创办同人互助会启事》,上海永安公司档案,上海市档案馆藏档,档号: Q225 - 2 - 44;《团体储蓄保寿》,上海永安公司档案,上海市档案馆藏档,档号: Q225 - 2 - 68。
② 《团体储蓄保寿》,《永安月刊》第 1 期,1939 年 5 月 1 日。
③ 《上海毛纶业同人互助会组织始末》,上海市政协文史资料委员会:《上海文史资料存稿汇编·工业商业》(7),上海古籍出版社,第 407 页。
④ 《市党部第十四次会议通过之广州店员公会组织简章》,《广州民国日报》1924 年 8 月14 日。

立了农民消费合作社），拨出煤油、食盐、食糖、布匹等物资，实际上，城区职工消费社已成了全县消费社的总供货机构①。

图书室、娱乐设施、各种体育赛事等也是店员工会之于会员的福利措施。国民政府工商部颁行的《工商职工俱乐部计划大纲》，以法规的形式确定店员团体之于店员的各项福利设施：凡雇用职工在 30 人以上之工厂、矿厂、公司、商店，或工厂、矿厂、公司、商店工会均应设立职工俱乐部，职工俱乐部所需房屋、经费统由厂方、店方担任，"但工厂、矿厂、公司、商店工会、职工会职工俱乐部经费，则由各该工会自筹之"。职工俱乐部以"提倡高尚娱乐，改进职工生活，养成团结互助精神"为宗旨，"由厂方或店方、职员、工友三方合组委员会管理之"。其委员人数，工友应占 2/3，"均为无给职"，"工厂、矿厂、公司、商店工会成立时，其工友委员得由工会代表之，工厂、矿厂、公司、商店工会职工俱乐部则由工会管理之"。工厂、矿厂、公司、商店男女工友、职员及其家属，或工厂、矿厂、公司、商店工会男女会员、职员及其家属，"不限年龄，只须经过加入手续，填具志愿书，得称为部员，享受部中各项权利"。

工商职工俱乐部的设备包括办公室、演讲厅或大礼堂、图书阅报室、学校教室、游艺室、运动场或健身房、沐浴室、更衣室、谈话室、寄宿舍、餐馆茶社、理发室、勤务室、厨房、厕所等。俱乐部开办有体育、智育、娱乐、服务等事业：体育事业包括各种球术、国术、器械运动、田径赛、军事训练、沐浴、游泳赛船、理发、检查身体、卫生演讲（宜注重家庭卫生）、种痘、急救法、旅行会等；智育事业包括图书阅报、职工补习学校、职工子女学校、识字牌、幻灯识字、演讲、党义或学术研究会（联系四权，即可于研究党义时行之）、国事或其他讨论会、学艺或工艺展览会、职业指导、参观会、发行刊物等；娱乐事业包括琴、棋、唱歌、乒乓、溜台、打靶射猎、钓鱼、留声机、国乐锣鼓、戏剧、电影、同乐会等；服务事业由职员领导部员组织之，具体包括社会服务团、调查工友生活及其家庭状况、家庭改良研究社、访问工友、失业残废储金救济金、寿险互助会、消费合作社、婴儿看护所、代写书信处等②。

店员工会的社会公益活动以社会救济为主，这与剧烈的社会动荡使得社会对慈善救济的需求强烈有关。

---

① 《湖北最早的城镇合作社——咸宁县城区职工消费合作社（1927 年 4 月）》，杨德寿主编：《中国供销合作社史料选编》第 2 辑，北京：中国财政经济出版社，1990 年，第 226~227 页。
② 《工商职工俱乐部计划大纲（1929 年国民政府工商部颁行）》，顾炳元编：《中国劳动法令汇编》再版增订，第 237~244 页。

　　店员工会主要是通过捐资或捐物来进行社会救济活动,包括店员个体捐款及店员工会捐款。个体捐款由店员自由捐集,店员工会代为转交,工会捐款由工会经费中开支,代表店员整体。上海估衣业职员加薪罢工时,各店店员捐助情况为——协和5元、晋大6元、德泰源大各4元、泰和5元、宝成2元、公泰3元、晋康12元、同福4元、开泰源10元、萃丰15元(店名下无某君及主人字样者,均为职员捐款)①。北伐军进攻沪宁之际,(武汉)发起捐款接济,"店员生活虽然窘迫万状,然所募得者竟至万元以上,而商民捐助者,尚不及三分之一"②。为慰劳北伐伤兵,武汉店员总工会捐款4000元,银行行员工会捐款600元及衣服300余件③。武汉店员总工会第五分会劝征"伤兵救护捐","各会员闻之皆谓各革命兵士为民众奋斗而受伤,我们工人乌可不倾囊相助? 各即向店东支薪捐输"④,"伤兵捐截止今日(1927年6月9日)共计收洋一千七百零二元七角三分"⑤,6月10日则达到2217元,分别为五分会1000元、一分会799.61元、十分会267.39元、十五分会150元⑥。北伐军抵达上海后,上海永安百货公司职工会派代表6人组成慰劳会,携带食品乘坐汽车前往龙华革命军司令部慰问⑦。为援助英美烟公司烟厂停工失业工人,武汉店员总工会捐60元(高于武昌商会的36元),苏洋广杂货店员工会捐20元,武汉钱业店员工会捐19元,汉口绸缎呢绒洋货业店员工会捐15元,武昌米业店员工会捐10元⑧。

　　为支持上海反英大罢工工人,武汉各业店员工会踊跃捐款。其捐款数目分别为:武汉米业店员工会200元,武汉金银工会联合会183.945元,武汉铜业店员工会78.97元,武汉游艺场职工会52元,武汉店员总工会1000元(有意思的是,湖北省总工会财政部的报告表,先后4次提到武汉店员总工会的捐款,分别是1000元、1000元、900元、700元。《湖北各

---

① 《估衣业职员罢工三志》,《申报》1926年12月21日。
② 《武汉店员总工会报告》(1927年6月),武汉地方志编纂委员会编:《武汉国民政府史料》,第139页。
③ 《湖北全省总工会的报告》(1927年6月11日),台北中国国民党党史馆档案,档号:汉13107。
④ 武汉店员总工会印发:《每日通讯》(1927年6月8日),台北中国国民党党史馆档案,档号:汉13102。
⑤ 武汉店员总工会印发:《每日通讯》(1927年6月9日),台北中国国民党党史馆档案,档号:汉13105。
⑥ 《店总会捐款慰劳》,《汉口民国日报》1927年6月10日。
⑦ 上海华联商厦党委、《上海永安公司职工运动史》编审组编:《上海永安公司职工运动史》,第30页。
⑧ 《武汉各界援助英国烟厂停工失业工人委员会启事二》,《汉口民国日报》1927年1月20日。

界援助上海罢工委员会启事二》则先后 5 次提到武汉店员总工会的捐款，分别为 1200 元、1000 元、900 元、700 元、600 元。笔者认为应是武汉店员总工会截至某日的捐款数额)，银行行员工会 800 元[1]，武汉钟表眼镜店员工会 85 元，汉口棉业店员工会 150 元，汉口旅栈工会 138.148 元[2]，汉口铁路转运店员工会 120 元，汉口铁业店员工会 165.8 元，堆栈店员工会 100 元[3]，武汉杂货店员工会 100 元，贩果部 3.529 元，汉口理发工会 41 元，汉口理发工会(支部)104.53 元，武汉酒饭面馆工会 509.86 元，汉口旅栈待客工会 50 元，武汉银业行员工会 187.5 元，铁路转运店员工会 80 元，武汉土水果帮店员工会 8 元[4]。罗田县店员工会亦“捐助十元”。对于北伐战场上牺牲、负伤的“武装同志”，武汉店员总工会召集各分会慰劳伤兵，“于 6 月 2 日上午 10 时，至武昌甲栈丁栈，(对)所住伤兵 1900 余人慰劳；会员 3 万余人，每会员需酌捐钱款，于 3 日内由支部干事长负责收齐交店总；购办点心 2000 份及汗衫 2000 份；每分会派宣传队一小队及派女同志 60 名前往慰劳”[5]。

除捐款外，店员工会还积极参与伤兵救护。武汉店员总工会宣传队总部通告，“各宣传队于十二日起，分途宣传救护伤兵事(武昌、汉阳均在本会办事处集合，汉口轮流出发)”[6]，“派员至医院扶持，遣童子团而任看护，虽受伤兵之恶骂痛殴亦未稍懈”[7]。

值得注意的是，店员工会的钱物捐输有时会存在着一定的强迫性，部分店员因之颇为不满。“这次北方赈灾，我们的商务印书馆要想博乐善好施的善名，便发起捐赈，派到全体职员身上。我们薪水大一些的职员，倒也没有什么，就是我们这些最苦的工人，每人也要至少二角。我们平日的生活，本和北方灾民没什么分别，不过他们幸而为大人先生高兴，要在他们身上得一个博施济众的好名，便拿我们苦工人的工钱来慷慨。我听说英美烟公司和南洋兄弟烟草公司，这次是自己拿钱出来替全体职员们捐的——按着各人薪水多少，应捐多少，便替他们拿出来捐了，这样看来，还是

---

① 《各工会援助上海罢工捐款》，《汉口民国日报》1927 年 3 月 7 日。

② 《各工会援助上海罢工捐款(续)》，《汉口民国日报》1927 年 3 月 8 日。

③ 《各工会援助上海罢工捐款(续)》，《汉口民国日报》1927 年 3 月 9 日。

④ 《湖北各界援助上海罢工委员会启事二》，《汉口民国日报》1927 年 4 月 10 日。

⑤ 《武汉店员总工会发起筹备伤兵慰劳会通告》，《汉口民国日报》1927 年 6 月 2 日。

⑥ 武汉店员总工会印发：《每日通讯》(1927 年 6 月 9 日)，台北中国国民党党史馆档案，档号：汉 13105。

⑦ 《武汉店员总工会报告》(1927 年 6 月)，武汉地方志编纂委员会编：《武汉国民政府史料》，第 139 页。

资本家比较善些"①。店员之于捐款的抱怨,反映出个体自身与精英分子描述的群体行为不尽相同,阶级觉悟有时是来源于精英分子的应当设想,而不是店员意愿的内在表述。

———————

① 《商务印书馆与香烟公司》,《伙友》第 2 册,1920 年 10 月 17 日。

第四章　店员工会的角色定位

民国时期,规范工作职责,成了店员"解放"及近代企业"科学管理"的趋势及表征。店员的工作内容,明文载于各项规章制度当中,按照规章制度界定的时间表作息,衍生出店员"属于店铺"、"属于自己"的时间划分,在此基础上安排自己的工作,"纪律"成为其生活中的一项特征。工作流程、职责的固定化、标准化,勾勒出具有专业知识、特定职业理念且为公众服务的店员群体。但是,对于店员群体的职业建构,店员工会略显失位,店职员的职业技能培训、规范化管理等职业建构活动,店员工会均未参与其中。

店员工会成立后,即便是形式上,店员与店东亦处于对立地位,"工商界的许多纠纷也即由此而起":在 1926 年 10 月开始的武汉工潮中,数量最多且迁延难决的罢工实际上主要是由店员发起的。这些店员工会是按行业组织的,因此一旦罢工,便波及整个市面,其中中小商店受到的冲击最大[1]。大致来讲,店员工会主导的店员运动,主要着眼于提高工资待遇、改善工作环境、限制店主辞退店员等经济要求,且存在着一定的过激行为。难以"调和工商"、实现"全民政府"的情况下,国民政府开始考虑店员工会的取缔问题。

第一节　店员工会与店员的职业建构

店员(伙计)在中国有着悠久的历史,但在漫长的商业发展进程中,店员与店东本人、店东家属存在着一定的角色错位,店务、家务的职位分工亦不

---

① 〔苏〕A.B.巴库林著:《中国大革命武汉时期见闻录:1925～1927 年中国大革命札记》,郑厚安译,第 6 页。

甚清晰。应当说,作为职业群体,店员的外在形象尚不明朗。

商业交易中,店员的职业活动仅靠个人自律,或是店主、师傅的约束是远远不够的,实有赖于行规、帮规、会约提供制度性保证,"朝廷有例,乡党有规,市井中亦然","国有条律,民有私约"①。各业行规亦均有规范店员(伙计)职业活动的相关界定,具体包括工作内容、职业道德、职业态度等:

> 帮伙私在来往处扯空银钱等项者,店主查实,传知同行,不许容留帮贸,并经鸣值年,荐主追索归款,方许帮贸,违者议罚。(长沙盐号条规,光绪十九年)
>
> 雇经纪无论在大号、仔庄,不许浮称抬盘,戕货收潮湿毛茶。亦不许勾通帮伙,预支用钱,希图脱卸认赔号中欠秤等弊,违即公同斥革。
>
> 各号帮伙、经纪、百工,如查实舞弊确迹,虽斥退不用,亦须告知公董。倘同业循私,或存别见雇请者,公同加倍议罚。(长沙茶业条规,光绪三十三年)
>
> 管钱者,每日来往出入,核实登记,除应付柜房当账外,自总客以及各同事,概不得干与动用。其虚存、暂记及空比、押包、毛烂、吊挥等弊,更须杜绝。如有徇情碍面,私相扯挪,或生意亏本,或放账被骗,赔还固属自取,生意亦不再留。银钱交涉,责有攸归,总要日清日款,毋得稍有朦混。
>
> 管总者,凡出入架货,宜随时留心稽查,毋得任意借用。每日所取之货,不准过日销号。训饬学生,是其专司,每早督令,将各处货架楼房打扫洁净,并轮流派人检包归号,毋得雨湿沾衣,跌包在地,致令霉烂陪价。仍不时亲往堆货处巡行详察,以免疏懈,倘有滥当之处,毋得徇隐。
>
> 柜友看货,棉花原有贵贱之殊,务以时值估价为准。除汗挂单裤,小票不计外,其余总以贯五为率。古云:滥小不滥大。倘有情当滥当,一经管楼及卷包者查出,及期满打出,经手,虽自甘赔累,惟搁空成本,甚重生意,亦不留用。如有至亲密友,更不准徇情信当,即有急需,宜于别典质钱,不准当入本典。每日取当,日清日款,空比押包、毛烂吊挥等弊,概行禁止。由管钱者查核,不得徇庇。如违立辞,其有写票少批月息,一经总房勘出,即应随刻补足,毋得虚悬,各宜斟酌。
>
> 楼上学生原听管楼者教训,责以勤慎做事,毋许偷闲。每日查货,先登出楼,方可取货。倘有失登取货者,轻则掌责数十板,重则罚钱数十文,以示儆戒。凡楼上货物,不许私自翻看,致滋弊端,如违立辞。每

---

① 彭泽益主编:《中国工商行会史料集》上册,第245、247页。

日收牌后打扫。柜房一毕,张灯一盏,均归账房内座看守门户。学习算盘字样,不许私向各房点灯过夜,非但省油,实防火烛。倘柜上押票不销及有票无货,学生通同作弊者立辞。有能从公举发者,先给酬资,再行升用。(湘乡典商条规)

行中帮伙,理应悉心经理客货,早晚照料买卖。不可懈怠,私自弄弊、有坏规章。倘有不遵行规者,登时开除,我同行永不准雇请,理合登明。(巴陵鱼行条规)

客师帮店,不理正艺以及私情等弊,查出公同议革,不准做艺。(长沙长善银号公议条规,光绪二十五年)

同行各帮伙贤否难齐,如有支扯银钱,寄缝夹账,私造假票,在店作抵,虚存银钱,并在外假牌拉扯银钱,仍照旧章,著落保人赔还。倘有籍词推诿,许投值年禀县追究,并照新章将该帮伙公同贴革,不准他家请用。其一切用费,公私各半派出。(长沙钱店公议条规)

零工客师每日只做本店一工,毋得悄兼他处,希图夹工。倘有或作或辍,顾此失彼情弊,一经查实,即请值年通知同行,张贴晓单,罚令停工一月,同行店东毋得蒙混延请,如违罚钱四千充公,毋得徇情。(长沙斋馆条规)

同人在各处或为帮伙,或做手艺,务必谨守清规。遇有一切不法之事,查实许即鸣行公同逐革。(长沙书业条规)

凡帮贸伙计,均宜尽心竭力,遵守店规,店主亦宜待之以诚。倘有不遵者,立即革退。(长沙红白纸店条规)

客师帮贸,自当恪守规矩。倘有不安本分,在店中私自弄弊,以及窃卷东主银钱货物等件者,查出实情,公同革逐,永不复出。(长沙梳篦店条规)

凡属帮贸者,各宜恪守行规。倘不守规,私自弄弊,一经查实,公同议革,永不准入行帮贸。如有滥规复请者,将斯人退后,伊店罚钱五千文入公。(长沙古玩玉器店条规)

同店帮贸,二帮司务不得抢作头帮,或作头自愿引荐,仍听其便,再者无作头,二帮帮作等均,不得与人抬轿。如有违议者,罚戏一台,酒四席敬神。(益阳槽坊条规)

铺户帮贸客师,必须清洁忠直,倘有滋事不端,及私扯银钱账项,瞒昧私贩私卖等弊,查出通知值年,公同革出,永不准在城厢内外帮贸,违者禀究。(长沙白缺烟袋条规)

客师帮贸,务宜尽心竭力,不得卡贸怠玩,及悄窃货物钱文等事,亦不得借本店名色,在外支扯银钱货物,尤不得悄将外帐瞒收入己。倘任意横行,不遵店规者,报明值年人等,退还原赃,公同革退,永不许在城厢内外帮贸。(长沙药店条规)

　　帮贸客师来市,预先上会钱八百文入会。在店如有私弊,查出公将衣服等件焚毁,永革不准在益。倘有同行停留,及销弊者,加倍重罚,如违禀究。

　　帮贸客师,各宜循规蹈矩,无事不得出外闲游,准于起更归店,尤不得夹账私扯。倘宾主不合,必须来清去白,不得在咫尺帮贸,须要隔离数家,以别嫌疑,倘阳奉阴违,查出革逐。(长沙屠业条规)①

　　店员(伙友)的日常管理,由号规界定,各店差异较大。大体来讲,进店须"十二三岁以上,十七八岁以下","先有亲友为之介绍,经本号经理人许可,即由徒弟书立投师字据,亦有由其父兄书立者",并有确切保证人,"担保支扯银钱及将货物窃逃等事"。部分店铺要求一定的保证金,"多者百金以上,少亦数十金,或数十百串不等"。在店期间,凡一切商务上事,均由经理人随时教授,"其有号规完全者,朝学洒扫,应对进退,及供号内杂役,夕学书计,及本业内技艺"②。伙友(学徒)违背号规时,其处罚之法,"轻则有罚酒食,或罚戏,或罚银钱,或罚扣薪资之例,重则辞退出号,或将其劣迹布告周知,以后各号不得雇用,或经鸣同业公所,公同革退,张贴革条,不许在本地帮贸,甚有本号将其行李被帐毁弃之"③。

投师字书式④

立投师字人○○○,今愿投拜

　　○○○为师,学习○艺,以三年为限,愿出俸钱若干(无者不用此句)。自拜之后,遵师训诲,不得有违,寒暑星灾,各安天命,期限未满,不得见异思迁。倘有中途辍业,所议俸钱,仍照原数奉缴,不得退还(无俸钱者,则于中途辍业下云,惟保证人是问,并议处罚)。今欲有凭,立此为据。

凭保人○○○
○○○

　　　　年　　月　　日　　笔立

---

① 所引资料均出自《湖南商事习惯报告书·商业条规》,宣统三年。
② 彭泽益主编:《中国工商行会史料集》上册,第529页。
③ 同上,第533页。
④ 同上,第528页。

革 条 书 式①

　　立革条人株市大胜街众等。今因本街茂生号伙友王某窃取店内洋银十六元,当经该号主查实,即行申明街邻比,勒令退出洋十一元,理合禀究,姑念哀求从免。但街规要紧,窃取宜儆,因之合街商议,将王某革出。嗣后本街无论何店,不得雇用,以整街规。

　　特此告白。

合街公贴

　　进入民国以后,精英分子大力鼓吹"考试选聘店员"方式,"录取之后量才择用,可拒绝亲友举荐之麻烦、选择商号专门之人才"②。《商业月报》、《总商会月报》等商学期刊也陆续介绍欧美及日本的人事管理,比如李云良所著《新式职工管理术》系列文章,详细探讨了选择、管理、教育、待遇店职员的各种方案。强调以清楚的条目规范店职员的权利义务及职责范围,建议经理人员使用格式化表单,记录店职员的表现及协助管理,例如,在选择店职员时,要求提供"职务分析表"、"需人通知单"、"报名书"、"检查体格记录"等,使经理对应征人员有清楚而系统的认识③。

　　社会舆情的影响下,店员管理趋于制度化。《同人手册》、《售货员须知》、《学生应守之规则》等可视为店员与店主签订的工作协议,店员的工作、生活开始"有章可依",其分散性逐渐为分工协作的生产方式所改变,同时带来了全新的思想方法和习俗姿态。店员的行业地缘性亦因之有了些许改变,家族企业、商帮企业渐次向现代企业转型。制度化管理也使店员的奖惩有了固定标准,上海新新百货公司的《本公司职员服务暂行规则》,奖惩均为 5 等,依情节轻重分别处以记功或记过、奖金或罚俸、升值或解雇④。奖惩激励机制及规范化的职场管理,界定了店员的职业行为,迫使其逐渐养成遵守纪律及道德规范的情操,进而提高其服务水平。

　　店员入职后,商业组织及店铺多对其进行职业培训:汉口银行公会设立的夜校,其受众对象即为银行、钱业系统的店职员,每晚 8 时至 11 时为

----

① 彭泽益主编:《中国工商行会史料集》上册,第 533 页。
② 绍良:《商店伙友采用招考法之利益》,《申报》1924 年 4 月 18 日。
③ 李云良:《选择职工方策——新式职工管理术之一》,《总商会月报》第 6 卷第 8 号,1926 年 8 月,第 1~10 页。
④ 《本公司职员服务暂行规则》,《新新有限公司同人手册》,上海新新公司档案,上海市档案馆藏档,档号:Q226－1－63。

授课时间①。武汉金同仁参药店的店员培训班,每晚教课 2 小时,学期 3
年,学习内容包括写字、珠算、药性赋、汤头歌诀等。"金同仁 70 年来总、
分、支店的经理与负责店员,差不多都是从这班人中选拔提升的"②;上海
永安百货公司设立英文夜校,"聘请良师,每晚放工后,择其年在二十一岁以
下的职员,分级教授,造就人才,伙友之得以成功者,后先相望"③。后来又
计划办理晨夜校,每周上课 3 天,"利用早晨上工前及晚上放工后各一小
时半的时间,教授英文、中文与国语。英文注重会话并熟记货名,中文注
重读本作文,国语则重实习,使职员能以国语与顾客交谈,并了解各类商
业问题。课程分初、高级,规定两个学期修业期满"④。除了定期的课程
之外,永安百货公司还印发许多书籍小册子作为训练材料,对店职员的工
作职责、工作流程及应有的态度进行明确规定。渐次开展的职业教育,给
予了店员较为清晰的职业形象——"倚门售货"开始作为一种职业且得到
公众认可。

　　考试选聘机制、入职后的职业技能培训及规范化的工作内容,使店员成
了具有专业知识、特定职业理念且为公众服务的专业化群体。"以店员为
限"的社团组织,亦取得了店员服务方面的自治和垄断⑤。按照功能主义的
分析框架,店员基本符合了职业群体的必要属性⑥,且没有忽略权力分析派
强调的"国家在职业化过程中的作用"⑦。正是南京国民政府对店员身份的
界定及对店员团体的规范,才给予了店员国家认可的合法性职业地位。具
有特定职业标签、共同利益诉求的社会群体已然形成。

　　但是,对于民国时期店员的职业建构,店员工会略显失位。店职员的职
业技能培训、规范化管理等职业建构活动,店员工会均未参与其中,或有参
与但未成为主导力量。店员团体设有专门机构以提高店员的职业技能,诸
如上海药业伙友联谊会设立的学习部,上海店员联合会设立的书报室、补习
学校,武汉店员总工会设立的青年工人补习学校。但其目的在于迎合店员

① 《汉口银行公会夜校简章》,武汉市档案馆藏档,档号: 171-1-114。
② 金薄临:《素负盛名的武汉金同仁参药店》,政协武汉市委员会文史学习委员会:《武汉文
　 史资料文库》第 3 卷《工商经济》,第 228 页。
③ 郭官昌:《上海永安公司之起源及营业现状》,《新商业季刊》第 2 号,第 39 页。
④ 《重办晨夜校计划》,上海永安公司档案,上海市档案馆档案,档号: 225-2-44。
⑤ 具体可见第二章第一节"强制性会员资格与店员工会的组织基础"的相关论述。
⑥ 1. 通过高等教育而获得理论和专业知识;2. 不计报酬而为公众服务的职业道德;3. 以自我
　 管理和通过职业社团控制入业标准取得在提供某种职业服务方面的自治和垄断。具体见
　 Pavalko, Ronald M., *Sociology of Occupations and Professions*. Itasca, IL: F. E. Peacock
　 Publishers, Inc.1988, pp.19-29.
⑦ Ibid., pp.34-35.

的进修诉求,以"唤起店员加入组织团体"①。其绩效评价标准也不是店职员商业知识的提高程度,而是入会店员对于"革命知识和情绪"、"工会及政治"的认知情况②。

店员工会主导的店员运动,运动目的在于"运动"店职员群体,关注点在于店员运动本身。类似于"国民党二届四中全会'暂停民众运动'的决议,上海商务印书馆工会、商务印书馆发行所职工会认为'突然停止'民众运动,恐民众失去控制,'发生意外危险',因而请求国民党中央'勿停民众运动宣言',并推派代表去南京向国民党中央请愿,要求'详订民运方针,健全组织,森严壁垒,使共党无隙可乘'"③的行为实为常态活动。店员运动期间,整饬工会纪律、扭转店员运动中存在的过火行为的工会行动,真实目的亦非维护店职员职业环境的稳定性,而是消弭资方取消店员工会的攻讦,维持店员运动的合法性。"各业店员工友,尤须严守工会纪律,不得于店中正当职务之下,有故意的自由行动。在工作时间,店员工友务须尽心职守,而受店东执事之正当指挥;店员工友如有不法行为,店东可向其所属工会申诉,若不得公正时,可直至本会控诉,各该会对于店东之申诉,不得留难;店员工友,若是受店东执事之苛待,可向所在工会陈述,求其交涉,交涉无效时,则由该会呈请本会办理,不得自由行动,而伤双方感情;工会若调遣会员工作时,须通知店东或执事,如无此种通知,店员工友,不得在工作时间内,假工会名义而□职守。"④

至于"作为工人阶级的组织中心而自觉地进行活动"⑤的工会职能,轰轰烈烈的店员运动中较少涉及、体现。根据笔者掌握的资料,目前只发现宁波市烛业店员工会、纸业店员工会等有争取行业利益、构建店员职业环境的工会行为,且影响较小:宁波市烛业店员工会、纸业店员工会、手板线烛业工会、箔业打工工会等,"以为捣毁偶像,有妨生计。本月十三日,特联呈市指委会,请转呈中央,暂缓五年,俾可另营实业"⑥。

---

① 《武汉店员总工会报告》(1927 年 6 月),武汉市地方志编纂委员会编:《武汉国民政府史料》,第 142 页。
② 同上,第 143 页。
③ 马超俊:《中国劳工运动史》第 3 册,第 784~785 页。
④ 《武汉店员工会整饬工会纪律宣言》,《汉口民国日报》1927 年 2 月 8 日。
⑤ 中共中央马克思、恩格斯、列宁、斯大林著作编译局:《马克思恩格斯全集》第 16 卷,北京:人民出版社,2007 年,第 221 页。
⑥ 《破除迷信声中之请愿》,《申报》1929 年 1 月 16 日。

第二节　店员工会与店员的职业保障

　　店员工会系以相同职业为基础设立的社团,属互益性民间组织。作为职业社团,入会店员的内在认同是店员工会存在的合法性前提,福利事业则是店员工会构建认同最直接的方式。国民政府颁行的工会章程,亦对工会之于会员的"福利"职能进行了"官方"认可:主张并拥护会员之利益;保障工人利益,设法解决救济及职业介绍等事项;为会员之便利或利益而组织合作银行、储蓄机关、劳动保险、生产消费、购买等合作社之组织;为增进工人智识技能而组织职业教育、通识教育、劳工教育、讲演班、研究班、图书馆、俱乐部及其他定期不定期之出版物;促进会员彼此间有效之互助,仲裁会员间之争端等①。

　　店员工会的福利事业,除了救济店员、职业介绍、职业教育、组织消费合作社(详见前文)外,还体现在追求店员的病亡津贴抚恤及职业保障,也即追求店员的职业环境的制度保障。店员工会主导的罢工行为,大多有类似要求:上海米业职工会要求,凡职工患病,应由店中医治,或送医院疗养,其医药费均由店中担任,病假期内薪水照给②。上海茶食业工友联合会要求,工友在店染病,应由店东给资医治(在染病期间工资应照给)③。上海裘业职工会要求,职工如有疾病,医药费应由店中担负,病假期内,不得扣除工资;职工因公而伤亡者,该号承认恤金④。福州电汽店员工会要求"因公受伤者,给恤1000元,因公致命者,给恤2000元。因公残疾告假者,不得扣除工资"⑤。广州店员总工会银行分会主张"各银行不得无故开除,或调往别处,及苛待本会会员,如改行歇业,须预先通知本会调查确实认可,但仍须补回失业者每名薪金12个月,另川资20元,以维生活;各银行雇用本会会员,如因公受伤者,该银行须疗治至痊愈,因伤成残疾,由该银行给回膳养费2000元,因伤毙命者由该银行给回恤金3000元,如会员有病者,由该银行负责调理,及一切药费,而养病期内,薪金伙食,照常支给;若发生罢工,罢工期内,所有会员一切薪金伙食,由银行如数发足,毋得扣除,并不得着令各会员离

---

① 《湖南全省总工会章程》,《湖南工人》创刊号,1926年11月25日。
② 《上海米业职工会要求》,《申报》1927年1月21日。
③ 《上海茶食业工友联合会要求》,《申报》1927年1月19日。
④ 王清彬等编:《第一次中国劳动年鉴》,北平社会调查部,1928年,第428页。
⑤ 《福州电汽工会要求加薪改善待遇》,天津《益世报》1927年1月11日。

铺食宿"①。上海永安百货公司职工会成立伊始,即要求"无故不得开除职工等人,倘有重大过失,应得职工会议认可方得开除;同人等如有病疾由公司送医院医治,医药及治疗等费概由公司负责,薪水照发;公司应出资创办补习学校,优待青年职工,学徒免费入学,以增进知识;增加发给恤金及退俸金,照商务印书馆最近办法办理"。遭到资方拒绝后,永安公司职工会决定于1927年1月16日上午举行罢工,并在《申报》等报刊上刊登启事,"要求各社会团体给予援助"。

从实践层面观察,店员工会提出的"病亡津贴抚恤",大多得到有效呼应。上海永安百货公司职工会提出的"疾病治疗、抚恤金及退俸金"等罢工诉求,经上海总商会傅筱庵出面调解,资方同意"职工患病(花柳、肺痨、痼疾除外)由公司指定医生诊治或函送医院疗养,病假期内薪水照发,医药费也由公司负担,惟均以一个月为限;职员中如有因公致命,或成残废者,由公司发给恤金二百元,以一次为限"②。

杭州米业店员工会与该业商民协会达成抚恤协议,"轻微伤害其薪金三个月内照给,三个月以外停薪不除职,半年后除职另雇。各店工友常年在店服务者,因公残伤,由店东送医院医治,不得扣除工资。至因公死亡者,则不论服务年限,须给予原薪一年"。杭州木材业店主与店员达成协约,"各店工友在服务期内,倘有因公致伤者,资方酌量津贴其医膳费"③。其他地区亦有类似的抚恤协议,具体统计如表4-1:

表4-1　各地商店店员及学徒病亡津贴及抚恤一览表④

协约名称	地址	时 间	协 约 内 容
中药会劳资协约	南京	1929年2月	店员如有患病者,在店内休养,医药归该号给供。凡两星期以内不得扣除薪金,如有病故,贫者由店内以10个月薪金补助。凡在店职员16人以下者以半数补助,但花柳病不在此限。
米业劳资协约(店员)	浙江杭州	1929年7月15日	店员遇有疾病(花柳病除外),由经理调查属实或经理证明后,在1个月以内薪水照给,1个月以外停薪,逾6个月□除,□散工不在此例。

① 《商办银行职工罢工》,《广州民国日报》1926年12月6日。
② 《永安职工今日复业》,《申报》1927年1月25日。
③ 实业部劳动年鉴编纂委员会:《二十一年中国劳动年鉴》,1933年,见沈云龙主编:《近代中国史料丛刊三编》第60辑,1990年,第404页。
④ 同上,第406~407页。

（续表）

协约名称	地址	时间	协约内容
米业劳资协约（工人）	浙江杭州	1929年8月11日	各店工友常年在店服务者,遇有疾病,在1个月以上未愈者,资方津贴工资1个月以示体恤。工人在店服务3年以上遇病死亡者须给一次抚恤金40元,其未满3年者不在此例。
疋头业劳资协约	江西南昌	1929年3月1日	各号店员及学徒在店工作期内,发生疾病,店主应垫资医治,但以两星期为限,每天不得超过1元,但花柳病不在此限。
□业劳资协议	江西南昌	1929年9月4日	店员或学徒因劳致疾,应由店东酌给医药费,但花柳病不在此限,不得扣除归期,又如有在职身故者店主量抚恤。
□□洋货业劳资协议	江西南昌	1929年1月1日	各号店员或学徒如发生疾病时,店主酌量出资医治,以一星期为限,不得扣除归期,但花柳病除外。
南货京广业劳资协议	江西南昌	1929年3月1日	各店店员学徒如发生疾病时,医治费由店主酌给(肺病及花柳病除外),在职身故者,店主按其劳绩酌给抚恤金。
金解板业劳资协议	江西南昌		工人发生疾病,医药费由店主暂垫,在工资内扣还。如遇死亡时,店主得按其平日酬劳酌给抚恤金。
典业劳资协议	江苏江都		典中服务人员(职工及司务)因病死亡时,抚恤金以一年半酬俸为标准。实在贫穷而平时在典服务勤劳者,得由职工会会商请典东增加半倍或一倍以上之抚恤金。
酒□业劳资协议	江苏常熟	1929年11月29日	本会会员因劳致疾身故者,服务3年以上者,抚恤半年薪金,5年以上者,抚恤一年薪金。若店主额外优抚不在此例。
酱业劳资协议（职工分会）	江苏吴江		职工有病得由店方医治,倘其在家者给予特假一月,逾期照扣,凡□病及花柳病不在此例。又职工服务在10年以上者因病死亡应赠给抚恤金一次至少50元。
酱业劳资协议（职工第二分会）	江苏吴江		职工患病如经医生证明后,在店者资方津贴医药费二分之一,以一星期为限。重病间给予特别假二星期,因病死亡者抚恤金由店方赠给一次至少50元。
金银业劳资协约	四川重庆		工友发生疾病医药各费应由资方付给,在患病期内不得扣除工资,但花柳病不在此限。

　　与病亡津贴抚恤的"圆满解决"不同,店员工会提出的"保障职业",资方以"事关营业自由",持"不合作、不妥协"态度,劳资双方因之颇多龃龉并呈现出较大的地域差异。上海永安百货公司职工会以罢工方式提出的"无故不得开除职工等人,倘有重大过失,应得职工会议认可方得开除",资方只答应罢工期间"不予开除","惟复工后如有不称职守或违犯公司规则及本公司因生意进退而去留人员者,均不在此条限制之内"①。1928 年阴历除夕,上海永安、先施、新新三大百货公司"一举开除店职员 300 多人,其中有多名职工会的执行委员"②。作为应对,三公司职工会议决:"将经过事实呈报上级机关,请求援助;散发宣言,唤起各界同情;组织工友请愿团;组织失业工人救济处,向各界募捐,以维持失业工人之生计。"要求:"全体复工,年首薪水照旧增加,失业期内工资照给,根本取消先施、永安片面雇约,赔偿失业期内损失费";"非三公司一致解决以前,一概不可以少数人前去复工,如敢故违,当以破坏工运论"。并敦请工统会通知三公司资方,"复工问题未解决以前,公司不得拒绝失业工友食宿"③。同时,派代表分别到淞沪卫戍司令部、上海市政府、上海市公安局、国民党上海市党部、农工部、上海市农工商局及国民党中央党部、南京国民政府、国民革命军总司令部、国民政府劳工局请愿。

　　三公司失业职工会"保障职业"的斗争,得到社会各界的广泛同情和支持。上海商务印书馆职工会等团体派代表前来慰问,"要以实力进行援助"。上海绸缎业、纸业职工会、无锡总工会等团体,"愿作三公司失业工友的后盾"。邮务工会、报界工会等发表宣言表示支持:"先施、永安、新新三大公司资方于去腊除夕,藉口营业清淡,开除职工 300 余人;闻开除之职工,均系工会之执行委员及组长暨对会务热心者";"敝会要求当局,勒令复工";同时警告三公司资方将被停职工速予复工。迫于舆论压力,上海市农工商局出面调解三公司劳资纠纷,并达成以下协议:三公司在丁卯年底开除之工友,每人由资方津贴月薪 3 个月,升工每月 6 天照加;失业工人应得奖励金按照民国 15 年旧例发给;各该公司职工会,在两星期内由上级机关组织成立;发还失业工人原有保单;发给失业工人 3 个月之生活费及奖励金。④

　　汕头、潮安店员工会亦因"店员工友被少许恶东无故开除数百人"进行

---

①　《永安职工今日复业》,《申报》1927 年 1 月 25 日。
②　上海华联商厦党委、《上海永安公司职工运动史》编审组编:《上海永安公司职工运动史》,第 38 页。
③　同上,第 39 页。
④　同上,第 41 页。

集会抗议,指责资方"违背党纲,破坏革命战线,失坠政府信仰,荒谬已极,且查各加薪解决条件,订明东家无故不得开除工友,此200余工友中,是否犯有过失,并无宣布,若以营业缩小,亦应调查经济状况,及先期通知雇用工友与给工友以生活费,如藉口营业缩小,及生意停闭,便可任意将工友开除,断绝伙食,关锁店门,则岂特200余被开除工友遭兹惨祸,即全市数万工友,亦将不胜其摧残矣"。要求:取消雇主在新年后任意开除雇工之恶例;严令马贞顺等恶东即刻完全恢复已被开除之工人工作;工人因开除所受损失及引起罢工之全数损失,应由东家负责赔偿;保障东家与工会订立之条件有效等决议在案,相应录案联请钧部钧厅察核①。

广州工商两界则因店员辞退问题引发激烈的示威抗议:按广州商界习惯,每逢旧历正月初二,有自由开除工人店伙之例。1927年1月,商人利用阴历新年初二之店伙契约改订期,断行大解雇,因此失业之工人达4000人。对于工会的制裁,商人聚集10000余人,至省政府请愿,要求维持商店年初二用人权。同时被开除之工人1000余人,亦到省府请愿,要求打破年初二除人恶习。旋工人奉工代会令先退去。省府先派实业厅长接见商人代表,允由政府工商各派代表,组织仲裁会,解决此问题。商人认为目的未达,至夜不散,阻各委员不得外出。最终,政府方面提出四条解决建议:一,政府明令店主有自由任免店员工伴权,但前与工会订特别条件者,不在此限;二,年满月满开除工伴,不能以无故开除论;三,在罢工期内各店于解决后三天,恢复店主有任免权;四,政府于五日内召仲裁会,解决工商一切纠纷。但经多次仲裁会议决,双方对开除店伙没有达成一致意见。为此,仲裁会主席提出以下几点解决办法:一,关于解决今年初二问题者:今年被开除之工伴,如该工会与雇主无特别契约声明无故不得开除者,雇主不负补偿工金伙食之责;若定有契约,雇主应照契约履行,如有缺额,仍应用回该工会工友。二,关于以后每年年初二问题者,拟分四项解决:甲,工商之间,向无特定契约,每年如有为一日订定工友期间,仍准照旧习惯办理。乙,如定有例约无故不得开除者,应照契约办理,在年初二开除者,补回一个月原额工食。如有缺额,仍须照原额工值,用回该工会会员。丙,如特定契约,年初二亦不得开除者,应继续有效。丁,无论何种工会职员,其在职期中及去职后年期内,皆不得于年初二日开除之,犯法者不在此例。对这样的解决方法,工商皆不

① 《汕头工人反抗无故开除工人》,《广州民国日报》1927年2月18日;《汕头市工代会为潮安年初二案通电》,《广州民国日报》1927年2月19日。

满意,只能"上报政治分会,静候政府公布解决办法"①。1927年1月28日,广州市国民政府通过、并经政治会议广州分会核准,确定"商店于夏历正月初二日有自由更换店员之权,不能以无故开除论"②,对于被辞或裁减之店伴,"由商店补给两月或一月之薪资伙食"。

相较而言,武汉劳资双方对店员辞退问题的态度较为缓和,且一定程度上满足了"保障职业"的工会诉求:工会及店员不得强迫店家加用店员;店员有不正当行为,或不服店家之正当管理者,店东可先通知店员工会辞退之,如发生纠纷,由商民协会与省总工会解决之;平时辞减店员,依照解决工商纠纷委员会所议条例办理;店家加用店员时,由店员总工会设立的职业介绍所负责推荐。店员在工作期间,不得懈怠;店员及支部不得干预店家之营业管理权;店员在工作上应受店家正当之指挥与管理。店主收歇,由商民协会和省总工会审查,依照解决工商纠纷委员会所议条例办理,如不能解决,再呈请政府仲裁机关解决,解决前店主不得运货私逃,店员不得逮捕店家及管理店产;如店主私逃,其财产由商民协会与省总工会处理,优先发给店员及工人之救助金③。遇有劳资争议,由"省总工会与商民协会组织工商俱乐部解决",店员工会支部不得单独向店家提出要求,店家亦不得单独承认店员支部之要求。其有要求条件,须经店员总工会盖章④。

第三节　店员工会与店员的经济斗争

随着近代民族资本主义工商业的产生和发展,集雇主、雇员为一体的行会发展成劳资各自组织的工会与同业公会,"工会为近世组织,以工人为主体,公所为旧有同业联合机关,以工头或一种工业之业主为主体,两者之原则上区别,大概如是"⑤。业主与雇工"阶级分立行会"的结社标准使大多数行会成为业主的专属性组织,雇工大多另组工会组织,劳资关系因之成为民国时期最为重要的社会关系之一。

---

① 《广州工商两界之纠纷》,《申报》1927年2月16日。
② 《令公安局奉省令夏历正月初二日各商店有自由更换店员之权由》,《广州市政府公报》,1927年,第254期。
③ 《工商联席会议决议案》(续),《汉口民国日报》1927年5月25日。
④ 《工商联席会议决议案》(续),《汉口民国日报》1927年5月27日。
⑤ 《湖南广东工会情形》,《中外经济周刊》第111号,1925年5月9日。

　　在政党力量介入以前，店员已有自发的罢工和抗议等集体行动，例如，芜湖烟店业的东伙争议：芜湖烟店一业向分泾、建两帮，建帮乃福建人所开，专售皮丝烟。泾帮则安徽泾人所开，各样名烟均有售卖。泾帮中捆烟绳一项，向例为刨烟者所分小货，相沿至今，历有年所。兹经泾帮各店东谓，此项羡余，每年合计数十千文，不得照旧给发。该伙等为之辩论，而店东遂将伙等送至芜湖县究办。诣王邑宰立惩数百以示威。现闻该伙等一概停工不做，意欲另议行规。而芜湖烟市大为涨价，世之好吸淡巴菰者，未免闻而嗟叹矣①。又如，潮州店员的抗税斗争：1921 年 2 月，潮州数百名店员工人进行抵制当局增加印花税款的斗争，包围县税务局，迫使当局收回成命②；广州店员的加薪斗争：1921 年 10 月，广州酒楼茶室工人要求“工人有店员介绍权”，因资方不允而罢工，胜利后建立酒楼茶室工会，而陶瓷器行全体店员 340 名则要求加薪，斗争中组织了陶器工会③。

　　店员工会的成立，“有力量去对付资本家，去对付我们的老板”实为主要原因之一④。店员工会成立后，普遍开展了针对店主的经济斗争，“店总成立后，第一步就实行经济斗争”，因为当时“正值武汉各业发生普遍的经济争斗之时，而店员所得工资，多按民国二年以前之物价而定，加以店员所受压迫较其他产业工人尤甚，在此客观环境之下，当然免不了一番经济争斗，所以此时店总工作多半应付于彼了”⑤。店员店主间的劳资纠纷因之与日俱增：1925 年夏季，屯溪店员工会组织 230 余名店员职工在观音山庙内召开会议，要求资方增加职工工资、缩短劳动时间等。资方不仅没有答复，反而由休宁县长带了 20 多名警备队员前来镇压、威胁工会领导人，激起公愤。经过 3 天罢工、罢市的斗争，资方答应劳方要求⑥。1926 年下半年，上海店员“组织上、行动上都蓬蓬勃勃起来，因为生活上的困苦，很表现了几次大规模的经济斗争”⑦。广州地区店员工会主导的经济斗争见表 4-2：

①　《烟店东伙争议》，《字林沪报》1893 年 5 月 14 日。
②　中共汕头市委党史研究室、中共潮州市委党史研究室、揭阳市史志办公室：《中共潮汕地方史》，北京：中共党史出版社，1998 年，第 16 页。
③　卢权、禤倩红编撰：《广东早期工人运动历史资料选编》，广州：广东人民出版社，2015 年，第 17 页。
④　蔡官申：《路桥药业工会与罢工斗争》，《黄岩文史资料》第 11 辑，1989 年，第 159 页。
⑤　《武汉店员总工会报告》（1927 年 6 月），武汉市地方志编纂委员会编：《武汉国民政府史料》，第 135 页。
⑥　中共休宁县委党史办公室：《休宁党史资料选编（1919～1949）》，1989 年，第 3 页。
⑦　《上海总工会呈第四次全国劳动代表大会的报告书》，《上海革命历史文件汇集（上海各群众团体文件）（1924～1927）》，第 388 页。

表4-2 广州店员工会经济斗争一览表

时　间	行业	地点	主　要　经　过	资料来源
1926年2月	匹头	广州	广州土洋匹头店员工会要求资方改善待遇,坚持罢工斗争1年时间。后农工厅、实业厅出面调停。结果未详。	余启中:《广州劳资争议底分析》
1926年2月	绸缎	广州	广州绸缎店员工会男工40余人反对资方开除工人而罢工。至22日经农工厅调停。	余启中:《广州劳资争议底分析》
1926年6月25日～7月15日	先施公司	广州	广州先施公司店员要求加薪,限资方于7月14日答复,否则全体离职。至14日双方谈判,彼此均作让步后,答应原工资为10～20元,加7元;20～25元,加6元;25～30元,加5元;30～40元,加4元;40元以上,加3元。所加工资,一律照85%伸算。工人表示接受后复工。9月,先施公司店员又举行罢工,至9月25日复工。	《广州共和报》1926年6月25日～7月15日;《工人之路特号》1926年7月7日～9月26日
1926年6月	大新公司	广州	大新公司店员要求公司分派积存红利,经农工厅调解,定出解决办法。	《工人之路特号》1926年6月28日、7月7日
1926年8月7日	店员	潮州	潮州绸缎店员联合举行"反对伟纶绸庄资方随意解雇员工"的斗争。在县总工会及其他行业工人声援下,迫使资方接受工人提出的4项条件。	《中共潮安党史》,第39页
1926年8月29日	布店工人	广州	广州土洋匹头店员工会于半年前已向资方提出改良待遇要求,资方不肯退让,甚至开除各店员300余人。是日工会会员到省政府请愿,省政府答应提出会议解决。结果未详。	《工人之路特号》1926年9月3日
1926年9月15日～10月9日	当押	广州	广州当押店员工会向资方提出加薪及改良待遇要求10项。因资方拒绝接受,于10月9日罢工。后资方接受工人条件。	《工人之路特号》1926年10月15日
1926年9月28日起	典押	广州	广州典当店员工会810名店伙要求资方加资,由10月1日起罢工,结果未详。	《工人之路特号》1926年10月1日
1926年10月9日	当押	广州	广州当押店员要求加资遭拒绝后,于是日罢工。	《工人之路特号》1926年10月9日

时　间	行业	地点	主　要　经　过	资料来源
1926年10月13日	药材	广州	广州药材工会派员到各店征收会员,遭广东总工会与资方勾结杀害。翌日,工人向政府请愿,要求严惩凶手。	《广州工人之路》第7期,1926年10月15日
1926年11月20日～12月5日	西药	广州	广州西药店员工会向资方提出11项加资条件,于26日起罢工。资方请求市政府调处。至12月1日,资方表示接纳工人要求,翌日双方签字。工人乃于5日复工。	《广州民国日报》1926年12月6日
1926年12月6日	银行	广州	广州商办银行职工向资方提出加薪等要求,因无答复,于12月6日起罢工。当局组织仲裁会调处,限令48小时内解决。职工于9日复工。	《广州工人之路》第11、12期,1926年12月25日
1926年12月18日	煤油	广州	广州煤油业店员工会目前向资方提出加薪要求。资方表示接受,于本日完满解决。	《广州工人之路》第11、12期,1926年12月25日
1926年12月下旬	布匹	广州	广州土洋匹头店员工会要求改善待遇而罢工。仲裁委员会判令工人先行复工。	《广州民国日报》1926年12月27日
1927年1月3日	店员	广州	在广东当局纵容下,广州以及各县商店店主施行了"无情鸡"制度,以致大批店员工人被解雇而失业。广州及各县商店店员工人为此进行斗争。但因当局偏袒资方利益而失败。	罗浮:《年初二解雇工人问题》,《向导》第190期,1927年3月6日
1927年1月中旬～3月中旬	纱绸	广州	广州纱绸店员要求加薪而罢工,至3月中旬经农工厅调处解决。	《广州民国日报》1927年1月20日
1927年1月23日		广州	广州工人代表大会就商店老板于旧历正月初二开除工人事件(即"吃无情鸡"事件)向广东省政府请愿。但省政府当局偏袒商家,以致有5000店员被解雇。工人代表大会发动全市商店店员罢工,并继续向省政府请愿。但当局明令给予资本家解雇工人权力,工人们的斗争遭到镇压。	《广州民国日报》1927年1月27日

（续表）

时　　间	行业	地点	主　要　经　过	资料来源
1927 年 2 月 5～9 日	米业	广州	广州糠米行店员工会 1500 人向资方糠米三堂提出加资条件。后资方答应工人条件。	《广州民国日报》1927 年 2 月 11 日
1927 年 3 月 9 日	纱绸	广州	广州纱绸布匹店员工会要求资方加资而罢工。经农工厅调停，资方接受工人条件。	余启中：《广州劳资争议底分析》
1927 年 3 月 27 日	牛皮	广州	广州牛皮行鞋料店员工会向资方提出加薪条件 12 项，经农工厅调停，后将条件修改后判令双方执行。	《广州民国日报》1927 年 4 月 9 日
1927 年 3 月 28 日	店员	广州	广州南北经纪行工会工人 400 余名向张大昌等生药店要求将部分收入归工会作经费用。后经农工厅判令资方容纳工人要求。	余启中：《广州劳资争议底分析》
1927 年 4 月 11 日	先施公司	广州	广州先施公司职工要求公司按照每年习惯加薪，因一再遭拒绝，从 3 月 30 日起怠工。后农工厅判令公司履行加资条件。	余启中：《广州劳资争议底分析》
1927 年 4 月 12 日～6 月 16 日	烟草	广州	广州烟草发行店员工会向资方要求加资，从 3 月 16 日起罢工。后农工厅调停，双方签订具体条件 11 项。	余启中：《广州劳资争议底分析》
1927 年 5 月 15～18 日	染料	广州	广州染料店员工会要求资方加资。后双方协商，资方答应条件。	余启中：《广州劳资争议底分析》
1927 年 6 月 18 日～8 月 15 日	京果海味	广州	广州京果海味店员工会因华栈店东潜逃，要求债权团成隆号负责清还工钱。后当局判令该号负责清还。	余启中：《广州劳资争议底分析》
1927 年 7 月 23 日～8 月 20 日	药材	广州	广州药材工会要求资方补回年初二被开除工人之工资，后当局判令补回部分款项。	余启中：《广州劳资争议底分析》
1927 年 10 月 30 日起	毛笔	广州	广州毛笔职工工会要求资方加资而罢工。结果未详。	余启中：《广州劳资争议底分析》
1927 年 10 月	商业	广州	广州真光公司歇业，店员工人要求补回损失。经当局调停，补回一些损失。	余启中：《广州劳资争议底分析》
1927 年 12 月 3 日	店员	广州	广州甜品饮食店工会控告远香园等店资方推翻已承认之改善待遇条件。经调停，资方答应照约履行。	余启中：《广州劳资争议底分析》

（续表）

时　间	行业	地点	主　要　经　过	资料来源
1927年12月22日	鸡鹅鸭行	广州	广州鸡鹅鸭业职工工会工人143名,要求资方同志堂加资。后当局调停,双方签订条件19项。	余启中:《广州劳资争议底分析》
1928年1月	各行业	广州	店员反对减薪的斗争;被裁店员要求补发工资的斗争。	中共广东省委扩大会议政治任务及工作方针决议案（1928年4月13日通过）
1928年1月	海味	广州	广州时记海味店年终被开除工人要求资方补回所欠工资。后当局判令资方照补。	余启中:《广州劳资争议底分析》
1928年1月	各行业	广州	广东省当局不顾工人反对,继续施行年初二资方可自由解雇工人之法令,以致有大批店员工人被解雇而失业。工人为此被迫继续进行反抗斗争。	《广州民国日报》1928年1月27日
1929年初	店员	汕头	汕头店员因反对资方年关裁员而酝酿斗争。	《广东省委给中央的报告》（C字22号）,1929年3月22日
1929年7月初	榨油	广州	广州油榨行各店卖货时,有征收出店费每埕半毫、将此收入归店中工人支配之规例。一向相安无事。但当年6月间,资方却拒绝分给管理机器之工人。机器工会向当局申诉。资方却反告机器工会"强抽店佣金"。后民政厅召集双方调解,判令仍照旧发给工人。	《广州民国日报》1929年7月8日
1931年12月31日	旅业	广州	广州旅业工人通信社代表800名工人要求旅店企业公会将一小账拨1/3为工会经费。后经民政厅判令拨2%为工会会费。	余启中:《广州劳资争议底分析》

　　大致来讲,店员工会主导的经济斗争,集中于缩短工作时间、增加工资、改善待遇等。关于缩短工作时间,上海店员总会委员会提议:每日工作时间,以8小时至12小时为限;每星期休息1天,例假仍旧,工作时间外,店主

或经理不得干涉店员一切自由①。湖北全省总工会与汉口商民协会达成的决议为：每日工作时间，原在 11 小时者照旧，如在 11 小时以上者，一律改为 11 小时。若营业有延长之必要时，可规定店员轮班工作。在工作时间内，店员不得自由离店。如有要事，须经店东或管事之许可。在工作时间外，店东不得限制②。上海市政府颁行的《上海市工商业店员待遇通则》限定：成年店员每日实在工作时间以 10 小时为原则，但因地方情形或工作性质得延长至 12 小时，惟须详叙理由呈报社会局，未满 16 岁之幼年店员或学徒每日工作时间以 8 小时为原则；凡店员继续工作满 1 年者应准每年给特别假 7 日，满 5 年者 10 日，满 10 年者 14 日，工资照给。女店员分娩前后，应酌给假 4 星期至 6 星期，工资照给。假期内须店员照常工作者，该日工资须加倍付给③。

　　关于"提高工资待遇"，上海店员总会委员会提议，店员薪水以 15 元为最低限度④。上海米业职工会要求店员薪水 16 元以上者加二成，12 元以上者加四成，8 元以上者加六成，5 元以上者加八成，5 元以下，加一倍为最低薪率。每年加薪一次，至少加洋 2 元。职员学徒，应一律发给月规每月洋 1 元。凡职员堆上米石，以及握筛动作，应得操劳费每石洋 2 分（以号中统年数核算，照各职员薪俸分派）。店中每年盈余项下，搬出 3/10 为职员红利，以薪水比例分配之⑤。上海茶食业工友联合会要求工友薪水每月在 5 元以内者一律加 10 元，5 元以外未满 10 元者加七成，10 元以外未满 15 元者加五成，15 元以外未满 20 元者加三成，20 元以外一律加二成。工友全年工资应按 14 个月计算（8 月、12 月应双薪）。工友学徒应一律发给月规每月 10 元。经双方协商，工友月薪未满 6 元者一律增加 2 元，6 元以上至 10 元者加三成，10 元以上者增加两成。学徒等月规一律每月发给钱 2000 文⑥。上海裘业职工会要求月薪最低 20 元，须以 16 个月计算，月规大小一律 1.5 元。职工在店满 5 年者另加薪工 1 年，余类推⑦。上海饭业工会要求工资 5 元以下加倍，5 元以上加八成，10 元以上加五成。学徒在第一年每月 1 元，第二年每月 2 元，第三年每月 3 元，三年满师，每月 5 元，工作照算。每年盈利

① 《店员总会委员会纪》，《申报》1926 年 12 月 26 日。
② 《工商联席会议议决案》，《汉口民国日报》1927 年 5 月 24 日。
③ 《上海市工商业店员待遇通则》，民国二十年二月二十九日上海市政府公布。实业部劳动年鉴编纂委员会：《二十一年中国劳动年鉴》，1933 年，第 127 页。
④ 《店员总会委员会纪》，《申报》1926 年 12 月 26 日。
⑤ 《上海米业职工会要求》，《申报》1927 年 1 月 21 日。
⑥ 《上海茶食业工友联合会要求》，《申报》1927 年 1 月 19 日。
⑦ 王清彬等编：《第一次中国劳动年鉴》，北平社会调查部，1928 年，第 428 页。

工友得分派二成为花红。红白喜事及患病时,工资须照付,不负叫替工之责,每逢年终须发双工一月。杭州磁业店员联合工会要求薪水加4/10,店主允加二成,每年按14个月计算①。武汉店员工会的加薪斗争,具体结果可见表4-3:

表4-3 武汉店员加薪争斗统计表②

业 别	条件未解决以前的薪支(元)						条件解决以后的薪支(元)						学生制(年)	
	店员		司务		学生		店 员		司务		学 生		从前	现在
	高	低	高	低	高	低	高	低	高	低	高	低		
杂货	10	4	13				18	14			8	1	3	4
烛业	7.5	4	4.5	3			18.5	7					3	
糕饼	8	5	4.5	3			20	13					3	
酱园	6	3.5	4.5	3			18	14			13	12	3	4
绍酒	30	14	4.5	3			22	14	11		10	1	3	4
油业	50	14	4.5	3.0			14以上	14以上	11		8		3	4
绸缎绒呢洋货	28	8	6	6			41	24以下			7	2	3	
布业	30	3	10	3				22			12		3	4
麻夏	40	1	5	1			20	5		4	6	1	3	
纱业	30	1	7	2			50	23		10	11.5	3	3	4
铁业	38	1	8	4			48	3			17	1	3	
煤油、火柴、粉面、香烟	10	2	4	2	10	3	26	12	10	8	3	1		3
衣业	20	3	4	1	10	6	照原薪加	一分至五						
典业	18	8	8	6	2	1	15	每级减五角			3	每级减二角		
煤业	7	3	4	2	15	3	72	14			3	1		2
钱业	40	3	8	7	20	2		16		8	7	3		
报关	20	15	25	1	5	1.5	50	8	2		6	2		

① 王清彬等编:《第一次中国劳动年鉴》,北平社会调查部,1928年,第429页。
② 《武汉店员总工会报告》(1927年6月),武汉市地方志编纂委员会编:《武汉国民政府史料》,第137页。

(续表)

业　别	条件未解决以前的薪支(元)						条件解决以后的薪支(元)						学生制(年)	
	店员		司务		学生		店　员		司务		学　生		从前	现在
	高	低	高	低	高	低	高	低	高	低	高	低		
颜料洋货	15	4	3	2	5		40	16	12	10	6	1		4
瓷业	15	3	4	2			26	10						3
皮料	10	5	5	3			30	13			5	1.5		3
丝线	8	3	4	2			12	10			3	1		
玻璃	10	2	3	2			8				15	5		4
金银	30	6	6	3	10	3	39	22			22	3	3	6
五金	25	6	10	6	20	3	32	18	15	11	6	1	3	3
铜业	15	2	5	3			26	19			19	1		
饮片	20	5	5	4	3		22	8			12	1	3	3
参业	30	8	9	7	3		42	20						
拆药	20	4	14	3.5		2	44	12			10	6	3	5
西药	17	4	35	2			33	8			4	1	3	4
京苏洋货杂货	14	2	5	2	3	2	40	16			16	1	3	5
海味糖食	50	5	5	3			33	10			7	1	3	4
泰西食物	30	5	12	5			31.2	8		12	4	2	3	
茶业	8	2	3	2			30	10			6	1	3	4
水土果	10	4					30	14		11	25		3	3
硝矿生杂皮	8	3	3	2			17	5			4	5	3	3
书业	40	4	6	2	3	2	60	24	按原薪加倍		24	4	3	3
中外纸业	30	2	4	1.5			20	16			12	1	3	3
茶食	20	3	7	3			45	8			6	2	3	6
皮业	20	4	10	3			30	13			5	1.5	3	3

　　关于改善工作条件。武汉店员工会与资方达成协议:店家须在夏季设置电扇和风扇,冬季须设置火炉或火盆;夏季为店员提供汗衫一件,毛巾一条,并备置经常救济药品;每月朔望两日,店家须备办较优之肴馔,慰问店

员;店中至夏季,须备置经常救济药品①。

但是,店员工会主导的加薪运动存在着过激行为,"三四家设一工会店员支部,费用要店东负担,稍有异言或怨词,童子军、纠察队即刻上门,店东谁敢归店?""所谓'店员工会成立,停止营业一天'的标语,几无店无之,故千百成群,整队游行者,日必数起"②。赣州店员工会提出的加薪条件,"收入增长实不止10倍":凡本会会员每日工作时间应自上午9时起至下午5时止,休息时间店主不得过问;休假当与各机关同,春节并应放假半月;每年还应准假3个月以探亲,外省店员则应准假4个月,最长者可达5个月,店员不愿回家者,此期间工资还应照原工资加倍发放;在店供职满一年者还应分享该店全年利润2/10的分红;另凡本会会员月薪还应增加3~4倍,即原有薪水不足20元者应加至120元,不足30元者加至140元,不足40元者加至160元等③。

部分店员工会甚至对店主进行人身侮辱,"石湾店员工会负责人李开梅组织工会会员与资本家进行斗争,派遣工人纠察队把龙某(该地富商)抓来戴高帽子游行,责令他答应三个条件:工人每天劳动减为八小时;从此不准任意解雇工人;不准任意抬高物价"④。店员运动较为激烈的武汉市,"幼稚之病潜然不自觉而发生,忽视国民革命整个之前途,更忽视□□□之同盟者。如农工团体每昧于社会经济之观察,常对雇主提过度之要求,甚或以武装纠察封闭厂店,强行雇主行不可能之条件,遂使工商业者以为本身处于政府保护之外,财产、身体□失自由,不独以国民革命非为人民谋利益,反以国民革命为害人民之安全"⑤。尤其是"用人之不能自由","店员有店员工会之保障,万难任意辞退"⑥,"营业即甚萧条,又须被动的勉强添员,店员有不遵守规矩及怠工情事,又恐担受资本家名义,不能随时告试,缘以往荐举店员全赖口头信用,现在店员无所拘束"⑦。对于行将倒闭的店铺,"店员不允

① 《工商联席会议决案》,《汉口民国日报》1927年5月24日。
② 《汉口工会运动之写真》,天津《大公报》1926年12月1日。
③ 《赣州洋货绸缎布疋店员工会章程及决议案(1926年11月8日)》,台北中国国民党党史馆档案,档号:汉11361。
④ 欧启宗:《大革命时期衡东工运概况》,《衡东文史》第3辑,1987年,第66~67页。
⑤ 《中国国民党湖北省执行委员会训令》第162号,1927年5月20日,中国国民党党史馆档案,档号:汉12857。1927年5月18日召开的中执会政治委员会第22次会议,对这些调和店员与店主冲突的规定曾进行过讨论修改,有关具体情况见中国第二历史档案馆编:《中国国民党第一、二次全国代表大会会议史料》(下),第1174~1179页。
⑥ 《中央商民部代理部长经亨颐致中执会》,1927年6月27日,台北中国国民党党史馆档案,档号:类484/251。
⑦ 《中央商民部报告:向汉口市总商会调查》,1927年6月23日,台北中国国民党党史馆档案,档号:类484/251。

倒闭,店东失却营业管理权,更不能增加店员工作时间,如每七点钟开门之议,至今仍难执行,而且店员尚又有要求加薪者。……因此店东方面,决定本钱赔完破产为止,不复他想矣"①。"现在工人也不能辞,店也不能关,只有坐吃山空,同归于尽一条路了。"②即便是"压制群众运动"的北洋政府控制下的北京市,店员运动同样出现过激行为,"要么店主关门大吉,要么是店员说服雇主允许他们组织店员工会,要么就换由他们来接管"③。

鉴于此,上海店员联合会要求加资以店东经济能力为限度。其详细数目,由各业店员店东,随时合议定之。唯每次加资最高限度,不得超过原薪80%(6元以内者不在此限)。营业账目公开,有余利时,年终店员得分红利。国民党中执会亦训令"制止工人及店员之过度要求,并禁止其干涉厂店中之管理。另由总工会与商民协会组织特种委员会,审查工人店员之过度要求,并加以相当制限"④。

部分地区企望对店员的加薪数额议决一标准供劳资双方遵守。汉口劳资争议仲裁委员会议决:店员薪水5元以内者加八成至一倍,10元以内者加六成至八成,15元以内者加四成至五成,20元以内者加三成至四成,30元以内者加二成至三成,30元以上者酌量自由增加⑤。杭州临时劳资仲裁委员会规定店员月薪,除供给膳宿外,以6元为最低限度。原有月薪在6元以上9元以下者,各加5元,原有月薪在10元以上20元以下者,各加4元,原有月薪在20元以上30元以下者,各加3元,原有月薪在30元以上40元以下者,各加2元。自1928年起,每年加薪额每月以0.5元或1元计算,增至月薪50元者,得酌量行之。对于练习生,第一年每月津贴2元,二年月贴3元,三年月贴4元⑥。

需要特别指出的是,店员工会的经济诉求并非只有激进罢工一途,"劳资合作、互为体谅"的加薪方式亦为历史常态。南昌店员工会的加薪诉求即"合诸现时生活程度,极为相宜","伙友明知店主吃亏太甚,故要求加薪之条件,使店主看到,亦为之泪下","今所要求者乃极细微,所以店主均以极乐

---

① 《中央商民部报告:向武昌总商会调查》,1927年6月24日,台北中国国民党党史馆档案,档号:类484/251。

② 王兆龙:《关于汉口印染花布商之调查报告》,台北中国国民党党史馆档案,档号:类484/251。

③ 许纪霖主编:《公共空间中的知识分子》,第125页。

④ 《中国国民党湖北省执行委员会训令》第162号,1927年5月20日,台北中国国民党党史馆档案,档号:汉12857。

⑤ 《解决湖北劳资问题临时委员会第一次会议》,《沪商》1926年12月7日。

⑥ 王清彬等编:《第一次中国劳动年鉴》,北平社会调查部,1928年,第1415页。

意态度而容纳之"。在南昌市钱业店员工会看来,"本业店主十有七八不能恢复,今再加以最苛之加工条件,是直自杀。如营业果佳,徐图加薪,双方均感便利,更可得到实际上之利益"。其他各业"因店主之应付得法,及各工人之自有觉悟,均未被卷入旋涡,此实商业前途之幸福"①。

第四节 店员工会的法律定位与劳资纠纷处理

国民革命运动兴起后,国民党主张"制定劳动法,以保障工人之组织自由及罢工自由,并取缔雇工过甚之剥削,特别注意女工、童工之保护"②。鉴于"现在各处工会的组织",大多"组织不健全,且执行委员多落在自私(自)利的工头手里,不能代表工人阶级的利益",国民党各级工人部致力于"改组各工会执行委员,取缔工头,按期开小组与干事会"③。同时,修订工会章程,建立"以团结工人、图谋工人福利为宗旨"的工会团体:关于会员对雇主争执及冲突事件,"得对于当事者发表并征集意见,或指导会员作一致之行动,或与雇主之代表开联席会议执行仲裁,或请求主管行政官厅派员调查及仲裁";对于有关工业或劳动法规之制定、修改、废止等事项,得陈述意见于行政官厅、法院、并呈(答)行政官厅、法院之咨询④。店员工会作为"各县总工会统一之下的常设机构","适用于新工会条例"⑤。

南京国民政府建立后,开始系统进行社会团体立法,对原有社会团体法进行修改。国民党二届五中全会及国民党第三次全国代表大会,从制度层面改变和调整了国民革命时期国民党民众运动的指导方针,从而完成了"国民党不要民众"的立法过程⑥。其实,国民党并非不要民众,而是要重新建立"党群"关系,由过去的重动员、破坏改为重引导、建设。因此,在裁撤五部后,国民党、南京国民政府先后制定和颁布了《国民党中央民众训练计划大纲》、《训政时期民众训练方案》、《人民团体组织方案》、《修正人民团体组织方案》等法规,对人民团体的组织原则、组织程序、训练计划以及与国民党、

---

① 《赣垣工潮起伏概况》,天津《大公报》1927年2月14日。
② 《中国国民党历次会议宣言决议案汇编》,浙江省中共党史学会1985年编印,第156页。
③ 国民党江西省党部工人部:《全省工人运动报告书纲要》,1927年1月6日国民党江西第三次全省代表大会通过。
④ 《湖南全省总工会章程》,《湖南工人》创刊号,1926年11月25日。
⑤ 《建设厅颁布新工会条例》,长沙《大公报》1926年7月30日。
⑥ 王奇生:《党员、党权与党争:1924~1949年中国国民党的组织形态》,第104页。

国民政府之关系均做了明确规定,力图建立党治体系下的人民团体体系,以巩固其社会基础。

根据《人民团体组织方案》、《修正人民团体组织方案》的界定,人民团体分为"职业团体和社会团体两种",店员工会属于职业团体,可组建工会—分业工会联合会—某业产业工会、职业公会—会员的层级机构。在法律适用上,店员工会既适用于工会法,又要受到普遍性社会团体法规的约束。

在法律定位上,店员工会属于"保障工人利益"的群体结社,开展以店主为对象的经济斗争是其应有之义。但是,店员经济诉求的过分彰显导致"店东逃匿,商店倒闭,因而店员失业,两败俱伤"①的被动局面,调解店员店东间的劳资争议因而成为国民党各级组织的重要工作内容。

为了"一方面拥护工人利益,一方面顾及企业家前途"②,国民党中央与武汉国民政府要求"本党中央各省联席会议"设劳资仲裁会、"中央、省、市三级工人部"组织工人运动委员会,负责办理"劳资争执",调节原则"务求满足工人之正当要求,特别注重适合之工资"③。同时,着手纠正店员经济斗争中的过火行为,"制定劳资仲裁条例,由劳工部及各省政府组织劳资仲裁机关,解决工人、厂主间及店主间之各种冲突;制定劳动法,对工厂、商店规定工作时间,并按当地生活情形,规定工资之数目及工人之养老金暨各种劳动保险;制止工人及店员之过度要求,并禁止其干涉厂店中之管理,另由总工会与商民协会组织特种委员会,审查工人、店员之要求条件并加以相当限制;工会或纠察队对于店主或厂主,有恐吓罚款及擅自逮捕或用其他压迫方式者,一律严禁。劳资双方有痛苦者,须陈诉于仲裁机关解决之"。并强调,"该决议为本党巩固国民革命同盟战线之政策,凡属本党党员应明了本党之主张,并以不迟疑之态度执行上项之决议。如有违反及不努力执行者,各级党部应加以严厉之制裁。各级党部不能领导民众服从上项之决议,中央并予以相当之惩戒。凡我同志务各体念中国国民革命之前途,努力奉行之"④。

根据上述指令,湖北省政治委员会出面筹设成立包括省党部商民部、工人部、商民协会、总商会、总工会的劳资仲裁委员会。"凡劳资争议均需由其

① 《中央商人部告店友书》,《申报》1927 年 11 月 2 日。
② 《武汉工潮杂讯》,《申报》1926 年 12 月 5 日。
③ 《刘尔崧在中国国民党广东省第二次全省代表大会上的报告,1926 年 12 月》,《刘尔崧研究史料》,第 187 页。
④ 《中国国民党湖北省执行委员会训令》第 162 号,1927 年 5 月 20 日,台北中国国民党党史馆档案,档号:汉 12857。

作最后决定,厂主店东不得随意停业,工人不得随意罢工,最低工资、工作时间等问题亦作了相应的规定"①。援引此例,湖北省其他县市也设立了类似机构。新堤市党部召集各团体联席会议,筹备劳资仲裁委员会,选举9名筹备委员,"现在因店员要求加薪,与老板发生无数的冲突,本会为巩固联合战线计,为促成国民革命计,所以才组织这个劳资仲裁委员会,排解双方的纠纷"②。1927年2月,汉口特别市党部会同总政治部、全省总工会、商民协会组织"工商纠纷委员会","凡各工商属于辞就问题发生纠纷不能解决者得提交该会解决"③:店员要求改良待遇,先由店员分会将条件拟定,提至店员总工会审阅,再转全省总工会核准,然后由该分会向店东方面"商协"分会提出要求,再由总商协及店员总工会召集双方谈判,若至决裂,则提交"工商纠纷委员会"听候解决④。

1927年5月,湖北省总工会、汉口特别市商民协会、汉口特别市店员总工会联合组织"工商俱乐部",设置仲裁机关,"解决工商纠纷案件甚多"。1927年6月20日至26日一周时间内,受理相关案件达38件,其中"逐日谈判有结果者共十六件",包括烟业工会纠纷案、谦益祥药店店员纠纷案、裕生袜厂纠纷案、永明日记电池厂华中电池厂歇业案、润和祥定号拒绝补充店员案、大生祥店员纠纷案、李恒祥袜厂歇业案、汉华公司与工友纠纷案、广生行摧残工友案等,具体涉及工会纠纷、店员纠纷、工友纠纷、歇业纠纷、补充店员纠纷以及其他方面的许多内容。"召集谈判无结果,或一方未到,延迟不能谈判者,共有二十二件"⑤。能够及时解决将近一半的纠纷案,店员工会参与组织的工商俱乐部的成绩也算相当可观了。

当然,工商联席会议及工商俱乐部,并不能从根本上消除店员与店主之间的矛盾与冲突。武昌商民协会对其中缘由有着详细剖析:对于工商联席决议案,认为较前改良,惟店员尚有额外添补情事,殊难得适当解决。如乡人黎明入城买物,平常六点即可回家,现在因油盐米店开门较晚,必须久待方能购物。尤以药店遇有急病需购药,以往可随时扣门,现在以时间限制,致买主不能如意。又经济权、行政权归之店员,而经理不能问事,但与之往来交易之商店,又时时表示不信任店员,对于店员主事之商店,拒绝赊借,于

① 曾成贵:《第一次大革命时期的工人运动》(1924.1~1927.7),广州:广东人民出版社,1998年,第345页。
② 《新提筹备劳资仲裁会》,《汉口民国日报》1927年1月23日。
③ 《解决工商纠纷委员会启事》,《汉口民国日报》1927年2月8号。
④ 周从孟:《武汉店员现状调查表》(1927年5月),台北中国国民党党史馆档案,部12535。
⑤ 《工商俱乐部之一周》,《汉口民国日报》1927年6月2日。

是店员认为此为经理之怂恿,更生恶感矣。至于待遇一节,武汉商店在十数年前店员亦可分红,工薪则随生活程度之增涨而增加,不过终有阶级,即以店员之任务与能力,分薪金为三级。现在店员改为一律,于是任务较重、能力较大者,亦遂不复努力。又如同行商店,武汉两地情景迥殊,在汉商务繁荣,譬如每一店员每日可卖六十元,在武昌因商务相差太远,每日店员不过总共卖得六十元,若两地店员薪金一律,在武昌商店实难负担也①。

并且,工商联席会议达成的各项决议案,工会下层会员仍时有不遵守行为,"少数店员支部管理店中流水,至于维持门市须由店东自己向外借钱,且店东因本钱逐减亏折不能活动,而店员犹不允店东以店中存款对外还债,于是店东至(只)有率性一走了事者矣"②。在武汉市,店员工会逮捕商人的现象也仍有发生,以至于市政府不得不再发布告,"自兹以后,如有商人发现店员错误者,得随时报告于本政府,立予严办,决不姑宽。店员及童子团之间,须相互告诫,切实遵守联合决议,不得故犯……所有关于工商一切纠纷,一经武汉工商俱乐部解决,无论团体或个人,不得采取直接行动"③。

其实,国民党始终认定店员店主间的劳资争执"事实上不能避免","如店员受雇,多以一年计算,如要求加薪只得一年利益,下年东家必另雇贱价之店员,往往因此失业,故店员更不愿加薪,而要求扣佣出店下栏等收入。但东家方面,又以为容易影响营业,多数拒绝。因此又不免冲突。至工人因保障职业,或救济失业工人,多要求东家做(用)人须由工会介绍,而东家方面,则多欲自由选择,拒绝受工会要求,故又发生争执"④。"勉力而为"的劳资仲裁活动"虽零零碎碎的解决了些纠纷案,但根本的工作尚未有做到"⑤,店员店主间的劳资纠纷并未有效解决。考虑到劳资纠纷、商业萧条的诱因均为"店员运动的过激行为",取缔店员工会成了国民党解决劳资争议的"釜底之策"。

① 《中央商民部报告:向武昌总商会调查》,1927年6月24日,台北中国国民党党史馆档案,档号:类484/251。
② 《中央商民部报告:向汉口市总商民协会调查》,1927年6月24日,台北中国国民党党史馆档案,档号:类484/251。
③ 《市政府布告》,《汉口民国日报》1927年6月12日。
④ 《刘尔崧在中国国民党广东省第二次全省代表大会上的报告,1926年12月》,《刘尔崧研究史料》,第186页。
⑤ 同上,第187~188页。

第五章　观念引导与追求自主——
店员工会主办期刊介绍

通过机关刊物宣传政治主张和理论思想、维护自身利益，是近代社团组织的常态活动。店员工会成立后，积极出版"刊物"、"报纸"等媒介以动员店员群体、彰显工会诉求。考察店员工会主办的报刊媒介的内容、影响力，可以透视店员工会训导店员的努力、方向及其成效，在此基础上解读精英分子的价值观念引导与普通民众接受的关系。

第一节　店员工会主办刊物概况

近代中国，报刊与政党及利益集团有着错综复杂的关系，其呈现的媒介镜像其实是政治派系意义上的主观"意见"，"意见"背后是政党、政客引领社会舆论的主流或潜在的价值导向。以领导工人运动为中心工作的中国共产党，自成立之日起就在北京、上海、广州、武汉、长沙等地陆续创办了一批工人报刊，如《劳动界》、《劳动音》、《劳动者》、《中国工人》月刊、《劳动周刊》、《工人周刊》、《劳工周刊》等。店员作为"劳动阶级"，是中共主办的工人报刊的重要"宣传、教育"对象。

改组后的中国国民党亦尤为重视宣传，"中国国民党立各项言论机关之宜速遍设也"，针对工人的"言论机关"，由中央工人部"拟办《工人周刊》"，并编印工人运动宣传大纲、工运人员宣传活动办法及其规则、工运宣传品等①。国民党各级组织创办的工人报刊，人数众多的店员群体是其重要涵盖对象。1927 年 4 月底创刊、国民党罗田县党部监察委员王

---

① 《中央工人部六、七月工作报告》，台北中国国民党党史馆档案，档号：部 10806。

国楠主编的《工人报》,主要读者对象即为店员工会、铁业工会、木业工会、缝业工会会员,"八开两张石印报纸,一般每周一期,有时两日或三日一期,每期发行 400 份左右"①。具体内容是抗租抗税、破除迷信、禁烟禁赌、劳工神圣、婚姻自由、剪辫放足、工人的地位及作用和各地工人运动消息等。

具有官方背景的各级总工会,"组织职业教育、通俗教育、劳工教育、讲演班、研究所、图书馆、俱乐部及其他定期不定期之出版物"是其重要职责②。截至 1927 年 6 月,湖北省总工会已"发行定期刊物 10 余期、成本刊物 10 余种、单张刊物 20 余种"。为进一步强化针对工人的宣传教育,湖北省总工会宣传委员会决定"将《工人导报》定名《工人日报》,改为日刊,每期出一万份,并增加新鲜材料,以引起社会上人之注意,日按一发行,以应社会上需要"③,"决定《工人日报》于十二日出版"④。《工人日报》出版后,积极参与湖北省总工会的宣传工作,致力于工人运动合法性的塑造,第四次劳动大会在汉口召开时,湖北省总工会决定"《工人日报》为第四次劳动大会出增刊一万份"⑤。"属劳动性质"的店员群体,是总工会刊物设想的"当然读者群体"。

店员工会成立后,致力于"出版刊物,创办补习学校,及图书馆"⑥,"出版报纸及一切文化教育事项"⑦。以店员为主的上海工商友谊会即积极创办《伙友》周刊,"诉说伙友们现在的苦恼及研究伙友们将来的职务"⑧。武汉店员总工会成立后,编辑发行《店员之友》、《每日通讯》,以传播现代工商知识、服务理念及工会的各项规章制度、法令通知等。

《伙友》周刊创刊于 1920 年 10 月 10 日,使用民国纪年,每周日出版(除第八册),每册 16 页,开本 32 开,印 4000 份,采用竖排右翻的古籍装订形式。现在看到的有第一册至第十一册(缺第五册),停刊后曾改为《伙友

① 罗田县地方志编纂委员会编:《罗田县志》,北京:中华书局,1998 年,第 610 页。
② 《湖北全省总工会章程》,《湖南工人》创刊号,1926 年 11 月 25 日。
③ 《湖北全省总工会扩大宣传工作》,《汉口民国日报》1927 年 6 月 9 日。
④ 《湖北全省总工会报告(1927 年 6 月 10 日)》,台北中国国民党党史馆档案,档号:汉 13148。
⑤ 《湖北全省总工会报告(1927 年 6 月 19 日)》,台北中国国民党党史馆档案,档号:汉 13155。
⑥ 《广州市店员工会章程》,陈友琴:《工会组织法及工商纠纷条例》,上海民智书局,1927 年,第 12 页。
⑦ 《陕甘宁边区店员手艺工人工会章程》,陕西省总工会工运史研究室选编:《陕甘宁边区工人运动史料选编》上册,北京:工人出版社,1988 年,第 215 页。
⑧ 陈独秀:《〈伙友〉发刊词》,《伙友》第 1 册,1920 年 10 月 10 日。

报》,不定期出版,现在只能看到第二册。《店员之友》创刊于 1926 年 12 月底,半月刊,出版时间、页码不定,以简报的形式发行,免费传阅,目前看到的只有前四期。《每日通讯》系武汉店员总工会印发的宣传油印件。上海各业店员工会也创办有店员期刊,具体梳理如表 5-1:

表 5-1 上海各区店员工会创办的刊物(1926 年 10 月 1 日)①

店员工会名称	刊物名称	定 期	份 数	备 注
商务职工会	职工	月刊	1000	
洋布职员公会	洋布职员公会会刊	半月刊	1500	
金银工会	金银工人	月刊	1000	1926 年 9 月份起停刊
南货职员公会	南货职员公会会刊	月刊	1000	

店员运动中,店员工会有时会创办临时期刊以为斗争手段。安庆绸布业店员工会筹备成立时,"突有坏人冒充店员纠察队(如叶华、芦炳忠等)携带手枪、木棍,从县学官内(即现时四中校址)跑步打进会场,当场打伤锦纶布号店员何甫卿、胡镜海等人,并带走几人(后经交涉释放),其余被打受有轻伤的很多"②。事件发生后,店员"一面挂起绸布业店员工会衔牌,一面积极工作,大量印发打倒资本家的各种标语和传单,分途张贴进行宣传"。同时,"编印《灿烂半月刊》,控诉资本家无耻的暴行,揭露资本家长期以来使用各种手段残酷剥削工人们的丑恶嘴脸,激发大家共同行动起来向资方作坚决的斗争"③。

抗战胜利后,以"团结同人,联络感情,砥砺品德,研究技术,提高知识水准,增进同人福利"为宗旨的同人联谊会纷纷成立,在此基础上向各地社会局申请建立工会组织,比如 1946 年 3 月 31 日成立的上海市三区百货业工会。店员再次取得"工会"的组织形式后,积极创办会刊、出版物。上海店员团体创办的报刊情况可见表 5-2:

① 《上海工委宋林关于最近五月来上海职工运动报告》,《上海革命历史文件汇集(中共上海区委宣传部组织部等文件)》(1925 年 8 月~1927 年 4 月),第 512 页。
② 郑曰仁口述,劳章记录:《中共庐江县地下党斗争情况的点滴回忆》,《安庆文史资料》第 5 辑,1983 年,第 51 页。
③ 佘世雄、杨大耆、江忠义:《一九二七年安庆绸布业店员工会被迫解散的经过》,《安庆文史资料》第 3 辑,1982 年,第 42 页。

表5-2　1945年10月～1949年5月上海店员
组织创办的报纸一览表①

报 名	出 版 单 位	出版年月	刊期
会报	新新公司同人联谊会编	1945年10月22日	周刊
上海电话公司简报	上海电话公司职工会组织科和宣传科编	1945年10月～1949年	双周刊
永安会讯	永安公司职工联谊会文化股编	1945年11月9日～1947年9月	周刊
会报	大新公司同人联谊会编	1945年	半月刊
加薪公报	三区百货业职工工会国货分会编	1946年1月中旬	不详
联合导报	永安、先施、新新、大新、中国国货等9公司合办	1946年1月26日	不详
四一会刊	盐业、金城、中南、大陆银行暨四行储蓄同人会学术部编	1946年5月10日～1948年3月20日	月刊
药联	新药业同人联谊会出版部编印	1946年5月30日	不详
会讯	三区百货业先施分会文化股出版	1946年6月	半月刊
西服工人	西服业职业工会编辑	1946年8月5日	月刊
百货职工通讯	三区百货业职工工会文化委员会编	1947年6月14日～9月25日	不详
会讯	万国药房职工联谊会研究股编	1947年9月25日～1949年	半月刊
百职会报	三区百货业职工工会编	1947年10月24日	周刊
福利快报	三区百货业职工工会文化委员会编	1947年	不详
剧艺	三区百货业职工工会国货分会娱乐股编	1947年	不详
衣讯	益友社衣着业干事会编	1948年3月7日	旬刊
医药联	益友社医药业干事会编	1948年3月18日～1949年4月15日	不定期
快报	百货业职工工会大新分会文化组编	1948年4～5月	日刊
快讯	大昌祥绸缎局同人编	1948年4月	不详

---

① 《上海工运志》编纂委员会:《上海工运志》,上海社会科学院出版社,1997年,第327～329、339～340页。

（续表）

报　名	出　版　单　位	出版年月	刊期
女友	益友社女友干事会编	1948 年 5 月 31 日～1949 年	月刊
会讯	大昌祥绸缎局同人福利会编	1948 年 6 月 1 日	不详
酱讯	益友社酱业干事会编	1948 年 6 月 4 日	不定期
康乐特讯	百货业职工工会大新分会康乐组编	1948 年 7 月 17 日	周刊
百货通讯	百货业职工工会干事会编	1948 年 8 月 31 日	不详
酒菜职工	酒菜业职工工会文化委员会出版	1948 年 10 月	月刊
联讯快报	四行二局员工联谊会编	1948 年	不详
应变会报	中国国货同人应变服务团编	1949 年 3 月 7 日～1949 年 7 月	不详
求生导报	中国国货同人求生存渡难关宣传组编	1949 年 3 月 27 日	不详
医药联快报	益友社医药业干事会编	1949 年	不详
永联半月刊	永安公司职工联谊会文化股出版组编	1945 年 10 月～1947 年 9 月 15 日	半月刊
医联	上海基督教女青年会协同医药界同人联谊会编	1945 年 11 月 1 日～1947 年 2 月 15 日	月刊
国货公司会讯	中国国货公司同人联谊会文化股和百货业职工工会国货第五分会文化股出版	1945 年 11 月 5 日～1949 年 5 月	半月刊
会刊	中国国货公司工人联谊会出版组编	1945 年 12 月 1 日	不详
新地	三区百货业职工工会大新分会文化股编	1946 年 1 月 18 日	不详
垦地月刊	大新公司同人联谊会文化股编	1946 年 1 月 20 日	月刊
热流月刊	先施公司同人联谊会文化股编	1946 年 1 月	月刊
垦荒	三区百货业职工工会国货分会编	1946 年 3 月	双周刊
衣联月刊	衣着业同人联谊社学术部编	1946 年 4 月 15 日	月刊
学习线	三区百货业职工工会国货第五分会文化股编	1947 年 1 月	双周刊
百职艺综	百货业职工工会文化委员会美术学习班编	1947 年 3 月 12 日	不详

（续表）

报　　名	出 版 单 位	出版年月	刊期
南职月刊	南货业职工工会宣传出版股编	1947 年 5 月 1 日	不详
照相一月	益友社照相业干事会编	1948 年 2 月 6 日～ 1949 年春	月刊
生活之音	百货业职工工会国货分会文化股编	1948 年 2 月 9 日	月刊
习作月刊	中国国货公司职工学习组编	1949 年 1 月 15 日～ 5 月	月刊
星火	三区百货业职工工会国货分会文化 股学术组编	1949 年 3 月 15 日	不详

第二节　店员工会主办刊物内容介绍

《伙友》周刊形式活泼、体例多样,内容"分言论、小说、批评、调查、通讯、介绍、纪事、闲谈云"[①]。翻检各册发现,《伙友》每期栏目多少不等,最多的是第九册,有 9 个,最少的是第一、七册,仅 6 个,11 册共设有 73 个栏目,具体情况统计如表 5 - 3:

表 5 - 3　《伙友》栏目统计表

册　　数	栏目数	栏 目 名 称
第一册	6	评论、调查、闲谈、小说、讨论、本刊启事。
第二册	7	评论、调查、闲谈、小说、诗歌、通讯、本刊启事。
第三册	8	评论、调查、闲谈、小说、诗歌、讨论、通讯、本刊启事。
第四册	7	评论、闲谈、调查、讨论、随感录、通讯、本刊启事。
第六册	7	评论、调查、小说、随感录、通讯、介绍(广告)、本刊启事。
第七册	6	评论、调查、讨论、小说、闲谈、随感录。
第八册	8	评论、讨论、调查、小说、诗歌、随感录、通讯、本刊启事。
第九册	9	评论、讨论、调查、诗歌、小说、闲谈、随感录、通讯、本刊启事。
第十册	7	评论、讨论、调查、常识、诗歌、小说、随感录。
第十一册	8	评论、讨论、调查、小说、诗歌、闲谈、随感录、本刊启事。

---

① 《上海工商友谊会与新青年社合办上海〈伙友〉》,上海《民国日报》1920 年 9 月 30 日。

评论、调查、小说是《伙友》的"论著"部分，每期都有，着重揭露"资本家的压迫、剥削"及店员的悲惨处境：工作时间长，薪金待遇低，"每天办事12个小时"①，"伙友所得的报酬，倘然和所输出的汗血在天平上秤一下子，不是我们说一句过甚的话，恐怕真有十与一的比较"②，号召店员全国大联合，消灭资本家及罪恶的资本主义制度。

闲谈、讨论、随感录侧重于店员自身陋习的反省：如论态度恶劣，顾客进店仍旧"拱手、谈天、玩笑、摇扇、吃食、趴卧"；不愿意做小生意，"我代朋友买纽扣两颗，某洋广杂货店，挂着照样的纽扣许多，三十岁左右的店伙问我买几颗，听说两颗生意买不来"③。又如论以貌取人，对于生的漂亮、穿得体面的女子，便特别殷勤，虽被他骂几声"死人"、"杀千刀"，也喜形于色④，而对于衣衫褴褛、面黄肌瘦的男女不愿和颜相待，"讨厌讨厌，这种阿木林，也来买物，有玷我们的店堂不打紧，打断我们的话头，真真可恶"。再如论痛苦是不力行的结果，"伙友受资本家的束缚，十分之三的人是咎由自取"⑤。

通讯是刊物与读者交流、互动的平台。《抱小孩是不是学徒应该做的?》《无理底干涉》在抨击店主、经理的同时，反映了"伙友是最大"的办刊立场。《看新出版物的痛苦》《伙友解放危险底讨论》《女工为什么不能入会》驳斥"八小时工作、八小时学习、八小时休息制度在中国行不通"的说法的同时，注重店员"解放"的路径引导，"不可怪新型出版物，要怪社会那班造恶的人"⑥。

《店员之友》《每日通讯》以简报、油印件的形式发行，内容大体包括消息(经济动态)、店员工会内部事务、劳资纠纷等。消息(经济动态)主要报道当地的货币、粮食、油盐、煤等市场行情。例如：货币方面，"因京汉车通，洋货匹头销路大增，但洋行购物须现金，隔于经济政策，洋行谓铜元亦可，但彼将铜元收进即不付出，于七日市面似感缺乏铜元之苦"⑦。粮食方面，"老官庙于六日早晨有些米店无米应市，但七日即有由九江到汉之米七千石，内有四千石停泊于集家嘴。又由粤汉铁路运到军米千余石，又有武昌商协与农协向蕲州所购之米五千石，亦于七日到了三千石。又元成号亦于是日买

---

① 劳民：《商店的工作时间》，《伙友》第1册，1920年10月10日。
② 谷剑尘：《工商伙友同病相怜》，《伙友》第3册，1920年10月24日。
③ 周品藻：《什么买不来?》，《伙友》第4册，1920年10月31日。
④ 童理璋：《问自伤人格的伙友》，《伙友》第11册，1921年1月16日。
⑤ 王剑豪：《新商人怎样做起》，《伙友》第1册，1920年10月10日。
⑥ 《看新出版物的痛苦》，《伙友》第8册，1920年12月26日。
⑦ 武汉店员总工会印发：《每日通讯(1927年6月8日)》，台北中国国民党党史馆档案，档号：汉13102。

了由湖南运到之谷三百石,又有由芜湖来米六千五百包(约七千石),观此武汉似不至(致)缺米。汉阳内外河粮食行现在只有三家营业,停止营业者二十余家①;"昨日只到米约二百石。今晨老官庙一带米店又有无米应市者。据云汉口每日约销米七千余石。今日由粤汉路到米约二百石之谱,但内有军米。土垱正街宝善米店今日由汉阳驳来江西米一百九十石,售价每升五百四十文,因他比别家公道,所以买者拥挤不堪,未到七个钟头就买(卖)完了。食米大起恐慌,多数米店无米卖"②。油盐煤等方面,"煤油一项昨今两日陡涨四十文一斤。盐缺乏,价涨较平时高八十文一斤。特别区三码头广懋公司有焦煤六百余吨,储而不卖"③。

店员工会的内部事务是《店员之友》、《每日通讯》的主要内容,诸如:本日上午宣传部付印通告一份(为本会举行救护伤兵运动周);宣传队总部通告,各宣传队于十二日起,分途宣传救护伤兵事(武昌、汉阳均在本会办事处集合,汉口轮流出发);派赴河南前敌之慰劳代表王云程等四人来函,报告北伐战事胜利,慰劳团因新镇铁路桥被奉军捣坏,全体代表步行至郑州,再作赴开封计;要武汉棉花业总工会轧花分会成立宣传队两小队;出版处开始整顿寄发刊物及卖书报的各项账目、技术工作要点等;组织部开部务会议,"一周之政法报告,讨论本部工作"④。

与《伙友》周刊相比,《店员之友》、《每日通讯》的内容较为呆板,风格沉闷。刊载内容多为国民政府的相关法令、店员工会的有关举措等。刊物与读者缺乏互动,不注重或不愿意关注普通店员的利益诉求,说教、指令的内容偏多。刊物的简报形式,类似于政府公报,"很多店员不愿意去看他"⑤。上海各业店员工会主办的刊物,内容均"未能十分完善"⑥。

战后职业工会创办的会刊,内容以店员斗争为主:先施分会出版的会刊——《会讯》,每周出版1期,遇有较大事情随时出版,共出版55期;永安分会创办的《永联》,系综合文艺性半月刊,内容有针对时局的评论、特写、杂

---

① 武汉店员总工会印发:《每日通讯(1927年6月8日)》,台北中国国民党党史馆档案,档号:汉13102。

② 武汉店员总工会印发:《每日通讯(1927年6月9日)》,台北中国国民党党史馆档案,档号:汉13104。

③ 同上。

④ 武汉店员总工会印发:《每日通讯(1927年6月10日)》,台北中国国民党党史馆档案,档号:汉13105。

⑤ 《武汉店员总工会向中国国民党中央执行委员会报告书(1927年6月)》,台北中国国民党党史馆档案,档号:部11375。

⑥ 《上海工委宋林关于最近五月来上海职工运动报告》,《上海革命历史文件汇集(中共上海区委宣传部组织部等文件)》(1925年8月～1927年4月),第512页。

感,有反映店员生活、学习、斗争方面的记事、心得,有纪念文章、小品文、诗歌、漫画、木刻、新书评介、通讯等,共出版23期。《特刊》、《快讯》、《球讯》、《艺文》等系永安公司店职员不定期出版的小报:经济斗争中,职工纠察队遭资方郭礼安等人殴打,出版《特刊》揭露真相,在南京路一带张贴以示抗议;《艺文》周刊,专载漫画、诗歌,张贴在大家注目的饭堂里。永安分会出版组还"在民主运动中,动员店员制横幅、写标语、印传单等"①。

第三节 店员工会主办刊物影响力分析

传播媒介的发行范围与销量,某种程度上可以反映出它的传播效果与影响力。关于《伙友》周刊的发行量,相关研究论著及回忆录中都没有专门的统计,只是《本刊启事》中有较零星的记载,"会友担任承销者数百份,现售者亦数百份"②。而当时报刊的发行量通常在3000份左右,"一些地方性报纸只有千余份甚至几百份"③,鉴此可知,《伙友》的发行量尚没有超出地方报纸千余份的界限。同时,《伙友》虽以上海命名(《伙友》周刊最初名为《上海伙友》),但发行范围绝不仅限于上海一地,《伙友报》第二期刊发的杭州某店员来信——《苦力人语》,无疑是《伙友》发行范围的一个佐证。

上海各业店员工会主办的刊物,发行量多为1000份,发行量最多的上海洋布职员公会主办的《洋布职员公会会刊》,亦不过1500份,"没有超出地方报纸千余份的界限"。作为免费传阅的简报、油印件,武汉店员总工会发行的《店员之友》、《每日通讯》的发行量较大。理论上讲,武汉店员总工会会员是其当然读者群体,据此推测,《店员之友》、《每日通讯》的发行量可达30000份左右④。此外,《店员之友》、《每日通讯》虽是武汉店员总工会创办的刊物,但其受众范围不限于武汉店员总工会内部,而是定位为总工会及大

---

① 中共上海华联商厦委员会、《上海永安公司职工运动史》编审组:《上海永安公司职工运动史》,第96页。
② 《本刊启事》,《伙友》第4册,1920年10月31日。
③ 桑兵:《清末民初传播业的民间化与社会变迁》,华中师范大学中国近代史研究所编:《辛亥革命与20世纪中国》,武汉:湖北人民出版社,2001年,第525页。
④ 1926年12月14日,武汉店员总工会有会员31142人(《武汉店员总工会向中国国民党中央执行委员会报告书(1927年6月)》,台北中国国民党党史馆档案,档号:部11375);1927年5月,入会店员32000人(周从孟:《武汉店员现状调查表》〔1927年5月〕,台北中国国民党党史馆档案,档号:部12535);至1927年7月武汉店员工会改组时,会员人数达33184人(《湖北省及武汉市清党后被解散各总工会及所属工会一览表》,《民国时期社会调查丛编》(二编)(社会组织卷),第384页)。

众文化刊物,有自己的读者群体。对湖北省总工会及其他工会的相关内容,刊物有大量介绍,诸如:《工人画报》出至第十期又不能出,因无人负责;武汉水电市政总工会送来勾结日本水兵、破坏工团之工贼杜开德,转外交部核办可矣;码头十分会送来周演春为赌博及伤害案,转法院核办;木船十一分会拖绞部与震寰纱厂起卸部,为工作纠纷判决,归拖绞部另行分配工作;水电市政总工会报告郭国勒等三人勾结厂主私谋破坏,判决具结交保释放;车夫对于雇主魏兰廷常有过分行为,判决函包车工会查明具复核夺;武汉木船总工会本日下午二时开夏节俱乐大会;大车工会开会讨论工厂开工问题,派代表向市政府要求开工①。至于《店员之友》、《每日通讯》的发行范围,"出版处开始整顿寄发刊物"②表明不仅限于武汉一地,应是省总工会辐射的湖北各县市。

《伙友》最初由新青年社代为发行,并"拟定本埠各烟纸店代为销售"③,当然也利用邮政、航运等运输渠道先运往各地,再通过书社和代派所传播,"留下详细地址,已备邮寄"。同时发动伙友,探索个体推销的传播路径,"由各伙友量力推销"。"我(伙友)取了数十本《伙友周刊》去卖,不到半个钟头就卖完了"④。这一销售传播网络反映出《伙友》以上海为主兼向各地延伸的传播渠道。《店员之友》、《每日通讯》主要以"遍散各店"、"粘贴各街市"及"各种群众大会或各分会及支部开会时派宣传员现场散发"⑤的形式传播。外地读者主要是湖北省总工会下辖各地总工会,以"邮寄"形式传播⑥。

发行量、传播销售网络是反映报刊传播效果的重要因素,《伙友》周刊千余份的发行量,相较于人数众多的店员来讲⑦,影响效果自不应无限夸大。很多店职员甚至对《伙友》缺乏基本的了解,"我们去推销刊物,他们不要,还视我们为流氓"⑧;"伙友愿意掏三角钱去看《某某秘史》、《某某艳史》等,

---

① 武汉店员总工会印发:《每日通讯(1927年6月10日)》,台北中国国民党党史馆档案,档号:汉13105。

② 同上。

③ 《工商友谊会纪事》,《伙友》第1册,1920年10月10日。

④ 谷颂仙:《伙友中底魔鬼》,《伙友》第9册,1921年1月2日。

⑤ 《武汉店员总工会向中国国民党中央执行委员会报告书(1927年6月)》,台北中国国民党党史馆档案,档号:部11375。

⑥ 武汉店员总工会印发:《每日通讯(1927年6月10日)》,台北国民党党史馆档案,档号:汉13105。

⑦ 仅上海一地,1926年,店员工会会员"统计不下十余万人"(《店员总联合会紧急会议》,《申报》1926年12月14日),全市店员人数,朱邦兴估计,包括十四五万的旧式职员及四五万新式职员的一部分,人数应该在16万左右(朱邦兴等编:《上海产业与上海职工》,第701页)。

⑧ 邱伯:《难道终究着在被征服的地位吗》,《伙友》第4册,1920年10月31日。

不愿意看两个铜板的《伙友周刊》,可怜"①;"一个银行的伙友,说我们是过激党、扰乱分子,不仅不允许兜售(《伙友》)反而破口大骂";推销时收到"我们是做生意的,不是读书人,汝要卖与那读书人去看好哩","我不要看这些书,我看汝这书,不会买些报纸来看看"等回复②。此外,从传播学的角度来讲,由报刊传递的印刷符号信息,必须准确还原才能发挥影响力,尽管有"中餐后一小时内可以读报书"的规定,但《伙友》当时被视为过激刊物,店主、经理往往限制店员阅读,一定程度上影响到其传播效果。

《店员之友》、《每日通讯》作为武汉店员总工会的会刊,立足点在于宣传武汉店员工会的政治主张、扩大武汉店员工会的政治影响力。由于对"下层群众"关注不够,"宣传太不普及"。此外,"在文章一方面,也有一点缺点,就是文章不切合店员的实际生活,太过深而枯燥,感觉兴趣太少","致使许多会员对于革命知识和情绪,认识太差"③。因缺乏对基层店员的利益关注,《店员之友》、《每日通讯》在店员中的影响力并不大,至于武汉市民,基本"不知其为何物"。

作为店员的"言论机关",《伙友》奉"伙友最大"为圭臬,以同情的笔调描述他们的"悲惨处境","我们这份周刊,伙友是最大的,定一定我们的是非,正一正我们的道德"。"我们工商界的伙友们呀,愿你们多多拿你们自身所处的、所闻所见的,写述些出来,这是我们第一欢迎的。"④但与上海共产主义小组断交后,《伙友》宗旨由"伙友最大"转向了"公开主义",致力于监督"伙友的不端行为和不正当举动"⑤,"自己也有不好的地方"。甚至视百分之八十的伙友为"昏睡派",趋炎附势、欺贱同事、狂嫖滥赌、慢待顾客等与"新思潮不符合"⑥,"必须在人格上自珍己重,稳自己做人的根基,然后始可要求解放"⑦,对资本家"只不过是警告"⑧。

除前后不一外(以第六册为界),《伙友》的宣传内容呈"两面性"。劳资对立、阶级斗争与劳资调和、不分阶级的二重观点同时出现在刊物上。一方面,《伙友》认为店员与店东的利益是根本对立的,"在他们底下过枯涩的生

① 傲霜:《伙友该看那些书》,《伙友》第11册,1921年1月16日。
② 董寿芝:《怎样向光明路走哩》,《伙友》第3册,1920年10月24日。
③ 《武汉店员总工会向中国国民党中央执行委员会报告书(1927年6月)》,台北中国国民党党史馆档案,档号:部11375。
④ 包罗:《我们为什么要有这份周刊》,《伙友》第2册,1920年10月17日。
⑤ 《不要专门骂别人》,《伙友》第6册,1920年11月14日。
⑥ 公侠:《伙友界现状我观》,《伙友》第8册,1920年12月26日。
⑦ 开先:《谈解放的须先把自己人格对照对照》,《伙友》第8册,1920年12月26日。
⑧ 《讨论伙友》,《伙友报》第2册,1921年6月10日。

活,听他们使唤,做他们的牛马奴隶","他们不会解放我们,我们只有自己努力起来解放自己"①,呼吁店员和生产者联合起来,"打破资本主义制度的城门"。另一方面,《伙友》认为"劳动者没有什么阶级,拉车的是人,雇员是人,总理也是人,各人都是尽他的能力,在社会上服务"②。并视经理、账房为店员的一部分,主张店员、店东"同舟同济","不分阶级",要求店员"安分守己,不去胡调",具备"卧薪尝胆"的"忍耐性",走向光明之路不可性急"③,同时劝说"我最亲爱的'资本家',你们要首肯,许我们自由。……'资本家'呀,我劝你们要明白,大家全是人,全是同胞,要分什么阶级呢?"④"老板不要待伙友太狠,伙友要自重,有自治能力。"⑤

并且,《伙友》的侧重点是鼓动,措施应对方面寥寥,只是被动认为"伙友全国大联合以后,资本家自然会消失"⑥,要求"大家仔细去设想,怎样去对付"。《伙友》所载欧美各国罢工风潮及上海最近"增加工资、改良待遇"中"资本家失败"的结果,看似鼓励店员斗争,实则是向资本家威胁的手段,"资本家你们觉悟了吗?"⑦对于店员反映的店主不允许看报,否则"就要停我的生意,怎样面对这种无礼干涉"的情况,编辑只是泛泛而谈地回复"你要有忍耐的办法,不要耽误公事","相信明白的店主会理解支持"⑧;店员、学徒最为抱怨的抱小孩、做饭、打扇等杂役工作,编辑仅仅是"表示同情,主张向父母反应,要求店主解释做生意的含义"⑨。至于《伙友》认可的罢工经验——把大粪泼到资本家身上⑩,有着帮派争斗的遗绪。

武汉店员总工会主办的《店员之友》、《每日通讯》,肇始于大规模群众动员的社会环境下,塑造有组织、有训练、有纪律的劳动者,训导店员进入精英分子设想的"正确"轨道,是其开办的既定考量,"引导其向产业组织的方向发展"⑪。目的在于把店员生活中的日常苦难表述为阶级苦难以实现社

---

① 傲霜:《伙友应有的觉悟》,《伙友》第9册,1921年1月2日。
② 斐:《对工商友谊会会员及工商伙友的希望》,《伙友》第2册,1920年10月17日。
③ 金啸梅:《我们伙友工人现在应该什么样》,《伙友》第8册,1920年12月26日。
④ 王剑豪:《商人解放的研究》,《伙友》第4册,1920年10月31日。
⑤ 《不要专门骂别人》,《伙友》第6册,1920年11月14日。
⑥ 包罗:《警告阿大先生》,《伙友》第1册,1920年10月10日。
⑦ 拂村:《伙友们,是你们情愿底吗》,《伙友》第7册,1920年11月21日。
⑧ 《无理底干涉》,《伙友》第6册,1920年11月14日。
⑨ 《抱小孩是不是学徒应该做的》,《伙友》第4册,1920年10月31日。
⑩ 友春:《资本家受着好教训了》,《伙友》第3册,1920年10月24日。
⑪ 《第四次全国劳动大会·组织问题决议案》,中华全国总工会中国职工运动史研究室编:《中国历次全国劳动大会文献》,第248页。

会动员,"增强店员们对于理论上及政治上的知识"。其对店员加薪、改善待遇等经济斗争的关注,落脚于"政治的主张和宣传",对于"下层群众或分会代表会",《店员之友》《每日通讯》的关注"非常之少"①。

第四节　社会主流媒体对店员群体的关注

关注社会生活,是近代中国知识界的普遍共识。作为社会结构的重要组成部分,店员(伙计)生活是知识界的关注热点。致力于"传闾里之琐屑,关心现实的世俗人生"的《申报》,自成立之日起即关注店员这一群体,"上海之洋泾浜开张烟馆者,所用走堂皆少年妇女"②,"更有一种烟馆,修筑辉煌,铺张精洁,专顾(雇)少年妇女应酬诸宾,名曰女堂倌"③。

国民革命时期,店员及其团体非常活跃,"甚至一度成为工人运动的核心",与店员有关的新闻、消息开始频繁出现于《大公报》《新闻报》《晨报》《民国日报》等主流媒体中。诸如《民国日报》刊发的《雇工与奴隶》④、《学徒的痛苦和解放的必要》⑤、《可怜的商店伙友》等文章,"我很希望他们把详细的情形,报告给社会知道,更希望社会上热心的人,分头去调查他们的苦况。我们要救济劳动阶级的人,第一步总要先晓得他们怎样受苦,方才能唤起一般人怜悯的同情,去设法帮助他们下!"⑥1925年10月成立的《生活》周刊,开设"论坛、专论、杂文、修养、名人箴言、平民经济问题、平民职业状况、平民生活素描、学徒生活写真、改良学徒生活意见、歌谣、小说、生活消息"等栏目,目的亦是全面关注包括店员、学徒在内的工农大众的日常生活,帮忙解答店员、学徒生活中面临的各种问题。

《申报》对店员的关注,亦由琐事猎奇发展为全方位追踪,店员的生存状况,店员团体的组建及其活动,店员、店东间的劳资纠纷等,均有翔实且连续的报道。据笔者统计,1926～1927年间,《申报》关于店员工、商属性的报道有18处,关于店员团体及其活动的报道有26处,关于店员日常生活的报道有33处。长沙市苏广业店员捣毁商民协会会所案、广州店员因歇伙罢工事

---

① 《武汉店员总工会向中国国民党中央执行委员会报告书(1927年6月)》,台北中国国民党党史馆档案,档号:部11375。

② 《烟馆异事》,《申报》1872年5月22日。

③ 《伤风化论》,《申报》1872年5月23日。

④ 楚伧:《雇工与奴隶》,《民国日报》副刊《觉悟》1920年3月29日。

⑤ 通信:《学徒的痛苦和解放的必要》,《民国日报》副刊《觉悟》1920年4月8日。

⑥ 力子:《可怜的商店伙友》,《民国日报》副刊《觉悟》1920年1月4日。

件,《申报》的报道及时且较为客观。

1932年12月1日,受左翼文化的影响,《申报》开办"店员通讯"专栏,每日出刊,以"集思广益,解释疑难问题,相互切磋,增进生活之幸福"为宗旨,"就人言,只为店员学徒为限,就地言,只以本埠为限"①。《大晚报》亦于1939年2月设立《业余生活》专栏,每周日出刊,除了负有类似《申报》"店员通讯"专栏的使命外,还希望透过经济材料的分析,揭露民族工商业的损失,并促使工商业者注意改善店职员生活②。

作为"讨论问题的园地","店员来信—编辑回答"是"店员通讯"的基本形式,"凡一切关于个人日常生活,如职业、道德与学问上之修养、娱乐与运动、婚姻等问题,以及其他旁及国家社会之问题,均所欢迎。如遇问题内容过于深奥而非本栏能力所及者,则亦可介绍至本报'读者顾问',代为解答之"③。由于该专栏被视为免费的咨询对象,店员提问的问题包罗万象,从兄弟争产到抗日救国均有,非店员及外地读者也来信提问。不过,专栏并非"来函照登",只有"本报认为有大众价值"的来信,才"得在报端披露",篇幅较长者"择要刊登",遇有来信拥挤时,按照先后次序作答。

"店员通讯"的受众范围原本限于上海店职员,后来因非店员及外地读者也来信提问,其受众范围扩延到《申报》的读者群体。《申报》刊登的大量店职员招聘启事是专栏影响力的重要佐证:对企业来讲,广告投放渠道是根据目标群体的阅读习惯制定的,正是因为专栏在店员群体中颇具影响,店员愿意阅读,企业才选择《申报》进行广告投放以招聘店员。

作为以赢利为主要目的的商业报纸,《申报》对店员的关注,早期较为保守,认为女店员的出现"伤风败俗"④,查禁女店员系"俗易风移,保全无限子弟"的一桩美事⑤。《申报》刊登的店员消息,早期以负面居多:心中惟知利己,不为顾主谋方便⑥,蛮横无理,殴打顾客、店主⑦;素质低劣,把吃过的西瓜皮故意丢在街心,看老妇摔倒⑧;业务过失,侵吞公款、偷窃、

---

① 《店员通讯缘起》,《申报》1932年12月1日。
② 《献辞》,《大晚报》1939年2月12日。
③ 《店员通讯栏简章》,《申报》1932年12月5日。
④ 《烟馆说》,《申报》1872年6月15日。
⑤ 《论各帮公禀请禁烟馆女堂倌事》,《申报》1873年1月15日。
⑥ 逄二:《店伙之前倨后恭》,《申报》1926年3月12日。
⑦ 诸如《饭店伙推顾客跌晕》、《城隍庙内学徒打死店主》、《学徒借钱不遂,邀店主吃茶行凶》等。
⑧ 《小学生与店伙》,《申报》1924年7月24日。

携款潜逃①；强奸、抢劫、涉嫌贩毒②等。关于店员失业自杀、跳江的报道，《申报》带有强烈的偏见情绪，认为店员脆弱、咎由自取。这虽是社会舆情关注重心的兴趣所在，但也可体现《申报》之于店员群体的认知、态度。

国民革命时期店员工会的政治、经济斗争，《申报》有连续、翔实的报道，但态度较为消极，认为店员运动"百害而无一益"，"与其费许多精神到消极方面去抱怨自己命运多舛，主人眼力不高，不如积极方面着想，努力改正其短处，益其长处"③。

"店员通讯"栏目开办后，《申报》之于店员的报道趋于激进，用"剥削"、"压迫"描述店员的生活，"他们的生活是挺可怜的，挺悲惨的"④，"我的生活有谁来怜惜呢"⑤。为适应店员群体的认知能力，专栏强调文字通俗易懂，"文体不拘，惟以简明易解为主"⑥，用店员听得懂以及他们接近的语言文字，"必必剥剥"地诉说"烈火煎熬的苦痛"。

不过，《申报》作为民营报纸，"无党无偏"、"中间立场"的办报立场使其不可能完全认同左翼文学的书写理念，站在店员的立场探讨"直接与革命目标有关的题材"。事实上，"店员通讯"选择店员来信及稿件，须符合政府的言论审查标准，不能"过激"⑦。专栏"剥削、压迫"的描述基调，目的在于"救济工商业"，"我国工商业不发达，大都由于工商业经理和职员，缺乏经济常识与工商道德。因为他们在学徒时期，所学得的太浅薄了。我们要救济工商业，一定要从救济学徒入手"⑧。"社会救济"的立脚点，显然与中国共产党通过组建工会，把店员生活中的日常苦难表述为阶级苦难以实现社会动员不同。

此外，与马克思主义者视底层群体最具革命性、先进性不同，"店员通讯"及后续报道彰显的店员形象，依旧"顽劣不堪"，"没有一个人不赌"，有

① 诸如《莘庄梅永兴店伙骗取货物》、《典伙亏款之引渡》、《店伙无法弥补空款图尽》、《监守自盗拘押四月》、《店伙监守自盗之押拘》、《店伙被控私收客帐》、《行伙被控窃洋》、《捕房悬赏通缉卷逃学徒王珏生》、《学徒取洋不归之侦缉》、《店伙亏款潜逃至缉获》、《猪行伙窃用帐银之发落》、《店伙拐孩卷逃之寻获》、《米店伙拐窃巨款》、《烟纸店伙吞款回乡》、《莘盛鱼行学徒卷款潜逃》、《店伙窃取主妇财务之拘获》、《店伙吞没账款谎报遇盗》、《店伙私用账款》、《店伙私收客帐被逮》等。
② 诸如《歇伙谋害押一月》、《学徒强奸三幼女案昨日审讯》、《店主垂青店伙》、《店主得恐吓信，店伙有重大嫌疑》、《店伙诱奸老板娘》、《店伙谎报盗窃》、《店伙串盗行劫》等。
③ 贺狱僧：《对于公司青年办事员的忠告》，《申报》1925 年 2 月 3 日。
④ 《救济学徒》，《申报》1937 年 1 月 24 日。
⑤ 《学徒的生活》，《申报》1937 年 1 月 24 日。
⑥ 《店员通讯栏简章》，《申报》1932 年 12 月 5 日。
⑦ 同上。
⑧ 《救济学徒》，《申报》1937 年 1 月 24 日。

的是随时有钱随时赌,有的是攒一笔钱后大赌一场①。说起打架,也是他们喜欢的,往往一件芝麻大的事,会引起一场几十个人参加的群架②。店员看不起工人、练习生,同一阶层间,先来者看不起后来者。宁波人觉得广东人硬邦邦,广东人看着宁波人太小气,江北人则被大家看不起③。并坚持女店员导致妇女道德沦丧的观点:天真纯朴的女学生,走进这些豪华糜烂的环境中,耳目所染,便转变了起来。本来不烫发的,也学着大家烫起发来;以往见了人家穿高跟鞋会觉古怪厌恶的,现在也竟穿着习以为常了;以往很关怀国事的,现在连看一张报纸也没趣④。"顽劣不堪"的媒体形象,彰显了店员改造的正确、急迫性。"店员通讯"的成立亦是店员改造的实践尝试,通过专栏可以"增进店员的教育程度,改进店员的业余生活",若无"正确观念的引导",店员易"坠入纸醉金迷的陷阱里"⑤。

抗战胜利后,"发动组织与教育工人、店员、学生与贫民群众"是中共城市工作"决定的一环"⑥。通过报刊媒介进行宣传是中共"组织、教育"店员的重要方式:中共上海职员工作委员会创办"以店员为主要对象的面向社会发行的"《人人周刊》,"站在新中国国民的立场上,说所要说的话,反映该反映的现实"⑦;大连民主青年联合会创办的《大连青年》,大张旗鼓地向工人、店员群体征稿:

> 民主青年联合会不是几个人所有的,也不是几个集团所有的,而是广泛的青年群众所有的。我们是青年,我们有权利参加。青联会成立后,为了照顾到会员的文娱生活,发刊了《大连青年》,出刊了两期,一切都谈不到好,也发现了毛病,那就是关于工人及店员方面没有照顾到。
>
> 青年们! 有权利来说话,它不是文化水平较高的学生或者公务人员的东西,同时,它也决不为谁所垄断。新民主的文化是大家的,《大连青年》也是大家的。
>
> 敌人统治了我们四十余年,使得我们的头脑都麻木了。其实工人店员并不是不能发挥进步意识,今天我们看看在新民主政治领导下的

① 达君:《油炒饭——饭店伙计生活素描》(二),《申报》1942年7月27日。
② 达君:《油炒饭——饭店伙计生活素描》(三),《申报》1942年7月30日。
③ 史伟:《加强职工间的团结》,《申报》1940年6月24日。
④ 海啸:《女职员的生活》(续),《申报》1939年3月20日。
⑤ 《本刊的使命》,《申报》1932年12月4日。
⑥ 《中共东北局关于城市工人店员工作的指示(一九四六年十月七日)》,《中共中央关于工人运动文件选编》下册,北京:档案出版社,1986年,第189页。
⑦ 刘明逵、唐玉良主编:《中国近代工人阶级和工人运动》第13册,第863页。

工人,发明了若干东西,磷的发现,给知识分子以启示。

现在,我们开启了这块园地,是为进步的工人及店员预备的,请这两界的青年同志们多说话,我们尽量做到使大家都满意的程度。①

作为中共影响下成立的面向社会的店职员期刊,《人人周刊》《大连青年》等刊物内容主要是"介绍时事形势,宣传中共的和平民主团结的方针,揭露国民党假和平真内战、假民主真独裁的欺骗手法"②。刊物虽反映"各业职工政治思想动态、职业修养、职工生活",对"启迪和提高店员群众的思想觉悟,指导职工运动,活跃职工生活起了一定的作用"③,但其出发点是"指导店员运动",使店职员"接受革命思想,走上革命道路"④。

第五节 报刊媒介的价值观念引导与店员的自主选择

作为社会团体,政府的"合法性"认定、入会店员的内在认同是店员工会的存在前提。创办报刊进行宣传是店员工会构建"合法性"、向心力的重要方式。

店员工会主办的报刊,目的是对会员进行"宣传","店员之经济斗争情形,店东破坏成约或店东造谣、摧残店员等等情形"是其主要刊载内容⑤。《伙友》周刊的基本叙事基调即为"剥削","店主是强盗阶级,吃人是无形的,不会解放我们,伙友是劳动者,和生产者是一样的处于被剥削地位,受经理老板的欺压"⑥。部分经理或账房"想方设法开走没有背景的学徒,换上自己的人"⑦。店员为保住饭碗,不得不对上司毕恭毕敬,甚至阿谀奉承。有一位推销德货的商店经理,喜欢别人对他逢迎拍马,有一名店员却独树一帜,不肯服从,以致得到不公正之待遇,稍有差错,便遭斥责:"你这种本领,上海要

① 《广泛向"工人""店员"征稿》,《大连青年》1947年第3期,第23页。
② 中共上海市委党史研究室编纂:《中共上海党史大典》,上海教育出版社,2001年,第633页。
③ 刘明逵、唐玉良主编:《中国近代工人阶级和工人运动》第13册,第863页。
④ 孙光迪:《〈人人周刊〉与我》,《上海文史资料选辑》第82辑,1996年,第83页。
⑤ 《武汉店员总工会向中国国民党中央执行委员会报告书(1927年6月)》,台北中国国民党党史馆档案,档号:部11375。
⑥ 具体见《强盗的奴隶》,《伙友》第4册,1920年10月31日;《伙友应有的觉悟》,《伙友》第9册,1921年1月2日;《伙友们不要怀疑》,《伙友》第10册,1921年1月9日。
⑦ 立人:《一个当铺底阿大》,《伙友报》第2册,1921年6月10日。

多少有多少,何况现在米价昂贵,以后再有些错的地方,立即与我滚蛋"①。

《店员之友》、《每日通讯》的关注点亦为资方之"恶"。诸如:法租界聚昌典之童工朱滋生为店务主任亲戚,因是该店务主任即禁止朱滋生加入童子团,店总大队十一分队队员四人前往该号探讨消息,不料该店主任即私与法巡捕勾通,随将派往之四人拘入黑监,囚一昼夜始释放。各布店对于童工薪资,原系一年籍的则每月1元,二年籍的则每月3元,三年籍的则每月6元。今工商联席决案,本有一年籍童工至少每月须给1元,二年籍每月至少须给2元之规定,不料后花楼口协和布店店东苏泽生,即以此决案,不照旧给薪,甚而又排起昔日主奴架子,呼唤学徒为彼私人服役。有学徒名叫涂国镗、陈炳轩者,因倒茶稍缓,苏泽生即赏以耳光二个,外找火腿〔编者注:即踢脚〕几个,并大骂:"现在不是以前了,我们老板叫你们做什么,就要做什么"。宋云卿在夏斗寅叛变时潜逃,店总第五分会执行店总代表大会决案及省总命令:"三日不到开除会籍",将宋开除会籍,而店东宋兴发(属商协第109分会)起而干涉,务使工会不能执行会纪而后已。店总第五分会将(派)会员征收"伤兵救护捐",至永昌恒油行,各会员闻之皆谓各革命兵士为民众奋斗而受伤,我们工人乌可不倾囊相助? 各即向店东支薪捐输。岂料该店店东不但不予,反横加干涉,一方骂工人无知,一方则驱逐劝捐者。连日发现许多店东利用支部辞退工人,挑拨彼此恶感,分裂工会等等②。

作为店员工会的机关刊物,《店员之友》、《每日通讯》、《伙友》刊登稿件是有选择性的,不能"过激",应符合政府的言论审查标准。报端披露的多是编辑希望的应该如此的店员生活,报刊对店员生活的"再现",其实是编辑、读者、被描述者(后二者可能重合)之间彼此妥协发言权的结果,反映的是三者对店员生活的建构与再建构。同时,从编辑回答问题的方式可以看出,刊物宗旨在于"问题化"店员生活,而非针对特定行业或个人的问题加以解答,如西药业店员提出的问题,编辑的回答同样适用于百货公司的职员。从《店员之友》、《每日通讯》、《伙友》刊发的文章观察,刊物关注更多的是店员的政治动员、工会的社会参与,其对店员加薪、改善待遇等经济斗争的关注,目的在于追求店员运动的"组织统一",借以彰显"店员的痛苦,指出店员所应走的路"③。此外,《店员之友》、《每日通讯》大张旗鼓地宣传"伤兵救护

① 《圣人有三分错》,《申报》1933年3月1日。

② 武汉店员总工会印发:《每日通讯(1927年6月8日)》,台北中国国民党党史馆档案,档号:汉13102。

③ 《武汉店员总工会向中国国民党中央执行委员会报告书(1927年6月)》,台北中国国民党党史馆档案,档号:部11375。

捐"、救护伤兵事、北伐战事胜利及店员工会慰劳团的情况①,以及武汉店员工会"通告各会员,迅速依照入党手册,加入中国国民党"②等活动,呈现出明显的与国家政权的合作态势。

《申报》等主流媒介开办店员专栏,目的在于扩大读者群、增加阅报率,店员来信须"将本报所特刊之印花剪下,粘贴来信之左上角",不阅读报纸、没有粘贴印花的来稿,"恕不回答"③。引领社会舆论的主流价值导向、训导店员进入"正确"轨道亦是《申报》等主流媒介开办店员专栏的重要考量。店员专栏对店员职业生活的再现,"苦闷"叙事的目的在于凸显社会经济制度不合理,"重复旧式商店奴役店员、学徒的办法"④,进而论证改良社会关系的必要性。店员自身陋习的反省,则希望建构"合理社会"的工作伦理,"店员以'慢客'来消极报复资本家的压榨,凸显的是现代社会经济畸形发展的结果"⑤。"如何利用业余时间"的店员来信,编辑回答致力于引导店员界定"属于店铺"、"属于自己"的时间划分⑥。按照专栏定义的"正当娱乐"标准安排业余活动,才是"合理"的店员生活。店员自身热衷的业余社团、进修方式及存在的问题,专栏虽有报道,但编辑的回答多泛泛而谈,"行行出状元,不可以经济待遇为择业标准,应以兴趣而定,勉励好好读书"等,实为无用的套话⑦。店员业余活动面临的棘手问题,编辑所持"以忍耐的方式应对、相信明白的店主会理解支持"态度,实际上是被动不作为。

智识阶层的价值观念引导与普通民众接受的关系,长期存在"被动接受"⑧、"追求自主"⑨两种截然对立的观点。从店员这一群体观察,店员工会主办的期刊、社会主流媒介设立的店员专栏等所构建的职场模式、工作伦

---

① 武汉店员总工会印发:《每日通讯(1927 年 6 月 8 日)》,台北中国国民党党史馆档案,档号: 汉 13102;武汉店员总工会印发:《每日通讯(1927 年 6 月 10 日)》,台北中国国民党党史馆档案,档号: 汉 13105。

② 《店总近讯》,《汉口民国日报》1927 年 7 月 11 日。

③ 《店员通讯缘起》,《申报》1932 年 12 月 1 日。

④ 《公司里的练习生》,《申报》1933 年 1 月 15 日。

⑤ 连玲玲:《日常生活的权力场域:以民国上海百货公司店职员为例》,《中研院近代史研究所集刊》第 55 期,2007 年 3 月。

⑥ 子明:《怎样利用业余时间?》,《申报》1933 年 12 月 31 日。

⑦ 《环境的压迫》,《申报》1932 年 12 月 5 日。

⑧ Paul Boyer, *Urban Masses and Moral Order in America*, *1820 - 1920*, Cambridge, Mass., Harvard University Press, 1978. Stanley Aronowitz, *False Promises: The Shaping of American Working Class Consciousness*, New York: McGraw-Hill, 1973.

⑨ Kathy Peiss, *Cheap Amusements: Working Women and Leisure in Turn-of-the-Century New York*, Philadelphia: Temple University Press, 1986.

理在店员中的内化①,及国民革命时期店员从"商人"到"工人"的角色反差和阶级认同,智识阶层生活观念及意识形态影响的痕迹在其中非常明显②。

但是,这种影响不能过分夸大,《店员之友》、《每日通讯》等对入会店员的"动员效果"事实上从"传而不宣"到"不传而不宣"③,以至"各业店员工会的负责人,大家都不知道办工会的意义","统一组织的时候,有许多手续上的错误","各分会组织部负责无人"④。在业余活动方面,店员工会主办的期刊、社会主流媒介设立的店员专栏等所建议的"正当娱乐",店员来信关注较少,如何组织业余社团等实际运作问题,反而是店员来信的关注焦点。这表明,智识阶层在政治属性界定方面对店员群体产生了一定的影响,但其效用发挥最终取决于店员群体的自身需求。而在业余生活方面,智识阶层虽在"正当娱乐"的定义、解释方面具有话语优势,但最后仍由店员自身决定属于他们的娱乐方式,在追求业余生活中展示其主动性。

---

① 店职员与报刊媒介的互动中,频繁出现"秩序"、"制度"等词。工作、生活中的"人情"因素及不合规现象,亦是店员最集中的抱怨之一。

② 需要指出的是,身份认同矫正了店员长期以来的"商人"角色及国民革命时期的"工人"身份。具有特定职业标签的社会群体形成后,自然不愿再以工人身份参与群众运动。1930年代,中国共产党通过建立政治色彩鲜明的工会、强调店员阶级诉求的动员方式,既未能达到既定目的,还暴露了"党在店职员中间建立的关系"。

③ 《武汉店员总工会向中国国民党中央执行委员会报告书(1927年6月)》,台北中国国民党党史馆档案,档号:部11375。

④ 同上。

第六章　店员工会与国民党的
社会动员

　　"一大"改组后,国民党开始重视民众运动,店员运动是其开展民众运动的重要组成部分,只是对店员运动的性质颇难断定。店员的身份归属、革命地位、店员工会的会员资格及入会管理,国民党内部颇多争议,店员是否应组织工会,在总工会、总商会、商民协会以及国民党各级党部的工人部、商民部之间,纷争不断,国民党中央执行委员会的相关政策也是摇摆不定,一定程度上影响到店员工会的职能范围及自律效果。

第一节　国民党的店员运动策略

　　以孙中山为首的国民党人,长期醉心于"军事行动"的革命方式,很少重视和开展民众运动,"不仅社会大众对中山先生学说隔阂甚深,即国民党员对三民主义之认识亦殊了了。"[①]正是由于这一原因,孙中山"失去了一次令他的党派重新获得人民支持的机会,因此,直到1923年,在中国的革命运动中,中国国民党还未能扮演一个重要角色"[②]。

　　当然,革命实践的屡次受挫,也迫使孙中山及国民党人探索新的革命路径,开始考虑并越来越重视苏俄和共产国际代表建议的"民众运动","夫革命之内容既异于前代,革命之手段亦因以不同。前代革命虽起于民众,及其成功,则取独夫而代之,不复与民众为伍。今日革命则立于民众之地位,而

---

　　① 李云汉:《从容共到清党》,台北:及人书局,1966年,第134页。
　　② 陈福霖:《孙中山与中国国民党改组的起源》,见张玉法主编:《中国现代史论》第10辑,台北:联经出版事业公司,1982年,第61页。

为之向导,所关切者民众之利害,所发抒者民众之情感。于民众之未喻,则劳心焦思,瘏口哓音,以申儆之;且不恤排万难,冒万险,以身为之先。及其既喻,则相与戮力,锲而不舍,务薪于成而后已。故革命事业由民众发之,亦由民众成之"①。

缘此考量,孙中山决定重新改组国民党,"把革命事业之成败,直接寄托于民众力量之上"②,"吾党历年在国内的奋斗,专用兵力;兵力胜利,吾党随之胜利,兵力失败,则吾党亦随之失败。故此次吾党改组唯一目的,在乎不单独倚靠兵力,要倚靠吾党本身力量"。"所谓吾党本身力量者,即人民之心力是也。吾党从今以后,要以人民之心力为吾党之力量,要用人民之心力以奋斗。"③

中国大陆学者一般都认为,孙中山在国民党"一大"制定了联俄、联共和扶助农工的新的三大政策,这是他晚年思想发展进步的一个重要反映。台湾地区学者则坚决否认有所谓三大政策存在,认为孙中山始终并未亲自提及过"三大政策",而是北伐期间共产党人出于某种目的杜撰的一种说法,后来则在大陆一直沿用至今④。针对这种观点,部分大陆学者回应说在当时孙中山的著作和国民党的"一大"文献中,确实没有直接提到过"三大政策",但这一概念所包含的三个方面的内容又确实都来源于孙中山,是在特定环境下、从特定角度对于孙中山晚年思想和主张的一个比较精炼的概括⑤。

从实际情况观察,"一大"改组后,国民党确实开始重视并开展民众运动,"国民党人,因不得不继续努力,以求中国民族解放,其所持为后盾者,实为多数之民众,若知识阶级、若农夫、若工人、若商人是已","故国民革命之运动,必恃全国农夫、工人之参加,然后可以决胜,盖无可疑者。国民党于

① 《中国国民党宣言》,《孙中山全集》第7卷,北京:中华书局,1958年,第2页。
② 胡春惠:《北伐期间之民众运动》,《中华民国建国史》第三编,统一与建设(二),台北:"国立"编译馆,1989年,第712页。
③ 《在广州大本营对国民党员的演说》,《孙中山全集》第8卷,第430页。
④ 中国台湾学者有关的论述甚多,其中具有代表性的论著可参蒋永敬的相关论文:《孙中山先生与"三大政策"》,载香港珠海书院编:《珠海学报》第15期,1986年;《论北伐时期的一个口号——"三大政策"》,提交1988年台北"北伐统一六十周年学术讨论文"论文,后收入《北伐统一六十周年学术讨论集》;《"三大政策"探源》,台北《传记文学》第54卷第3号,1989年3月;《国民党的三大政策问题》,《百年老店国民党沧桑史》,台北传记文学出版社,1993年。
⑤ 参见陈锡祺:《孙中山与国民党"一大"》,载《中国国民党"一大"六十周年纪念论文集》,北京:中国社会科学院出版社,1984年;鲁振祥:《三大政策研究中的几个问题》,载《孙中山和他的时代》中册,北京:中华书局,1988年;杨天石:《关于孙中山"三大政策"概念的形成及提出》,《近代史研究》2000年第1期。

此,一方面当对于农夫、工人之运动,以全力助其开展,辅助其经济组织,使日趋于发达,以期增进国民革命运动之实力,一方面又当对于农夫、工人要求参加国民党,相与为不断之努力,以促国民革命运动之运行"①。

为"全力辅助工人运动之开展",国民党及时制定并颁布《工会条例》,在中央党部和地方党部中设立工人部,作为工运的领导机构。1924年8月,国民党广州市党部通过"店员公会"的组织简章,"以联络感情、固结团体,促进同人生活之改良,筹谋劳资间共同之乐利为宗旨","凡雇佣于广州市内大小各商店之店员,或自营商店之店主,而未入商会工会或他种职业社团者,得为会员",并设有监察委员②。到9月份"入会者已达千余人,其继续入会者,仍源源而来,想将来成绩必甚优也"③。不过,国民党此时认定店员"多数都站在反动方面"④,广州店员公会的会员亦包括商店的店员、自营商店的店主。

孙中山逝世后,国民党依然坚持重视民众运动。1926年初,国民党第二次全国代表大会宣言再次强调:"凡民族革命运动欲求成功,必须有广大的民众参加,而农工民众尤为必须。过去民族革命运动之失败,由于参加者限于知识阶级,故不能得广大之基础与广大之势力。于现在及将来,为民族革命运动,必须以其意义普及于田间与工厂,且必须使之组织于反抗帝国主义的奋斗中。"⑤另外,此次大会通过的《中央党务总报告决议案》也特别说明:"工农群众为国民革命主力军,已于过去两年事实中完全证实。本党基于扶植农工之政策,以后应多致力于农工组织,扩大吾党基础的势力。"⑥

对于店员群体,国民党认为,其"因受革命潮流鼓荡",已由"站在反动方面"发展为"工农群众的一分子",是国民党民众运动的重要组成部分,"为要工人运动扩大而有力,则必须有外援,店员运动便是工人运动中的一支别动队,所以我们极力去做店员运动"⑦。关于店员的组织方式,国民党的相关界定亦随之变化,应遵循"三民主义的民众组织的原则",与店主分别组织团体:

---

① 中国第二历史档案馆编:《中国国民党第一、二次全国代表大会会议史料》(上),第85、87~88页。

② 《市党部第十四次会议通过之广州店员公会组织简章》,《广州民国日报》1924年8月14日。

③ 《店员工会之近况》,《广州民国日报》1924年9月23日。

④ 《刘尔崧在中国国民党广东省第二次全省代表大会上的报告,1926年12月》,第179页。

⑤ 荣孟源主编:《中国国民党历次代表大会及中央全会资料》,上册,光明日报出版社,1985年,第105页。

⑥ 同上,第115页。

⑦ 《刘尔崧在中国国民党广东省第二次全省代表大会上的报告,1926年12月》,《刘尔崧研究史料》,第184页。

　　利害关系不同的民众,例如地主和佃农、店主和店员,应该分别组织团体。如果地主和佃农混合组织"农民协会",店主和店员混合组成"商民协会",一定不出三个结果:第一,压迫的一方,例如地主和店主,征服被压迫的一方,例如佃农和店员,而使之屈服。这就使民众组织成为压迫者利用之工具,被压迫者始终得不到解放。第二个结果,就是利益不同的双方,在一个组织之内,互相斗争,斗争之极,就会分裂。因此这种组织,不能持久。第三个结果,就是双方都不积极活动,而维持团体躯壳的存在。这就使民众组织的作用,不能发挥。因为这个原因,所以利益不同的民众,应该各别组织。地主组织"农业协会",农民组织"农民协会"。店主组织"商民协会",店员组织"店员工会"。要这样组织,才能使一个组织之内,不会斗争而至于破裂,才不会为压迫者所利用,才能发挥民众组织的效用。①

　　为避免"同为国民党领导的"(店主组织的)商民协会与(店员组织的)店员工会之间"可能发生的阶级斗争",政府应赋予店员工会"法律上的定位","(国民)党应加以领导和扶助"②,"各城市的店员群众,在过去本党未能注意其组织,努力指导赞助其在各县总工会统一之下组织店员工会"③。

　　需要指出的是,国民党虽致力于组织店员工会、开展店员运动,但对店员运动的性质"颇难断定",因店员不同于产业工人和手工业工人,"一方面受雇用工,同时也多做私人生意,或占有店中股份,很容易编成东家,且事实上有许多店员是东家的子弟,更有所谓'少东'者,成分甚杂",只能是"因地方情形之不同而异其性质"④。与之相应,店员工会亦"因地方情形不同"而"性质"不同,例如:广州市的店员工会,因受商团事件的教训,极端反对买办阶级及资本家,对于阶级的认识较深,多数站在工人方面。至汕头地方亦有此种组织,但名称不同,叫作商业职员联合会,"是接近商会而受其指挥的"。只是近来受广州店员运动的影响,"已更变从前态度,渐与工会合作"。

　　此外,在国民党看来,"店员工会之组织只限大商场,小市场实可不必组织","因为大的市场才有大商店,东西家才能分别清楚,若小市场之小商店则无可分别,更何能组织店员工会"。至于县市店员,"因商人不发达,人数

---

① 周佛海著:《三民主义的基本问题》全1册,新生命书局,1929年,第155~156页。
② 同上,第156页。
③ 《国民党湖南省党部第二次代表大会工人运动决议案》,《农工丛书》全一册,1927年。
④ 《刘尔崧在中国国民党广东省第二次全省代表大会上的报告,1926年12月》,《刘尔崧研究史料》,第185页。

太少,而且多以东家而兼店员,属小商人性质,若组织工会,不免发生困难,如曲江的店员工会,东西家都有入会,且与商协会分别不清",故而,须"限定大城市可以组织店员工会,小市镇不必组织店员工会"①。

第二节　店员的工商界限之争

在国民党的策略考量中,店员原属"反动商民"。国民党二大后,店员成为"工农群众的一分子",并在国民党中央的支持下成立店员工会,截然分离于"落后阶级的商民"②。其后,随着民众运动的逐步进行和国民革命形势的发展,国民党人开始意识到动员广大商民,特别是动员中小商人支持和参加革命的重要性,"商民为国民之一份子,而商民受帝国主义与军阀直接之压迫较深,故商民实有参加国民革命之需要与可能"③。此时的商民,"指商人店员及摊贩而言"④,店员"实是商人而兼做工者"。国民党中央颁行的《商民协会组织条例》明确界定商民协会由商人总会、店员总会、摊贩总会组成,三总会依5∶4∶3的比例推举代表组成商民协会代表大会。商民协会成立初期,商人多怀疑观望,而店员却很少顾虑,踊跃参加,以至"那时商民协会组织大半都在店员的手上"⑤。

但店员为"被压迫阶级,实为职工而非商人,应另立职工部,不应附属商

---

① 《刘尔崧在中国国民党广东省第二次全省代表大会上的报告,1926 年 12 月》,《刘尔崧研究史料》,第 185、188 页。

② 中国国民党中央商人部:《北京商民运动报告》,台北中国国民党党史馆藏档,档号:部 0284。

③ 《商民运动决议案》,中国第二历史档案馆编:《中国国民党第一、二次全国代表大会会议史料》(上),第 388 页。需要说明的是,中国第二历史档案馆编的《中国国民党第一、二次全国代表大会会议史料》和荣孟源主编的《中国国民党历次代表大会及中央全会资料》(光明日报出版社,1985 年)均收录了《商民运动决议案》,但二者在文字和内容方面却有所不同。本文采用中国第二历史档案馆的版本,这也是学界大多采用的。朱英:《近代中国商会、行会及商团新论》(中国人民大学出版社,2008 年)一书,对这一问题做了初步的考订:台湾中国国民党委员会党史会收藏的商民部档案、1926 年 1 月 21 日的《广州民国日报》,以及 1927 年由黄诏年编、商民部印行的《中国国民党商民运动经过》,所看到的《商民运动决议案》均与中国第二历史档案馆编的《中国国民党第一、二次全国代表大会会议史料》收录相同。此外,国民党二大召开 3 个月后,由国民党中执会印行的《中国国民党第二次全国代表大会会议记录》中收录的《商民运动决议案》,亦与中国第二历史档案馆编的《中国国民党第一、二次全国代表大会会议史料》收录相同。

④ 《商民协会组织条例》,国民党中央执行委员会民众训练委员会编印,1928 年 9 月。

⑤ 具体执行中,各地情形不尽一致。上海市商民协会章程内就没有三总会的规定,只允许店员职工小贩为区商民协会分会会员,行业商民协会成员则规定为"店东及现在董事经理协理等重要职员",见《上海特别市商民协会章程》,《民国日报》1927 年 6 月 10 日。

人部之下牺牲职工本身之地位"，且"同在一个商民协会内，就有店员店东两方面的竞争，同时店员又要向店东要求改良待遇，或增加工资，而店东因经营困难，不能接受店员方面要求的案件，以是又在同一的商民协会内，发生种种困难的问题，甚至店员店东双方顿呈分裂的现象，不断地各处商民协会都有这种情形继续的发生"①。

面对日益严重的劳资纠纷，湖北省总工会与汉口特别市商民协会对"店员加入商民协会"有了些许的松动：在手工业中自做自卖如缝艺、鞋艺等而未雇用工人者，加入工会；半工半商性质之摊担职业者，界乎工商之间，因组织分裂易于在营业发生纠纷，现在革命紧张之时，为巩固革命力量，消灭民众组织内部冲突起见，另行组织摊担联合会，直属于市党部②。但这一协议付诸实施有一定难度，实际操作的尺度不好把握，不能从根本上解决争议。

与湖北地区的暂时妥协不同，上海特别市党部商民部要求有一个明确的划分标准以供遵守，"商人部所谓商人，是否有阶级性的，专指商业资产阶级及大小店主，而不及店员。店员是否应立职工部，而不受商人部管辖"，"统希明示"③。

国民党中央商民部以"事关商民运动范围问题"，"将这个问题提出中央讨论"④。根据中央商民部的呈请，国民党中执会常务委员会第54次会议议决，"由中央商民、工人两部商定，再行核议"⑤。1926年9月22日，国民党中执会常务委员会第60次会议上，中央工人部与中央商民部商定、由工人部提出的"店员原属职工，应隶属工人部，以归划一"议案获得通过，店员脱离商民协会单独组织店员工会，隶属于总工会之下，归各级党部工人部管辖。

脱离商民协会单独组织店员工会后，店员与店东间的纠纷较诸此前大量增加。店员利用工会"向店东方面猛力进攻，把持商店，干涉营业权，追算总账，争夺管理权等，以为非打倒店东不可"。致使"店东逃匿，商店倒闭，因而店员失业，弄得两败俱伤。这样的做法，不但于店员的利益，未有增进，店员的痛苦，未有解除，且店员失业日益增加"⑥。汉口"商民协会各分会，多以工商界限不清，致酿出许多无谓之纠纷"⑦。在国民党中执会政治委员会

① 《中央商人部告店友书》，《申报》1927年11月2日。
② 《湖北全省总工会与汉口商民协会关于劳动条件的决议案》（1927年5月22日），《汉口民国日报》1927年5月24日。
③ 朱英：《商民运动研究（1924～1930）》，北京大学出版社，2011年，第341页。
④ 《中央商人部告店友书》，《申报》1927年11月2日。
⑤ 中国第二历史档案馆编：《中国国民党第一、二次全国代表大会会议史料》（上），第659页。
⑥ 《中央商人部告店友书》，《申报》1927年11月2日。
⑦ 《汉口市商民部四、五、六三个月工作计划》，台北中国国民党党史馆档案，档号：部10393。

第18次会议上,徐谦发言指出:"中国革命要保护小资产阶级,但有许多小商店因为店员工会的缘故,弄得开门既不好,关门也不行。"①

"店员隶属总工会,归工人部管辖"的决议也遭到各地商民协会的强烈反对。南京商民协会认为,"工会遂利用此点,诱迫各商店店员脱离商民协会而加入工会","以多数店友挟工会为后援以压迫店东又岂社会安宁之福"②。上海特别市商民协会筹备处以"中央颁布之商民协会章程第六十三条有商店职工字样,而附议者遂谓商店职员应为商人之一。但按工会条例第一条,凡同一职员,相率附入工会。因此之故,商店职员或主为商,或主为工,聚讼纷纭,莫衷一是。数月以来,纠纷迭起,弊之所至,必陷工商于危险之境"③为由,多次呈文国民党中央执行委员会和上海市党部商民部,反对将店员划入工会,要求明确划分工商界限,将店员划入商民协会。

之所以不断出现这一请求,与上海商民协会筹备处成立各业分会时遇到的争执有关,"至共产既告肃清,工会既奉令改组,职会亦着手进行,并先后呈奉前敌总指挥白暨钧会批准筹备,各业店员亦得正式之保护,从事于真正商民之集合。不料一部分职工未尽明工商之区别,乃于组织商民协会时,受职工会之干涉,纷纷报告来会,请求解决"④。

上海商民协会筹备处的吁请得到上海市党部商民部的积极回应,"据国民政府颁布商民协会法令第六十三条之规定,凡商店店员职工小贩及不属于业商民协会之店东董事经理协理等,均须就各区范围,从速依法组织各该区商民协会分会,同时将筹备情形函,由贵筹备处转报本部审核加委,以资正式筹备。事关法令,仰贵筹备处从速进行,广为宣传,俾各该店员等有所遵循"⑤。经上海市党部商民部审查修正的上海商民协会章程草案第七条也明确指出:"业商民协会以该业之商店店东及现在董事、经理、协理等重要职员为会员,区商民协会之分会,以不属于业商民协会之商店店东、经协理及该区域内之各商店店员、职工、小贩为会员"⑥。很明显,上海市党部商民部认同了上海商民协会筹备处的提议,将店员、职工划归为"商"作为商民协会的会员。

① 中国第二历史档案馆编:《中国国民党第一、二次全国代表大会会议史料》(下),第1116页。
② 《南京商民协会之急要条陈》,《申报》1927年6月20日。
③ 《各省区商民协会请重定工商标准》,《申报》1927年10月20日。
④ 同上。
⑤ 《请于审定条例时划分工商界限》,《申报》1927年5月28日。
⑥ 《中国国民党上海特别市党部商民部审查修正上海特别市商民协会章程草案》,上海市工商业联合会等编:《上海总商会组织史料汇编》下册,上海古籍出版社,2004年,第902~904页。

　　与上海市党部商民部的支持态度相反,国民党中执委并不完全赞同"店员划归商民协会"的做法。对于呈请的上海商民协会章程草案,中执会解释为:"上海特别市商民部面陈关于上海工会组织统一委员会及商民协会争执会员一案,本月十七日第九十一次常务会议议决如下:查商民协会第一条云凡居住中国之商人,不论性别皆得为本会会员,是非商人不得入商民协会,其义明甚。更查其第六十三条云会员月费之多寡,视各地商民之状况如何,但入会费普通商民最高不得过五元,商店职工不得过一元,小贩不得过五角,此是就商人之地位而区别之。故先言普通商人,而及商店职工及小贩,其第二、三种盖对普通商人而言,谓虽商人而资本无多,仍在商店服务者,或尚无行店而仅作小贩者,是此条所谓商店职工,系带有商人性质、于商店资本有关系者乃得适用。非谓凡商店职工即为商人,即须加入商民协会,其义更属显然。以上为当然之解释。如此工商性质方不致相混,该两会应据此意,适当处理"①。强调只是与商店资本有关系而带有商人性质的这部分店员,才能作为商民协会的会员,否决了"凡店员均划入商民协会"的做法。

　　国民党中执会的解释,显然不能满足上海市商民协会筹备会的期望。作为应对措施,上海市商民协会筹备会召集第七次临时委员会,认为"商店店员如果划入工会,则商业前途,覆亡可待"。要求国民党中执会重加审核,"将商店店员划商民协会范围之内",以保障商业之安全。在未得中央正式解决以前,仍遵照市党部商民部所指示办理②,并函请上海总商会"一致力争"。

　　考虑到共同的利益诉求,上海总商会遵嘱呈文国民党中执会:如果以与商店有资本关系者,才能称为商人,而其他辅佐经营商业之人,凡无资本关系者,概不得谓为商人,应在商民协会章程第一条内先确认此项界说,以明何者为商人之标准。但章程中并无此项区别,且第六十三条明定会员资格为普通商民、商店职员、小贩三种,是此条所指之会员,当为第一条所称商人之正确解释,无需于明文规定以外另有解释。此外,草案所认定的商人应为两类,一为独立经营商业者,普通商民与小贩即属此类;二为辅佐他人经营商业者,即商店职工。是商人与非商人,纯以职业为区别,并非以与资本有无关系为断。若以资本为区别,而不以职业为区别之结果,必致工与商争,商与工争,子矛子盾,纷扰转无已时,不如各就其职业,以为区别之为得也……敬请贵会将前项解释,重加审查,予以修正,至深感祷③。上海商业

---

　　① 《请于审定条例时划分工商界限》,《申报》1927 年 5 月 28 日。
　　② 同上。
　　③ 《总商会请修正工商标准》,《申报》1927 年 5 月 29 日。

联合会也主张"工商之界限,应以职业为标准,不应以资本有无为判别","商店店员以买卖货物为务,是从事贸易者,其劳动与一般工作者显然不同。且我国商业习惯,店中获利,店员即有红可分,是虽无资本,而实间接与资本有关也"。"(国民党中执会)谓必与资本有直接关系者始为商,否则为工,似以劳资的解释为工商之标准,不独工商之意义易于牵混,即人之所处之工商地位,亦将难以确定"①。

上海市商民协会筹备会和总商会的呼吁,没能得到国民党中央的积极回应。1927年7月初,国民党中央组织部就上海工会组织统一委员会与商民协会争执会员一案,发布组字第7号公告,再次重申了中执会第91次常务会议的相关决议:"一、以资本贩卖之小贩为商人,可加入商民协会。二、与商店资本有关系之商店职工为商人,可以加入商民协会。至于普通商店职工,与商店无资本之关系者,不当认为商人,不能加入商民协会,其义甚明。又查上海特别市商民协会章程第七条规定,'区商民协会之分会,以不属于业商民协会之商店店东、经理及在该区内之各商店店员、职工、小贩为会员',所谓'商店店员、职工',根据中央执行委员会第九十一次之决议案,当然为与商店资本有关系之职工,至于普通职工与商店资本毫无关系者,不得认为商人,即不能加入区商民协会,现因各地对于条文,仍有误会,特再为解释,希即遵照办理"②。

即便如此,上海市商民协会也没有放弃自己的既定主张。1927年8月底,上海市商民协会筹备会召集各省区商民协会代表会议,议决"呈请中央重定工商标准",并由嘉兴商民协会代表吴原坤起草各省区商民协会致国民党中央党部的呈文,"商店店东与商店职员有着许多共同之处,利益紧密相联":以职务言之,同为操奇计盈,以迁有无;以目的言之,同为逐什一之利,而维持其生活。所不同者,仅为资本上之关系,一为出资以谋利益,一为籍资以图生存,而同舟共济,关系篡切之处莫不同归一途。所以,"店东与职员本为一家,所站地位是平等而非对等,所立战线是一条而非两条,故店东与店员是整个而非各个……商店职员亦应列为商人,已甚显著"。对于国民党中央的工商区别解释,呈文认为有碍于商民协会章程暨工会条例之规定,"不得不以误就误","动辄曰以与商店资本有关系者为商人,而以商店资本无关系者为工人,牵强误解,莫逾于此。例如商店之经理资本关系者比比皆是,而商店之股东为商店之下级职员者亦在所恒有。谓果强以资本有无为

① 《商业联合会呈中央文》,《申报》1927年6月1日。
② 《上海工商两会会员争执案之解决》,《申报》1927年7月7日。

标准,则太阿倒持,职权不得衡其平。况工商之区别,应以业务为标准,设资本为区别,姑无论工商两界俱有劳资,而有资无资时立于对等地位,一直薄弱而幼稚之商店店员,犹易引起阶级之纷争,为祸之烈,犹甚洪水"①。

考虑到商民协会的抗争诉求及各地店员、店东纷争不断增加的现实情况,国民党中央商人部(1927 年 9 月底,国民党中央特别委员会第 4 次会议决定将商民部改为商人部)提出了一个折衷方案,将店员总会划归商人部直接管辖,不再隶属总工会。该方案经中央各部委员会第 6 次联席会议议决通过后,中央商人部即通告各级党部商人部及各地商民协会、店员工会,"嗣后各地店员工会应一律改称为店员总会,概归中央商人部指挥监督","店员应由商民协会登记,手工业工人除主体人(即俗称老板或掌柜)学徒为商民外,其余工人应由工会登记"②。对各省区商民协会代表会议的呈文,中央商人部也作了一定的回应,电令各省区商民协会代表会议主席冯少山:"此后店员团体之名称既已变更,且与商民协会同隶商人部之下,两方之利益,既易调节,一切纠纷,自可减少。来呈所举滞碍情形,亦可谓已得相当之救济。至于商人团体之组织法及工商界限之分析,本部正在详审规划,预备提出第三次全国代表大会讨论。该代表等如有所见,不妨尽量提出,呈报来部,已备采取,仰并知照。"③

为照顾店员的情绪,国民党中央商人部发布一篇《告店友书》:"亲爱的店友同志们呀,你们团体的组织,你们地位的问题,也经过了好几次长时间的讨论,也又经过了好几次的转移和变更,弄得完全归工不成,完全归商又不得。至最近中央始将你们团体的组织,和你们地位的问题确定了,予你们组织职工独立的团体,不归于工人,也不归于商人,划归中央商人部,或各当地党部商人部监督和指挥。从今后你们要认清楚你们团体的组织,要认明白你们地位的情形,同时要以十二万分的诚意,受中央商人部或各当地党部商人部监督和指挥,这是最希望你们的一件事情。"至于店员总会既不隶属总工会,又不隶属商民协会,而是由中央商人部直接管辖的原因和理由,《告店友书》解释为:"以资产来说,你们实是介于无产阶级与小资产阶级之间;以工作来说,你们实是介于产业工人与中小商人之间;以职业来说,你们实是商人而兼做工者。所以你们有独立组织店员团体的可能。但店员不属于工人范畴,而是属于商人范畴,且又与小资产阶级的中小商人有差别,这是

---

① 《各省区商民协会请重定工商标准》,《申报》1927 年 10 月 20 日。
② 《中央民众训练委员会工作报告(1928 年 8 月～11 月)》,《中央党务月刊》第 5 期,1928 年 12 月。
③ 《中央商人部明定工商标准》,《申报》1927 年 10 月 28 日。

店员不能隶属于总工会,又不能归并商民协会的一个重大原因。"在此基础上,《告店友书》认为"现在中国小资产阶级的中小商人,又并没有资本家的资格,配不上做一个资本家,所以你们的行动,不能与无产阶级的产业工人对付厂主(资本家)的行动一致,你们的利益,又不能与无产阶级的产业工人对付厂主(资本家)的要求尽同,所以你们不能隶属于总工会之下,效无产阶级的产业工人对付厂主(资本家)的方法手段来对付店东,这又是你们不能隶属于总工会之下的又一个原因。同样,如果将店员归并于商民协会内,又牺牲了你们店员的利益,对于你们一切的利益,确有点不便宜,所以又不能归并于商民协会内。而特予以独立的组织,划归中央商人部或当地各级党部商人部管辖,这个方法算最适宜了"①。

国民党的折衷做法事实上回避了争执的焦点,自然也谈不上妥善解决。不仅总工会对店员工会改变其隶属关系存有保留意见,各地商民协会亦不断上书或呈文坚持其既有请求——"店员职工划入商民协会组织之下",否则"未免有利用劳资斗争之嫌"②。以至于国民党中央民众训练委员会制定民众团体组织原则及系统时,不得不对店员和店员总会的隶属关系做进一步的说明、规定,政策考量也开始更多地向商民协会一方倾斜:

一,店员、学徒及城市手工业工人,不划入工会范围。"过去工会受共产党把持,除产业工人外,店员、学徒及城市手工业工人,都划入工会组织的范围,造成各地农工商联合战线的破裂,工人与商人两败俱伤,工商业完全停顿,结果店员失业,店铺倒闭。其实店员的性质,不尽同于工人,他们可说是无产阶级与资产阶级中间的阶级,他们的待遇,是比工人优厚,他们的生活,是比工人快活,况店员和店东的关系,绝不像厂主和工人的关系那样单纯,那样无情,其中还有人与人的关系,故店员决不能划入工会的组织范围。"③实际上是再次强调店员总会不能隶属于所在地区的总工会。

二,店员为商民协会成分之一,店员总会隶属于商民协会,"除中小商人而外,店员及摊贩亦应为商民协会之主要成分,其次如学徒及城市手工业者,亦应加入"。由于"店员之加入商民协会怀疑者颇多",兹分别解答如下:1. 有谓店员若与商民共同组织,则与大中小商人合并组织之商民协会

① 《中央商人部告店友书》,《申报》1927 年 11 月 2 日。
② 《上海市商民协会提议之五要案》,《申报》1928 年 3 月 21 日;《苏省商民协会联会之三要呈》,《申报》1927 年 11 月 2 日。
③ 《国民党中央民众训练部指定之民众团体组织原则及系统》,中国第二历史档案馆编:《中华民国史档案资料汇编》第 5 辑第 1 编之政治(3),南京:江苏古籍出版社,1996 年,第 7 页。

无异，殊不知店员虽与中小商人共同组织，而在商民协会内，则仍保存其各别独立的系统，各有平等的代表权，决不致发生彼此压迫之弊，且可借此发生协调的作用。也就是说，店员仍保留其独立的组织即店员总会，只是店员总会不再如同过去隶属于总工会，而是隶属于商民协会。2. 有谓店员既可与店东共同组织，则工人与厂主也未尝不可共同组织，何以工人方面采各别组织法，独令店员加入商民协会。关于这个疑问的解答，前面已经说过，乃是店员与店东的关系，与工厂与厂主的关系不尽相同的缘故。因为店员与店东，在金钱与劳力方面的关系，确不如其在人与人方面的关系重要，武汉店东宁出重资雇用一善于经商并感情融洽之店员，不愿出贱价雇用一平常店员，以影响商业和力争用人权，就是一个很好的例子。况店员年终尚可分取若干红利，此红利乃视商业盈余的多寡而定高低，是其虽为店员，同时亦系商人性质。可想而知，店员既像商人一样的志在经商，则彼此间很少利益的冲突，这又不能和工人与厂主相提并论了。至于"店铺学徒，近的目标在技术上的学习，远的目标在商业的经营。就近的而论，他是商人的助手，就远的而论，则是商人的资格将更加确定，所以也应该加入商协。不过，学徒可以归并于店员总会，不必另成系统"①。也即是说学徒不像店员那样自身还有组织，而是直接加入店员总会，间接达到隶属于商民协会的目的。

国民党中央民众训练（部）委员会拟定的民众团体三民主义训练纲要，对缓和店员店东间的劳资冲突也作了一定的尝试，"在商民运动中，应指示店员生活必须工商业发达始可根本改善，故店员须参加反帝国主义运动，而不应作破坏工商业的阶级斗争"，希望店员能意识到惟工商业发达才能改善生活条件，不要提出过度的要求而与店主发生矛盾冲突，影响工商业的发展。"店员有发展工商业的责任，一方面固应主张劳动法、店员服务法上所给予的权利，他方面尤应注意工商业营业的改进，以为反帝国主义经济上的准备"的规定，则是希望既照顾店员的权利，又保证工商业的发展。至于店主，"必须改良店员及学徒生活，并提高店员工作兴趣及学徒营业技术，然后营业始有发达的可能"②。

"店员为商民协会成分之一"的规定无疑又引起店员工会的强烈不满。芜湖店员总工会即因之致电国民党中央民众训练委员会，要求将店员工会

---

① 《国民党中央民众训练部指定之民众团体组织原则及系统》，中国第二历史档案馆编：《中华民国史档案资料汇编》第5辑第1编之政治（3），第9～10页。
② 同上，第24～25页。

由商民协会改隶总工会,并因坚持"不加入商民协会"而被中央民众训练委员会训斥,"着令解散"①。此外,国民党对于店员的归属问题缺乏明确的认识和一以贯之的政策,相关措施一再变化。为调和劳资矛盾,1929年颁布的《工商同业公会法》又规定,"店员亦得推派代表入会"②,重拾旧有行会制度。对此,国民党中执会解释为:"查店员系辅佐商业主体人经营商业,在商法上为商业使用人,其性质与店东同属商人,应与店东混合组织"。此项规定"足以防止同业公会为店东单独据有,而店员可以会员代表资格保障其利益,当无另设店员职工会之必要。至店员之于店东,虽有雇佣关系,就彼此既共同组织工商公会,自能祛除隔阂,减少纠纷,即偶有纠纷,亦可援用民法之规定,以求解决"③。

第三节　店员工会的存废之争

店员工会成立后,店员店主间的劳资冲突日趋激烈。"劳方受历来束缚,积怨已久,一朝解脱,持工会为后盾,有如虎儿出柙,声势锐利,可令人辟易。其愿望即奢,往往不顾资方之实力,得寸进尺,诛求无厌,徒予资方以难堪",资方则"视劳方如蛇蝎,视工会为寇仇",双方"囿于成见,各趋极端,致资方罢业、劳方罢工"④。矛盾所至,店员工会"控制着全市资本家的资本,不许他们转移资金"⑤,资方则断然要求将"店员工会及职工工会一律解散"⑥。出于缓和劳资关系的考虑,武汉国民党中央执行委员会开始讨论店员工会的取缔问题。

1927年6月15日,国民党中执会政治委员会第29次会议召开,汪精卫提出:"主席团上次到郑州去的时候,总商会长来见,说明商民协会同总工会所定的条件,未得总商会的同意,就是照那个条件去实行,也不能恢复商业。主席团问他是什么道理? 他说店东没有用人的权,商业总不能恢复。"陈公博接着发言:"他们主张解散店员工会,这个要求大大办不到,最多也只能将

① 《中央民众训练委员会工作报告(1928年8月～11月)》,《中央党务月刊》第5期,1928年12月。
② 天津市档案馆编:《天津商会档案汇编(1912～1928)》第1分册,第200页。
③ 严谔声编:《商人团体组织规程》,上海市商会1936年印行,第269页。
④ 陈家驹:《劳资纠纷平议》,《农工商周刊》第5期,1928年2月28日。
⑤ 侏儒镇、横龙乡、五公乡编:《侏儒山方志》,1987年,第67页。
⑥ 广东省档案馆:《民国时期广东省政府档案史料选编·第一、二、三、四届省政府会议录》,广东省档案馆,1987年,第216页。

店员工会加入商民协会。而且店员工会内容非常复杂,例如当经理的一方面算是店员,一方面又算是店东,可以加入商民协会,中级的店员也可以,但下级的贫苦学徒就不能加入了。"詹大悲在发言时更直接表示:"所谓商会只能代表少数的商人,商民协会才是多数商人的代表,取消店员工会的要求,乃是商会进一步的反攻。汉口现在的商业还有一种危险,就是一般商人都将货物运往上海,若不是店员工会监督,恐怕商人已经跑光了,商业也完全没有了。"这次会议的讨论并无最后结果,担任会议主席的孙科表示:"工商业不能恢复的原因,除了交通问题同兑汇问题之外,就是对于工界所发生的误会同恐慌,这种恐慌同误会须设法消灭,然后才谈得上恢复商务。本席以为店员工会同商民协会多少要有一点牺牲的精神,退让的态度。"汪精卫附议说:"主席的话是很对的,如果每一个店员都要起来打倒他的店东,世界各国也没有这种办法。"①从会议发言可以看出,部分武汉中执会委员认为店员工会的行为存在着偏激之处,需要加以纠正,否则工商业的衰败无法挽回。但大部分中执会委员并不赞同取消店员工会,有的甚至充分肯定店员工会的积极作用,认为"要求取消店员工会"是旧式商会的"反攻"要求。

但店员店主间的冲突确实影响到商业的发展,"商店停歇、破产者与日俱增",进而影响到国民政府的经济基础。为此,武汉国民党中央重新讨论店员工会问题,态度也有一定的变化。1927 年 6 月 22 日,国民党中执会政治委员会第 31 次会议召开,未参加前次会议的谭延闿认为:"工商间本不会有冲突,最大的原因就是店员工会。"对这种说法其他执委并未表示异议,这无疑是承认了店员工会的行动,是导致工商冲突的主要原因。詹大悲此时也说:"因为中央承认店员是工人,所以不能不服从中央的意旨。要解决这个问题,须中央对于店员是否工人,店员是否可以组织工会,作一根本之讨论。"谭曰:"店员算是工人,是中央的错;也不是今日的错,乃是从前的错。现在的湖南、湖北小店家,简直不能做生意,连许克祥也晓得取消店员工会,真是为商民解除痛苦的工作,我们一点是没有做到。"谭氏显然对店员工会的行动十分不满,而且还认为前此将店员身份确定为工人完全是错误的。邓演达指出,店员工会已不仅仅只是涉及工商冲突的小问题,"乃是一个革命能否成功的大问题",他主张由中央派专人召集总工会、商民协会开会协商解决办法,谭表示支持。陈公博发言解释了广州时期的中央之所以承认店员为工人,有历史原因,"不得已乃用一个店员工会的名义来统一。在广

① 中国第二历史档案馆编:《中国国民党第一、二次全国代表大会会议史料》(下),第1251 页。

州时势力分散了,所以不觉得什么。在湖北势力集中了,所以就觉得不同。现在或是根本上不要他们存在,或是将他们并入商民协会,或许他们存在而加以改善,总要有一个办法"。他认为召集各方开会,当面恐怕不便直言,可请总工会、总商会、商民协会在规定的时间内用书面向中央报告意见。詹大悲认为即使是书面报告,同样也不会有什么结果,而且"商会当然不赞成有店员工会",这一点十分明确,无需再书面陈述。但会议主席汪精卫根据以往讨论土地问题时,军界代表当面不发一言,后来农民协会发生骚乱,又在背后啧有烦言的教训,强调"有要他们用书面报告的必要"。会议最后决定:"关于店员工会应否存在的问题,分两方面来做,一面由本会函总工会、商民协会及总商会用书面陈述意见;一面由中央工人部、商民部切实调查。综合所得结果,于下星期一具报。"①此次执委会的讨论情况表明,个别执委如谭延闿已倾向于取消店员工会,而且店员工会应否继续存在成了焦点问题,即使当时不同意解散店员工会的执委,也认为需要寻找一个妥善解决的办法,不能再延宕不决。

根据武汉中执会政治委员会第 31 次会议的要求,国民党中央商民部、工人部、商民协会、总工会、总商会均对"店员工会应否存在"问题提出自己的看法。中央商民部在召开部务会议讨论该问题时,多数人认为武汉商业凋敝的原因,一为经济封锁,一为店员要求过度。只不过现在中央训令保护工商业者,店东乘机将全部原因都归咎为店员工会,并不符合实际情况。另外,"店员工会存否问题,与农工政策有密切之关系"。在当时的情况下,"一旦取消店员工会,三万店员难免发生纠纷,而且已组织成立者,中途取消,于革命进行上亦有未便。至于旧商会之组织,不但店员不能加入,中小商人亦多不能插足。现在只有请中央速颁新商会法。至于商民协会表面上与商会接近,精神上却与工会沟通,店员虽为商家之一部分,实际又加入工会。所以根据中央策略,似宜一方根据新商会法改组旧商会,使可以代谋一般商民之利益,与总工会对立;一方令店员工会与商民协会接近,如店员发生小纠纷,即由商协解决,大纠纷即由总商会与总工会解决"。可见,当时的国民党中央商民部倾向于店员尽管加入了工会,但店员工会实际上与商民协会具有同一性,而商民协会表面上与总商会接近,实际上却是对立的,主张"暂时维持现状",对店员工会的过激行为予以告诫②。商民部在随后送

①　中国第二历史档案馆编:《中国国民党第一、二次全国代表大会会议史料》(下),第 1275~1277 页。
②　《中央商民部一周工作报告(1927 年 6 月 27 日~7 月 2 日)》,台北中国国民党党史馆档案,档号: 类 284/255。

交中执会的工作报告中,对这一问题有较为详细的说明:一,武汉的商业弄到这样田地,不专是店员工会认其咎。二,我们承认店员工会有错处,但决不能根本改变工人运动,将它解散,然当严为纠正和警告。三,关于商店的用人、裁员等权,应予店东相当的自由。四,商民的资本,政府须明文制定保护法①。其实,在当时共产党人仍具有相当影响力以及国民党左派执掌权力的情况下,武汉的国民党中央和国民政府并不会轻易解散店员工会,从而使整个工人运动趋于消沉。

国民党中央工人部接到中央执行委员会指令后,选派组织干事李士豪、张僵石、丁人护前往总商会、商民协会、店员总工会、湖北全省总工会、工商俱乐部各处严密调查,"究竟店员工会有无弊病及困难,并征询各方面对于解散店员工会的意见":

(一)店员总工会方面调查经过:李士豪、张僵石于本月二十五日前往店员总工会调查,该会委员长报告该会在湖北总工会领导之下成立至今,会务逐渐发展,现在组织渐臻完备,对于工友的组织训练,自问都有完满的结果。现在组织上,对于党及政府的意思策略,算可以满意贯彻。该会认为店员工会应要继续照旧存在,不宜变更,并谓店东方面对店员虽或有攻击之词,然店员实不能任受。现在店东间有亏本的,是受政府的影响,店员半年来对店东的要求,甚属轻微,绝不能影响到甚么关系,详情载在该会报告书可资参考。二十六日该会委员长董锄平到本会报告,亦属相同。(二)商民协会方面调查经过:本月二十五日,李、张两干事到商民协会调查,该会认为店员与店东的纠纷急应设法补助:(甲)店员干涉营业,如固定店内资本,使失信用等。(乙)童子团原规定每日工作八小时,而实际童工工作不到八小时。(丙)用人权归于工会,店东不能伸缩,不能选择,又不能随时辞退,以至多所不便。(丁)店员总工会对于分会、支部等,不能完全指挥,以致工人不能完全执行纪律。工商联会的决议多未能施行。以上四点,商民协会认为都是现在纠纷的原因,必须从速设法补救。(三)总商会方面调查经过:李、张两干事到总商会调查,该会在会职员,对于调查问题未有主张。他们的答复,参见该会书面报告,但他们表示现在一般商人,多有破产之虞,必须从速设法补助。现在工商业的衰落,因与政治局面有

① 《中央商民部一周工作报告(1927年6月20～25日)》,台北中国国民党党史馆档案,档号:类284/255。

关,然而店东用人无自由权,旺月不能添人,淡月不能减人,营业实在感觉困难。

结合调查结果,国民党中央工人部支持店员工会继续存在并隶属于湖北省总工会,并提出如下理由:(一)武汉店员工会应要存在,集会结社自由,为民众应享的权利,载在党纲,不容怀疑,在此革命紧张时期,尤有组织民众参加革命的必要。武汉店员总数凡四五岁(万),合计全国不下千余万人,此种分子,最受压迫,其要求解放之情,最为迫切。其在国民革命上,即占地位之重大,可以在以往半年历史中见之,从革命的立场来说,对于这些革命分子,唯恐其组织之不及,对于已经组织半年、有三万八千余分子、支部千余之武汉店员总工会,更决无迫令解散之理。(二)武汉店员工会,不能改隶商民协会。武汉店员,是受店东薪水而卖劳力的工人,根据总理颁布的国民政府工会条例,他们当然有组织工会的权利。若把店员隶属商民协会,固无论掠夺店员组织的权利,店员与店东利益不同,志趣互异,亦足以防害商民协会的组织。在此松懈的组织之下,店员无强固的指导,严密的训练,不特不能尽量发挥革命的精神,转恐店员店东中间,纠纷愈见增多,愈难解决,故为店员计,为店东计,为革命前途计,武汉店员工会都不应该改隶商民协会。(三)武汉店员总工会,不能脱离湖北全省总工会独立存在,武汉店员总工会不能解散,不能改隶,其理由已如上述,尚有主张店员工会离开省总工会而独立存在者,这种主张,亦为本部所反对。工人阶级是国民革命的主力军,应有统一的组织,然后其势力可以团结,其力量可以强固,以往分裂的现象,不特是工人本身的损害。店员工会在湖北省总工会统系之下过去的历史中,得到较好的指导,其尚有多少未尽完善的地方,那是省总工会尚未指导周到的缘故,现在补救之道,只在指导省总工会,令其组织更臻完密,其力量更臻强固,使能完全担负组织及指导工人的任务。若令店员工会离开独立,分裂工人组织,那恐怕不止是革命蒙损害,□店员的训练,并且更见欠缺,这是我们可推想得到的。根据上述理由,本部对于店员工会应该要维持旧观、继续隶属湖北全省总工会的主张,认为是无可置疑的。①

上述工人部的态度不难理解,如果人数众多、系统庞大的店员总工会改隶商民协会,当然会对工人运动的发展带来较大的影响。

---

① 《今后之店员工会》,《汉口民国日报》1927 年 7 月 5 日。

　　湖北省总工会呈报的意见是"主张该工会组织仍存在"，汉口总商会则"主张店员可组织团体，但不应隶属于工会系统"①。汉口商民协会执委会紧急会议形成的决议如下："店员务必有团体之组织，惟团体之名称及组织之系统应否仍旧或变更，其权在党，本会不加主张。至店员工会或有组织上之瑕疵，店员也有幼稚之行动，则或为局部问题，或为过去事实，均不能影响店员工会之存在。惟望善为整顿，严加纠正，以结成店员与工商业者之亲密的联合战线，共同努力革命"。随后，汉口商民协会还就这一问题发表宣言："我们为了革命的共同利益，与工商的联合战线，觉得对于店员工会应否存在的问题，应当有一个理智的判断与事实的根据，绝不应凭据我们片面的主观的偏见或成见，徒逞一时的意气，而贻工商前途以无穷之伊戚。因此我们应当迅速地有一个合理的与平允的主张，向社会公开地发表，以免第三者乘机挑拨，毁坏我们革命的工商联合战线，而使他们在暗中鼓掌称快，私庆得计。"②当时的汉口商民协会在工商联席会议举行之后，显然对这一问题的态度尚属和缓，并没有要求店员工会脱离总工会而归属于商民协会。但1927年7月举行的长江流域商民协会代表大会上，"改组店员工会归并商协"成了会议的重要议题，在此后的一段时间内，改变店员工会的隶属系统一直是商民协会希望争取达到的目标，上海等地商民协会不断呈文或上书提出这一要求。于是，究竟是将店员划归为商而加入商民协会，还是仍划为工而加入工会，又成为商民协会与总工会争夺店员作为会员的焦点问题，也使店员工会与商民协会的关系，开始朝着另一方向演变。

　　在总工会、总商会、商民协会以及国民党中央工人部、商民部先后进行书面报告之后，国民党中执会决定由汪精卫、孔祥熙、孙科、苏兆征、吴玉章等五人进行审查。1927年7月27日召开的武汉中央政治委员会第41次会议终于议决："店员工会着改为店员总会，归当地党部商民部指导监督"③，希望借以减少店员店东间的纠纷。根据这一决议，武汉店员工会改组为武汉店员总会④，宁波药行店员工会亦"改组就绪"⑤。但宁、汉此时尚未"完全合流"，武汉中政会的这一决议未能真正在各地得到普遍贯彻执行。

　　鼎定南京后，为根本解决店员店东间的劳资纠纷，国民党开始考虑"店

①　《店员工会问题》，《汉口民国日报》1927年7月1日。
②　《店员工会应否存在》，《汉口民国日报》1927年6月30日。
③　《店员工会改称店员总会》，《汉口民国日报》1927年7月28日。
④　《店员总会第一次筹委会议》，《汉口民国日报》1927年9月7日。
⑤　《药行工会成立》，《申报》1927年9月15日。

员店东混合组织"这一行业传统的实施可能性,"(店主、店员分开组织)不
特反乎旧日习惯,且于本党协调劳资之宗旨相反,其弊或至各店员相率另组
工会,更至纠纷","不如相当程度的采固有会馆制度之精神为善"①,"惟店
员确无专门技能,易为共产谬说所蒙惑,为一时权宜处变计,又似难准其继
续设立工会……(众议)应即解散"②。1929 年 8 月,国民政府颁行《工商同
业公会法》,规定只有"从事业务之产业工人"始得组织工会,店员非产业工
人,"不得另组工会",均须加入同业公会。1930 年,工商部修正《商会法》及
《工商同业公会法》,要求各主管官厅指导商会、同业公会在一年内依法改
组。在国民政府看来,商会、同业公会改组后,"店员有充任会员代表之机
会,从此化除畛域,始可合力以图工商业之发展""工会商会既有联络,复有
互助"③。到 1931 年 6 月,全国呈准备案的各业同业公会有 2000 余所,1931
年底,在国民党第四次全国代表大会上,国民政府要求未改组的同业公会在
最短期间内完成改组任务④。同业公会"改组"后,明确规定各业店员为其
重要组成分子:昆明市糖业商业同业公会规定会员包括店东、经理、店员三
种⑤,药材业同业公会会员分店东、店员两种,店员入会,须在药号内学习 3
年,期满领有满师执照,始能入会为会员⑥。

　　"店员加入同业公会"的规定事实上认定店员工会是劳资纠纷的主要诱
因,且与《工会法》不符,店员方面因之"颇感压迫",上海南货业等店员工会
明确反对"与同业公会合并"⑦,苏州、昆山、闽侯、宁波、永嘉等地职工会,亦
纷纷呈请国民党中央党部永久保留职工会,另订关于店员组织的单行法规。
国民党内部相关职能部门也对"店员加入同业公会"持不同意见,福建省党
务指导委员会训练部即呈请中央党部,申明店员组织工会的理由⑧。对此,
国民党中央执行委员会以店员"与店东同属商人"、具有加入公会的权利为

①　工商部工商访问局编:《商会法、工商同业公会法诠释》,1930 年印行,第 12 页。
②　《广东省政府第三届委员会第三十一次议事录(一九二八年一月三十一日)》,广东省档案
　　馆:《民国时期广东省政府档案史料选编·第一、二、三、四届省政府会议录》,广东省档案
　　馆,1987 年,第 216 页。
③　《工商同业公会法之修正》,《工商半月刊》第 2 卷第 13 号,1930 年 7 月 1 日,第 12 页。
④　秦孝仪:《抗战前国家建设史料——实业方面》,《革命文献》第 75 辑,台北:文物供应社,
　　1978 年,第 119 页。
⑤　《糖业商业同业公会》,杨志:《昆明市十二个公会调查》(1940),李文海主编:《民国时期
　　社会调查丛编·社会组织卷》(二编),福州:福建教育出版社,2009 年,第 600 页。
⑥　《昆明市药材业同业公会行规》,杨志:《昆明市十二个公会调查》(1940),李文海主编:
　　《民国时期社会调查丛编·社会组织卷》(二编),第 593 页。
⑦　中共中央文献研究室中央档案馆编:《建党以来重要文献选编(一九二一～一九四九)》第
　　8 册,北京:中央文献出版社,2011 年,第 474 页。
⑧　《江苏省苏州铁路饭店劳资纠纷案》(一),中国第二历史档案馆馆藏档案,档号:722(4)-92。

由,坚决反对另设店员工会,"同业公会实为员东调协之团体,其目的在增进同业之公共福利,而非为任何个人或一部分人谋一己之利益。虽职工会之组织亦有相当之历史,几纯为店员之集团,此项制度已不适用于训政时期之需要,今后若仍许其存在,则同业公会与职工会难免形成对峙之局,亦即各以其团体为斗争之工具,揆之训政时期民训要旨,显有违背。所呈各节,于法理事实均有未合,应勿庸议"①。工商部收到"保留职工会"的申请后,以《商会法施行细则》第 9 条与《工商同业公会法施行细则》第 10 条规定"店员有充任工商同业公会会员代表加入商会,及公司行号之代表加入公会之机会"为由拒绝②。

　　从实践层面观察,同业公会并未完全按照国民党中央的指令"依法改组"以吸纳店员入会③。店员亦继续"谋求联合"④,比如,1937 年成立的直属国民党县党部的永寿店员工会⑤、1942 年 8 月成立的旺苍店员工会⑥,战后组织的宝应店员工会、宝应调味业店员工会、宝应中药业店员工会、宝应南货业店员工会、盐阜东台城区店员协会⑦等。从整个店员群体观察,工会依然是国统区店员的重要组织形式,"上海先施、新新两大百货公司有黄色工会……其他如上海药业、估衣、煤炭、米业、绸缎、典当等店员,均有黄色工会。天津有店员联合会,有过罢工,芜湖、安庆均有店员工会。"⑧

　　店主方面本就对"同业公会代表在每超过 10 人以上之店铺,得选派店员 1 人为代表,但最多不得超过 3 人"⑨的修改意见"颇为不满",主张"店员代表至多不过 2 人"⑩。店员"继续组织工会"的行动,店主方面

①　《国民党中央训练部令各级党部——各地店员职工取得公司行号代表资格后,可分别加入或参加组织同业公会,无须另设职工会》,《中央党务月刊》第 30 期,1931 年,第 16 页。

②　《店员不准加入工会》,《工商半月刊》,1930 年第 2 卷第 23 号,第 23 页。

③　苏州旅业同业公会即拒绝店员入会,旅业工会亦未解散。

④　《饭食帮店员谋联合——反抗掌柜们的压迫》,《国民公报》1929 年 5 月 8 日。

⑤　1937 年,国民党县党部会同县政府民政科,对县城与各乡镇商户的 532 名雇工,逐人登记造册,成立店员工会,直属国民党县党部。后将县城的理发、缝纫、笼箩铺和铁匠炉、鞋匠摊的工匠及学徒均登记为会员,共有会员 600 人。店员工会的主要活动是摊派工差、社会服务、调解纠纷、发展小手工业者。见永寿县志编纂委员会编:《永寿县志》,西安:三秦出版社,1991 年,第 375 页。

⑥　四川省旺苍县志编纂委员会编纂:《旺苍县志》,成都:四川人民出版社,1996 年,第 430 页。

⑦　《江苏行业与产业工会发展情况表(1945 年 8 月~1948 年 11 月)》。刘明逵、唐玉良主编:《中国近代工人阶级和工人运动》第 14 册,第 597~598 页。

⑧　文虎:《中国职工运动状况》(1928~1930),《中国工运史料》第 23 期,第 185 页。

⑨　《各地店员职工得参加工商同业公会》,《中央日报》1931 年 2 月 19 日。

⑩　中共中央文献研究室中央档案馆编:《建党以来重要文献选编(一九二一~一九四九)》第 8 册,中国文献出版社,2011 年,第 474~475 页。

更是强烈反对,"商会现组同业会,店伙均参加。数年来商业虽不振,而劳资则甚相安,不致如前劳资若仇,苟店员工会再组织,则店东伙友复分门别户,纠纷堪虞"①。上海药业等32个同业公会联名呈请国民党中央,"店员除参加同业公会之外,不应再有任何组织,请明令即日解散店员工会"②。

并且,"店员加入同业公会"的做法事实上未能消弭店员店主间的劳资纠纷:1930年3月,店员斗争上海爆发6次,武汉1次,重庆1次;4月,店员斗争上海爆发3次,唐山2次;5月,店员斗争上海爆发5次,汕港1次。斗争依然围绕"经济问题"展开③,但在店员店主之间又形成新的矛盾:上海同康药材行店员拟加入同业公会,为药行职工会所阻。而同康行内部,却因店员加入同业公会后店员店东间极力争夺领导权,官司甚至打到上海市民训会、社会局④。

面对新出现的劳资纠纷形式,国民党内部处理纠纷的方式慌乱且互相矛盾:中执会、工商部坚持"店员不得组织工会";司法院希求满足店员的诉求,并不惜修改相关法规;中央民运会寻求满足店员店主共同诉求的中庸办法。工商部坚持"店员不能组织工会","店员分子业经中央执行委员会决定于《工商同业公会法施行细则》中增加规定,使其有充任会员代表之机会,《工会法》第一条明白规定,组织工会只能以工人为限,是则店员当然不能包括在内"⑤。司法院重新核议"旅馆、茶酒馆、浴池之茶房、工役应否加入工会"问题,并议决依《工会法施行法》第6条规定,"准其加入工会"⑥。中央民运会提议"店主与店员在同业公会中各组分会",盖从事工商业务之个人,显然以摊贩店员之人数为多,业主及经理人之人数为少,混合组织,秩序既易紊乱,而少数人之意见,亦难免受多数人之挟持,且发展国民经济,必须特别注意业主及经理人之计划,故业主及经理人之利益,更须顾及。是以于工商同业公会之下,使划分分会,商店分会之下,使划分支部,以便调解一

---

① 《商会代表报告出席民府谈话会经过》,《江声报》1933年12月20日。

② 中共中央文献研究室中央档案馆编:《建党以来重要文献选编(一九二一~一九四九)》第8册,第475页。

③ 《全国斗争统计总表(1930年3月份、4月份、5月份)》。见刘明逵、唐玉良主编:《中国近代工人阶级和工人运动》第8册,第721~723页。

④ 《电请同业公会改组展限》,《申报》1930年8月19日。

⑤ 上海市政府社会局:《近十五年来上海之罢工停业》,上海中华书局,1933年,第135页。

⑥ 《关于旅馆茶酒馆浴池之茶房工役应否加入工会问题》,《中央党务月刊》第24卷,第67期,1934年2月,第134页。

切困难①。对于店员原有的工会组织，可以"先行启封，徐图指导改组"②。

　　国民党内部之于店员组织形式的矛盾界定，使其在店员店主间的劳资纠纷处理中，始终处于一种尴尬局面：发生纠纷时，店员、店主均认定自己的诉求合理、合法，并能找到相关的法律界定为支撑。对于处理结果，总有一方感到"压抑"、"违法"，甚至引起双方的共同反感，比如1933年发生的苏州铁路饭店店员与店主纠纷案。

　　苏州铁路饭店店员与店主纠纷，根据国民党中央执行委员会民众运动委员会的报告，发端于店务管理、扩大于职业工会与同业公会的介入：苏州饭店经理陈玉庭，因营业不振，欲加整顿，订立规则10条，公布执行。工人以向例所无，不愿接受，公推朱海棠、夏锦泉二人，暗将规则揭下，送工会拍照。经理得知此情，认为工人别有用心，遂将朱、夏二人解雇，迭经调解，始由调解人送回店内复工，复被经理逐出，工人方面因之不服，双方发生冲突。店方将朱、夏二人，送入公安局，工人遂全体罢工，而店方竟不顾一切，另雇工人接替，风潮始行扩大。后经各方调解，店方允其余工人立志愿书回店，朱、夏二人则坚持不允复工，县党部迭经令饬无效，不无意气乘之，遂议决函县政府将饭店经理陈玉庭拘捕，风潮扩大，因之全市罢市，演成一色之劳资对抗局面③。

　　纠纷发生后，被解雇店员与旅业工会请求县党部依据《劳资争议处理法》第33条"雇主或其代理人在劳资纠纷之调解仲裁期间内不得解雇工人"之规定，迅予恢复朱、夏工作。旅业同业公会反以"茶房非工人业经司法院解释，当不适用工会法"为由相诘驳，指斥旅业工会为非法组织，登报否认旅业工会之合法性。

　　陈玉庭被拘押后，苏州旅业同业公会派东吴旅馆、中央饭店职员暨旅业同业公会委员黄云裳等多人分赴闾门、观前街一带劝令商店停业，各业公会重要职员也参与鼓动，并以旅业同业公会主席薛云龙的名义分呈行政院、中央党部、实业部、省党部、省政府、建设厅、吴县县政府，特别言明：店东纠纷缘于"已经解散之旅业职工会"煽动罢工；饭店整顿店规，解雇朱、夏两茶房理属正当；各旅社鉴于党部一意孤行，法律失其保障，惟有相继停业。要求上述机关保障其权益，依法取缔原已解散之旅业工会。苏

---

① 《中国国民党第五次全国代表大会中央民众运动指导委员会工作总报告》，1935年11月编印，第11页。

② 《江苏省苏州铁路饭店劳资纠纷案》（一），中国第二历史档案馆馆藏档案，档号：722（4）-92。

③ 周光培整理、集注：《中华民国史史料三编》第73册，辽宁：辽海出版社，2007年，第93页。

州各业公会亦于 6 月 17 日召开临时紧急会议,决议全体罢市,声援旅业同业公会与陈玉庭。

对此,旅业工会坚持"县整委会饬令公安局拘禁陈玉庭并不违法",要求江苏省政府令饬吴县政府依照《工会法》与《修正劳资争议处理法》有关规定,严惩店东与煽惑罢市分子,保护茶房复工。苏州各业工会成立后援会与之相抗衡,并于 6 月 17 日在县党部开会,声援工人,指责同业公会策动罢市,并致电县府责令商会从速制止罢市,分电中央民运会、省党部、省政府出面干预,"迅予电饬吴县政府制止罢市举动",严惩主谋。

国民党中央执行委员会民众运动委员会收到各方电报后,派工人科干事祁治平前往调查取证。江苏省政府主席顾祝同"派员前往吴县彻查事件真相"的同时,密电吴县县长邹竞"将陈玉庭克日保释,分别给予县长邹竞、县公安局长茅迺功申诫与记过处分",其目的系先"平息风潮"。

中央民运会工人科干事祁治平、江苏省府秘书处第一科长盛开伟,经过调查取证,分电江苏省党部、省政府,提出 3 项处理办法:一,设法制立双方仇外行动,免致事态扩大;二,释放该店经理陈玉庭;三,由当地党政机关及旅业工会,设法介绍失业工人①。顾祝同将吴县各方面电函与盛开伟调查加以对照、核实后,"确信陈、颜等违法越权,激成罢市,有乖党纪","(县党部)为一县领导人民机关,处理事务稍涉偏颇,即易失民众信仰。倘再不守法度,逾越范围,内而引起社会不安,影响地方,尤为重大"。鉴于"党委违法,激成罢市",国民党江苏省执行委员会以陈质君、颜益生处理工潮"似有操切从事处理失当之处",将二人停职查处,并将此决议呈报中央民运会。

对此结果,苏州旅业职业工会"颇为不满",以常务理事赵湘琴的名义致电国民党中央执委会,称省党部将陈质君、颜益生停职查处,"适中奸商诡计"。苏州各工会对省党部处罚陈、颜的决议亦表示非议,"极力为其说解冤情"。吴县邮务、米业、金银首饰业等 8 家工会,也先后请求国民党中央民运会"恢复陈、颜职务",帮助工人依法复工,严惩煽动罢市的首要分子,"改组旅社业同业公会,以维党纪而利工运"。

旅业同业公会起初对处理意见"较为满意","省方已有明令到苏,对于资方,不啻默示许可,而暂留三分局之陈玉庭,亦由同业欢迎出局,在资方似已可称踌躇满志"②。不过,由于陈质君、颜益生实质上并未解职,国民党中央党部虽应苏州旅业同业公会的请求,"指示处分陈、颜之事交由组织委员

---

① 周光培整理、集注:《中华民国史史料三编》第 73 册,第 93 页。
② 慰庐:《旅业纠纷之轩然大波》,苏州《明报》1933 年 6 月 18 日。

会办理",但"同民国时期许多无尾案一样,对陈、颜的处理再无下文"。旅业同业公会"明令吴县旅业职工会'停止活动',依法推举代表加入同业公会"的诉求亦不了了之。旅业同业公会因之颇为"不满",指责"县党部违法滥权,摧残商业"。①

　　事实上,苏州阊门外铁路饭店的店员与东家感情素为融洽,纠纷发生后,店、东"尤愿从速了结"。纠纷之"小题大做",实因"茶房工会与旅业同业公会之争执"②、吴县党政援引不同法规而形成不同意见所致。因劳资诉求均有相关法律依据,党政意见亦不一致,导致处理结果既"致激资方之怒",又"招致工人恶感"③。

① 《江苏省苏州铁路饭店劳资纠纷案》(一),中国第二历史档案馆馆藏档案,档号:722(4)-92。
② 《铁路饭店事件》,苏州《明报》1933年6月18日。
③ 周光培整理、集注:《中华民国史史料三编》第73册,第93页。

第七章　店员工会与共产党的
阶级动员

　　动员店员加入社会革命是中共开展工人运动、追求劳动者经济改良的重要内容。国共合作时期,中共的店员运动策略是帮助国民党组建店员工会,致力于店员加薪、改善待遇等经济斗争的"革命"引导。国共合作破裂后,国统区店员运动进入"有组织的行动"阶段,引导店员把生活中的日常苦难表述为阶级苦难,并积极开展针对黄色店员工会的斗争。苏区组建赤色店员工会,号召店员"为民族独立自由幸福而斗争"。

　　从内部结构观察,赤色店员工会对店职员的动员、宣传较为关注,经济诉求不是其结构设置的主要考量因素。与国统区店员利益的首要诉求是"加薪、改善待遇"等经济斗争相比,赤色店员工会"过高"的阶级觉悟,有明显的外力影响痕迹。

第一节　中国共产党的店员运动策略

　　店员是中国社会结构的重要组成部分,早期共产党人对其尤为关注,将其界定为劳动阶级,是"阶级战争底三大军团之一","(店员)知识比别的劳动者发达得多,而又无法改良他们的境遇,所感的苦恼更甚"。缘此考量,陈独秀、俞秀松、李汉俊等"准备为上海店员、工人独立办一种机关报发表自己意见"①,邀约"工商友谊会诸先生于 31 日在渔阳里 6 号'外国语学社'开

---

① 《本社特别启事》,《劳动界》第 4 册(1920 年 9 月 5 日)。

会,面商《店员周刊》进行事宜"①。

1921年7月,中共一大召开,公开宣称自己是工人的政党,以工人阶级的利益为第一位,党的工人运动策略是"投身工人队伍中,宣传工人阶级团结起来组织自己的工会"②。但早期中共党人几乎是清一色的知识分子,对工人阶级的了解十分有限,只是因为信奉马克思主义,认定工人是社会最进步的阶级,代表中国未来的希望,因而以无产阶级专政为自己的奋斗目标。投身到具体的工人运动时,中共知识分子才发现中国的产业工人非常少,"目前中国因为产业还未发达,新式工业下的工人可统计的只不过63万余名,连不可统计的,充其量亦不过100万名"③,且无明确的"阶级意识","大部分工人还是老式手工业作坊中的手工业者。他们的思想还完全是宗法式的,对政治持否定态度。他们不问政治。现代产业工人的数量很少,尽管在这些工人中政治觉悟开始发展,但他们的要求充其量只是直接改善他们的状况和本组织的自由。如果我们想要同他们谈论社会主义和共产主义,他们就会害怕而离开我们。只有极少数人加入我们的党,即便这样也是通过友好关系。懂得什么是共产主义,什么是共产党人的则更少"④。

与"63万余名"产业工人相比,1922年,全国店员至少有160万人⑤,且有强烈的斗争意愿(具体见表7-1),并在斗争中展现组织团体的内在诉求。长沙理发业伙友罢工,"至于工价,尚未十分注意,其最争执者,则在另设公会……近闻客师入劳工会甚多,或将以此为其团体之结合云"⑥。经过调停,理发业同业公会修改会规,"会内职员名额由店主与帮伙各占半数,任期一年,投票互选"⑦;广州大新百货公司洋服部店职员"因公司不许依照该工会规定条例办理",于1921年11月13日"罢工一日"⑧。

---

① 林茂生:《陈独秀年谱(1879~1920)》,《林茂生自选集》,北京:中国人民大学出版社,2007年,第87页。
② 中共中央党史研究室:《中国共产党历史》上册,北京:人民出版社,1991年,第61页。
③ 邓中夏:《论工人运动》,《中国青年》第9期,1923年12月25日。
④ 《陈独秀给萨法罗夫的信》,见《联共(布)、共产国际与中国国民革命运动(1920~1925)》,北京图书馆出版社,1997年,第261页。
⑤ 骆传华:《今日中国劳工问题》,第143页。
⑥ 《理发工风潮详志》,长沙《大公报》1921年7月14日。
⑦ 《续志理发工之纠葛》,长沙《大公报》1921年8月22日。
⑧ 《大新公司洋服部工人罢工解决》,《真共和报》1921年11月15日。

表 7 - 1　店员工人经济罢工斗争情况表①
（1919 年 5 月～1921 年 8 月）

时　　间	地点	厂矿名称	罢工原因	参加人数	罢工经过	罢工结果
1919.6.10	长沙	理发工人	要求营业自由	800 人	工人自己营业,被当局捉拿,劳工会、工业总会调停	不详
1919.8.1	汉口	炭业雇伙	要求加资		工人组织炭业工会并召开全体大会	不详
1919.8.6	奉天	理发工人	要求加增工资	数百人	工人代表具禀公务会,各管事出面调停	加
1919.8.10	上海	本帮香工	工作时间长工资少	400 余人	店主多数允加工资,少数反对	不详
1919.8.13	汉口	成衣工人	要求加资	1000 余人	店东在轩辕宫集议	不详
1919.8.15～8.16	上海	客帮香工	要求加资	客帮	劳资双方代表会议	加
1919.9.7～9.12	上海南北市	面店伙友	要求加资及管理公所房产	无锡苏帮丹阳帮一千数百人	伙友等开会讨论,后有殴打对方情事,由警察弹压	加资,小行仍管理公所
1919.10.24～10.25	南满开原	理发工人	要求加资	40 人		加
1919.10.25	汉口	成衣工人	要求加资	3000 余人		不详
1919.11.5	天津	成衣工人	要求加资		保安队拘捕工人 4 名	不详
1920.1.2～1.3	上海城厢内外	药店伙友	要求加资或改洋码	4000 至 5000 人	双方会议,伙友执香至县署要求,双方听从署断	一律加资
1920.2.22	嘉兴	豆腐司(绍帮)	要求加资			不详

① 《城市手工业工人和苦力工人经济罢工斗争情况表(1919.5～1921.8)》、刘明逵,唐玉良主编:《中国近代工人阶级和工人运动》第 3 册,第 451～469 页。

（续表）

时　间	地点	厂矿名称	罢工原因	参加人数	罢工经过	罢工结果
1920.2.24	上海	绳索店	要求将钱码改洋码	100余家,1000余人	去年增加工资一次,现工人要求改洋码	不详
1920.5~6	上海	药业伙友	因米贵要求加资		组织药业伙友会并派出代表	略加
1920.5~6	上海	香店业10家	同上	约300人		不详
1920.5~6	上海	理发工人	同上			加价3分
1920.5~6	上海	饭店伙计	同上			加15%
1920.6.22~6.23	苏州	玉器工人	同上	一千数百	玄妙观前罢市	不详
1920.6.22~7.3	上海	饭店伙友	要求加资		罢工后店主自充堂倌	加资(分别贴米,至米价每石8元时取消)
1920.8	南昌	烟店帮伙	要求加资		店主不允	不详
1920.9	芜湖	成衣工人	反对减资	600至700人	警察劝阻、调解	加
1921.1	宁波	各业伙友	要求加资			
1921.1	镇江	浴堂、茶食筷子、素饭、理发	米贵要求加资	2000至3000人		圆满解决
1921.5.24~5.31	杭州	理发工人	不堪苛待盘剥	1000余人	工人一致行动,警厅弹压	加,并迫使警厅拘留毒打工人的雇主
1921.5.27	广州	食品店店员	要求加资	600至700人		不详
1921.5.21	镇江	烧饼店、面店伙友	米贵要求加资	600至700人		圆满解决
1921.6.2~6.5	上海	洗衣作伙友	要求加资、减时	7000余人		加资15%,工时减为8小时

（续表）

时　　间	地点	厂矿名称	罢工原因	参加人数	罢工经过	罢工结果
1921.6.9	广州	药业工人	要求加资		派出 20 名行友 分头监督罢工	不详
1921.6.30	长沙	理发工人	要求加资 反对解雇			不详
1921.7.30	苏州	香工	要求加资	本客帮	双方开会	分别加资

数量庞大且组织诉求强烈的店员群体因而成了中共早期工人运动的重要内容，"派干部到主要行业中帮助工人组织工会，领导工人进行罢工斗争……形成了联合全市小作坊和小店铺的同盟罢工，大都获得胜利"[1]。并注重对现有店员团体进行改造，使其"离开非工人的招牌工会"[2]，"作一次真正工人联合起来的实力表示"[3]，进而彰显店员团体的"阶级意识"，"不仅在团结劳动者以罢工的手段取得优益的工资和缩短工作时间，尤在养成阶级的自觉，以全阶级的大同团结，谋求全阶级的根本利益"。至于组织形式，"宜依西洋工会组织，由代表会议产生相当名额之委员付与全权组织委员会执行会务。旧的行会式的组织固然要不得，职员太多，多部太繁，权力太分也要不得"[4]。从实践层面观察，中共的动员、改造"取得一定成果"，确立了其"在全国职工运动中的领导地位"，"这对于中共后来的发展具有重大的意义"[5]。

1922 年 5 月，第一次全国劳动大会在广州举行，将店员"从行会、帮口的狭隘思想中解放出来"成为会议的重要内容，"凡能采用产业组合法的，都应一律采用产业组合法去组织工会。确实不能采用产业组合法的，不妨沿职业组合"[6]。其后召开的中共二大，主张将店员的现有行会组织改造为"工会"，"较进步的行会里，共产党也必须进内去活动，为的是要把行会里的雇主驱逐出来，结合性质相近或同一原料做工的各种的行会，组成一个工

---

① 《长沙手工业工人罢工》，刘明逵、唐玉良主编：《中国近代工人阶级和工人运动》第 4 册，第 494 页。

② 只眼：《再欢迎上海各业工会代表团》，上海《民国日报》1921 年 11 月 15 日。

③ 雷瀛：《中国劳动组合书记部加入上海各工团联席（会）所主张的》，《劳动周刊》第 12 号，1921 年 11 月 5 日。

④ 润之：《所希望于劳工会的》，《劳工周刊》湖南劳工会周年纪念特刊号，1921 年 11 月 21 日。

⑤ 张国焘：《我的回忆》，第 220 页。

⑥ 《全国劳动大会经已闭会议决提案九种》，广州《群报》1922 年 5 月 9 日。

会。很守旧的行会和资产阶级为愚弄工人起见所组织的团体、俱乐部、学校等,共产党也要进去活动,在里面组织小团体"①。并主张全国劳工的"有意识结合","务必将每个地方,所有各种产业组合和职业组合的工会,结合为地方劳动联合会,将来由各地方联合会组成全国总工会"②。

中共的动员措施强化了店员的组织诉求,上海金银业店伙罢工,最困难之点,为承认"金银业俱乐部"问题,银楼方面坚持不能承认,"惟增加工资可磋商"③。金银业店伙"谓俱乐部是一个联络同业工友的机关,进一句说,就是保存工人生命的机关","为将来安全计,万不能让步"④。不过,中共的店员运动并非"一帆风顺",中共影响下成立的上海工商友谊会这一时期即公开表示"不赞成劳动组合书记部办法",指责"该部阳假劳动名义,阴作政治活动,向北京非法国会请愿,意图扩张虚伪之工界首领陈某之势力"⑤。

中共三大后,"以国民党的名义,在上海、汉口、天津等大都市急应进行店员组织"⑥成了党的工作的重要内容:上海店伙组织已着手联络,"一二月后便可成立";广州店员从前是未有组织的,现在组织起来了,如三大公司的职工俱乐部。其余店员如经纶如纱绸布匹,如土洋匹头,如土洋杂货,如书业,如当押等20余个工会皆已成立了,而且他们仍想成立一个店员总工会⑦。至于组织形式,店员可以以地域为标准——假使有必要的时候可以在店员联合会之下组织各种分部(烟草部、衣服部、鞋业部等)⑧,"在北方及长江流域各地,目前正在严重反动局势之下,工会的组织当然不能得到公开的自由;可利用各种灰色组织——俱乐部、游艺会、进德会、体育会⋯⋯,得到半公开的活动。但内部须采取工厂支部的组织,严密而集中的原则"⑨。其后召开的中国共产党第四次代表大会,决定设立中央职工运动委员会(书记张国焘),从机构设置上强化店员运动的领导。当然,"以国民党的名义"前提是"不妨碍阶级斗争",且要"尽力活动,取得指导权,吸

---

① 《关于"工会运动与共产党"的议决案》,《中共中央文件选集》第1册,1989年,第82页。
② 《中国劳动组合书记部山东支部宣言》,《山东劳动周刊》第1号,1922年7月9日。
③ 《调解金银工潮第一声》,上海《民国日报》1922年10月12日。
④ 《金银业工人罢工态度之坚决》,上海《民国日报》1922年10月15日。
⑤ 《上海工商友谊会宣言》,上海《时报》1922年9月8日。
⑥ 《中共三届一中会议国民运动进行计划决议案(一九二三年十一月)》,中华全国总工会编:《中共中央关于工人运动文件选编》上册,第29页。
⑦ 冯菊坡:《广东职工运动之进步》,《人民周刊》第14期,1926年6月10日。
⑧ 《工会运动问题决议案》,《中共中央文件选集》第1册,第238页。
⑨ 《组织问题与其运用之方法决议案》,《中国第三次全国劳动大会会刊》第7期,1926年5月9日。

收觉悟分子,组织我们党的支部",以"阶级的宣传为第一要务"①,并"利用各阶级间的冲突而使工会完全在党的指导之下,以在国民革命中,取得领导地位"②。

国共合作掀起的国民革命运动,中共主张"特别注意商店店员和手工业工人","努力发展店员工会,和各种手工业工人的组织以增厚工会力量"③,切实注意"店员的组织工作,以造成工人运动的新局面"④。认为"手工业与店员之发展,其意义能使工贼在手工业中之势力日渐消灭,而使我们的工人运动普及于城市工人中及一般市民的印象中"⑤。对于已有的店员组织,"第一步须使这些职工团体成为阶级组织,不使资产阶级分子掺杂其中,这是最要注意的"⑥,上海方面,"尤注意南货业职员公会","现准备召集全体代表大会,改选职员,征求会员,并已出一月刊以资宣传,不久当有发展"⑦。

随着国民革命运动的推进,中共在各地组建店员工会的活动渐次展开:工人运动方面,现已恢复挑夫工会、理发工会、渡船工会、店员工会等,共有会员2000余人⑧;1926年6月,中共上海区委决定建立店员、手工业2个产业总工会,店员工会委员长先后为郭景仁、章郁庵⑨,到9月份,增加5个店员工会,会员3350人⑩;中共在安源市逐渐恢复和组织起店员、缝纫、泥工、饮食等行业工会,"会员达四五千人"⑪。

① 中共中央文献研究室中央档案馆编:《建党以来重要文献选编(一九二一~一九四九)》第2册,北京:中央文献出版社,2011年,第230页。
② 《职工运动中党的发展及其关系决议案》,《中共中央文件选集》第2册,第15页。
③ 《地下党云南临时省委对于云南工作及政治状况报告(节录)》,1927年12月16日。云南省总工会工人运动史研究组编:《云南工人运动史资料汇编(1886~1949)》,云南人民出版社,1989年,第208、212页。
④ 《今后上海职工运动的改进计划》,《教育杂志》第2期,1926年10月25日。
⑤ 《上海工委宋林关于最近五月来上海职工运动报告》,《上海革命历史文件汇集(中共上海区委宣传部组织部等文件)》(1925年8月~1927年4月),第495页。
⑥ 《中国共产党中央扩大执行委员会会议文件·职工运动决议案》,《中共中央文件选集》第2册,第204页。
⑦ 《上海工委宋林关于最近五月来上海职工运动报告》,《上海革命历史文件汇集(中共上海区委宣传部组织部等文件)》(1925年8月~1927年4月),第510页。
⑧ 《团陆丰特支给团中央的报告——关于民党、农运、工运工作情况》(一九二六年四月),中央档案馆、广东省档案馆编:《广东革命历史文件汇集·群团文件》,1982年,第376页。
⑨ 中共上海市委组织部、中共上海市委党史资料征集委员会、中共上海市委党史研究室、上海市档案馆编:《中国共产党上海市组织史资料(1920.8~1987.10)》,上海人民出版社,1991年,第78、80页。
⑩ 《上海工委宋林关于最近五月来上海职工运动报告》,《上海革命历史文件汇集(中共上海区委宣传部组织部等文件)》(1925年8月~1927年4月),第495页。
⑪ 黄爱国、杨桂香主编:《安源路矿工人运动研究》,南昌:江西人民出版社,2013年,第140~141页。

　　组建店员工会的同时,中共致力于店员加薪、改善待遇等经济斗争的"革命"引导,鼓吹"全面解放","我们平素身受的不平待遇,不只薪水一项",要求"集会结社言论出版之自由;分红之权利;服务八小时、读书八小时、休息八小时之绝对的权利;非出自互助情感甘愿为同事治事时,不得强制其为任何私人服务;参加政治运动的自由权;不得以执事人私人之好恶任意开除店员;执事人饮食起居不得与店员有优劣之分"等①。

　　中共之于店员运动的努力扩大了其在店员当中的影响力。上海先施百货公司职员罢工胜利后,罢工积极分子、绸缎部职员周良佐即被吸收为中共党员,并当选为先施公司职工会的执行委员,以先施公司职工会全权代表身份在上海店员联合会任常务委员②。大连店员的加薪运动爆发后,20余名店员被发展为中共党员,并建有店协、亚东银号两个党支部③。黄岩药业店员加薪成功后,"中药工人马仁孚成为地下党员,从此有了中药业工会"④。

　　至于这一时期,国民党内部针对店员属于工人还是商人,应组织工会还是加入商民协会等问题展开的争论,中共明确主张店员"归到商业职工的组织","(商民协会)不宜加入下级店员"⑤,"(公营商店及机关生产商店)加入商会及同业公会与一般商人同样负担勤务,店员则加入店员工会"⑥。在中共看来,商民协会"是个纯粹中小商人的组织",其"政治观念却是模糊"⑦,而店员是"半无产阶级","地位和贫农及小手工业者不相上下,对于革命宣传极易接受"⑧,二者有着本质的区别。因而,对于商民协会,中共只强调其成为"日渐革命化的机关",对于店员组织,则注重其阶级属性,"使

---

① 勺波:《对增薪运动之管见并致商界青年诸君》,《泰东日报》1926年2月7日。
② 子塑、郭亮整理:《绸布业部分地下党员和店员群众的早期斗争片断》,中共上海市委党史征集委员会主编:《上海衣着业职工运动史料》,1985年,第108页。
③ 大连市史志办公室编著:《中共大连地方史》上卷,大连出版社,1996年,第62页。
④ 沈钦馥:《城区店员工会及其"职工生活"》,《黄岩文史资料》第11辑,第166页。
⑤ 《中共中央文件选集》第2册,第220页。
⑥ 《冀鲁豫行署公告(一九四六年五月十四日)》,见中共冀鲁豫边区党史工作组财经组编:《财经工作资料选编》(下),山东大学出版社,1989年,第284页。
⑦ 当然,中共对中小商人的认识有一个变化的过程。五卅运动之前,中共对中小商人参加革命持怀疑态度;五卅运动以后,中共认为"中小商人革命性的表现是很强的",开始积极推进商人运动。为"拉住"中小商人,中共主张"店员分子同志要打入商协","中小商人上海60万,很重(要)。商民协会已组织,是大小商人联合对付上海工人,包括各派大小买办等都在内,我们要拉住中小商人。汉口首先中小商(人)反对,现已联盟。此运动店员关系很大,同时党要在中小商人中发展,否则党棍的党是不好的。不能领革的。同时店员分子同志要打入商协,拉住中小商人。"(《上海工人第三次武装起义》,第400页)。中共七一五事件后,中共基本认定中小商人对于革命是动摇、犹豫的。
⑧ 毛泽东:《中国社会各阶级的分析》,《毛泽东选集》第1卷,北京:人民出版社,1991年,第7页。

其成为阶级组织"。

当然,在中共的政策考量中,战斗力最强的是产业工人,联络、组织店员是为了弥补"大产业工人数量太少"的缺陷,且"商店雇员又失之散漫",只有以少数产业工人为中心,而环绕着广大的手工业工人、小工厂工人和商店雇员的运动,才是统一的有力的工人运动①。与之相应,"各工会组织之重要对象为产业工人与市政及交通工人,次为手工业及店员"②。具体革命活动中,中共亦"不确定店员的可靠性",上海第三次工人武装起义时,中共曾认为"工作很紧张,店员、邮电成问题","罢工中可注意的为店员与手工业工人,我们上层要使店员原谅,避免冲突"③。

值得注意的是,店员是否属于工人,是否应该加入工会,中共内部有着不同的声音。中国共产党第五次全国代表大会通过的《对于职工运动决议案》,以注释的形式批判了"店员与店东的争斗,是资产阶级内部的争斗,我们不必为店员的利益,失掉了整个的小资产阶级"的观点,认为店员"根本上是一种雇佣劳动者",其劳动关系,"多半是一种封建式的主奴关系,不经过斗争,不能打破封建势力的束缚……我们要使他们组织起来,成为政治斗争的领导力量"④。既要批判,说明党内之于店员的阶级属性的分歧已相当明显了。

中共五大通过的《对于职工运动决议案》,仍然没能消除党内关于店员阶级属性的分歧。中共内部仍有人质疑店员加入工会的正当性,视店员为"资本家压迫工人的工具之一",反对在苏区吸收职员加入工会,"职员是一个什么东西呢? 上海的工人告诉我们是'饭桶'! ……职员不做工只是吃了资本家的饭专门替资本家压迫工人……这些家伙都是资本家压迫工人的工具之一,很得力很厉害的工具……这些'饭桶'是工人的死对头……职员不是工人阶级一路的人……工人阶级不独不能允许职员加入工会,还应打倒职员和打倒资本家一样。"⑤对此,刘少奇著文予以批判:"我们所了解的职员,恰恰与锹同志所了解的相反。我们所了解的职员,恰恰不是那些工厂里的经理、厂长、工程师、管理人、监工及工头等直接管理工人的人,而是另外的广大的职员群众。这些人是商店的店员,银行、公司、行号、局处、交易所、堆栈、邮电、海关及其他政府机关与企业机关的职员,这些职员并不是代表

---

① 《中共中央文件选集》第 2 册,第 98 页。
② 《上海总工会呈第四次全国劳动代表大会的报告书》,《上海革命历史文件汇集(上海各群众团体文件)》(1924~1927),第 363 页。
③ 黄逸峰、周尚文:《上海工人第三次武装起义》,上海人民出版社,1979 年,第 279、399 页。
④ 《对于职工运动决议案》,《中共中央文件选集》第 3 册,第 86 页。
⑤ 锹:《关于"苏区阶级工会的会员成分"的讨论》,《红旗周报》第 44 期,1932 年 6 月 8 日。

资本家管理工人的。他们的薪水是很小的(薪水大的也就是代表资本家负某部分责任的),生活是很苦的,经常受着资本家及高级负责人员的压迫、剥削和贱视。他们也不断地起来反对资本家(如各地店员行会的罢工,"五卅"省港罢工中洋行、码头的职员,广州、汉口银行海关职员的罢工,以及从前北京政府的雇员罢工等)。"

　　为使自己的观点具有说服力,刘文进一步指出,从职工国际的指示看来,革命工会是应该吸收职员加入的。"赤色职工会应能将全厂工人职员吸收进来,用最大力量保护本企业整个工人职员的利益。""最大多数的职员在无产阶级革命的时候,是能积极参加革命斗争反抗资产阶级的剥削的,是工人阶级一路的人。"就是在赤色职工国际之下,也有一个职员工会国际:德国有政府机关的吏员工会;欧洲许多国家有雇员工会;中国"武汉时代",通过动员店员和银行职员工会,很快地将武汉的现金集中起来。所以,"在白区内吸收一切职员(除开少数薪资特别大与资本家有密切联系的及直接管理工人的职员)加入工会是必要的,在苏区更是必要的。在苏区,国家机关及苏维埃企业机关,学校教员与高等学校的学生等,一切的职员,连国家工厂的厂长(不是旧时的厂长)在内,均应该可以加入工会,因为他们都是为苏维埃国家服务的劳动者。"①"不允许职员加入工会,职员加入工会一般的剥夺他的选举权与被选权,笼统的一般的反对职员"的说法,是中国职工运动中历史的错误观点之一,是"应该纠正的"。

　　具体实践中,中共组建的店员工会,成员较为广泛:龙岩店员工会为了团结小资本家小工商业者,也让他们中的少数积极分子参加工会,好像"小洄溪"药房的老板便是店员工会的会员。但"基层工会的领导权牢牢掌握在革命性强的先进工人手中,这样化消极为积极,扩大团结面,极得人心"②;工农红军占领大庸县城后,店员工会重新成立,会员包括店员、手工业工人、码头工人③。中国店员手艺工人工会甚至实行"店员即工人"政策,模糊店员与产业工人的差异,店员和"其他手工企业中的工厂工人(如织布、纺纱、纸业工厂等)"均得为其成员④。不过,与国民党控制区域内学徒(练习生)

①　仲篪:《再论苏区阶级工会的会员成分并驳锹同志》,《红旗周报》第51期,1932年11月1日。
②　翁进煌口述,翁伟整理:《龙岩早期工人运动概况》,《龙岩文史资料》第5辑,1982年,第40~41页。
③　孙剑霖主编:《湘西土家族苗族自治州工人运动简史》,长沙:湖南人民出版社,2009年,第82页。
④　《湘赣省店员手艺工人工会的组织任务决议案——全省店员手艺工人代表大会通过(一九三三年十月一日)》。江西省总工会、江西省档案馆选编:《江西工人运动史料选编》,南昌:江西人民出版社,1986年,第611页。

加入店员工会不同,中共主张学徒单独成立工会,龙岩县、茶陵县等地即分别成立店员工会、学徒工会①。

对于店员运动中存在的过激行为,中共主张"调和店员过分的要求,规定营业管理权,保证店员不干预营业,由总工会代表劳工部、商民协会、店员总会组织委员会考察店员提出的条件,并按照物价比例规定合理的限制"②,"在手工工厂与店员的斗争中,要注意资本家的经济能力,提出的要求不可超过他的能力之外,对于团体契约的争斗,也应就客观的形势而相当的让步"③。为缓和与国民党的关系,中共甚至提出店员与店东的冲突"不可轻取罢工手段"④,同意"由国民党和总工会对店员工会进行改组","工会不得干涉店员的雇用和解雇,不得干预店铺的管理。工会不得惩罚店主"⑤,"更不能侮辱店东,如逮捕、罚款、戴高帽子等事。童子团执行警察职务,如捕人、干涉行人等事,应严行禁止"⑥。

四一二政变后,"各地畸形之农工团体一概取消,重行组织"⑦。大部分店员"被强迫"加入"资产阶级改良主义的工会","消沉期内,我们的工会工作,确实困难万分。在上海方面,我们只有一个印刷工会、一个机器工人俱乐部和一个金银业工人俱乐部,后来成立一个店员工会,人数却是很少"⑧。中共浙江省委一度计划将店总取消,"划归各区委员会负责,因为现在的工人运动,只能在有党的关系下可活动也"⑨。

但是,重压之下召开的"八七"会议及中共中央扩大会议,不承认中国革命已经陷入低潮的事实,认为店员"现时都有极切迫的经济要求,现时经济罢工是开创新的职工运动的唯一道路,而且是如干柴着火一般极容易爆发的,我们党应当有计划的有组织的站在工人群众面前勇敢的领导他们"⑩,

---

① 需要指出的是,学徒、店员分别组织工会后,关于学徒的经济斗争依然是店员工会的重要工作内容。宁化店员工会成立后,规定商店学徒工作满 1 年、2 年、3 年者每月工资为银圆 2 元、3 元、8 元,实行 8 小时工作制。宁化县志编纂委员会编:《宁化县志》,福州:福建人民出版社,1992 年,第 540 页。

② 《中共中央文件选集》第 2 册,第 88 页。

③ 《中共中央文件选集》第 3 册,第 60 页。

④ 《中共中央文件选集》第 2 册,第 568 页。

⑤ 《中共中央文件选集》第 3 册,第 293 页。

⑥ 同上,第 256 页。

⑦ 蒋中正:《关于党务之提案》,《中国国民党第二届中央执行委员会第四次全体会议记录》,中国国民党中央秘书处,1928 年,第 141 页。

⑧ 邓中夏:《中国职工运动简史(1919~1926)》,第 121 页。

⑨ 中央档案馆编:《浙江革命历史文件汇集·省委文件》(1926~1927),1986 年,第 56 页。

⑩ 《中共中央扩大会议职工运动决议案(1927 年 11 月)》,《中共中央关于工人运动文件选编》上册,第 217~218 页。

"组织他们的职业工会,力争改良他们的生活及政治社会地位"①。并抓住店员斗争"中心的地方,尤其是镇市"②,同时"注意乡村手工业店员工人及北方工人之组织与争斗"③,将农村店员组织的独立工会"与城市的工会建立组织的关系"④。

根据这一思路,中共在国统区内致力于"建立手工业店员工会等革命群众组织"⑤,店员运动进入"有组织的行动"阶段,大批党员深入店职员当中进行动员活动,"内容和现实政治有更紧密的关系",形式上"更为民间化,技巧上也更趋完善","每一个(党的)普通口号都是从工人的日常基础要求中自然而然的喊出来的"⑥。中共的外力介入下,国统区赤色店员工会纷纷建立:百色店员工会入会店员 300 余人,是当时各行业会员人数最多的一个基层工会⑦;枫桥镇党组织秘密成立枫桥赤色店员工会,并积极发展先进工人入党⑧;1928 年春,中共地下党员张其清、丁瓒、刘瑞龙等秘密组织南通县店员工会,会员 1500 多人⑨;1929 年,中共莆田县委书记王于洁组建店员工会等组织⑩;1930 年,中共党员马文玉在阆中城关建立第一个店员工会,在店员学徒中组织读书会,并吸收积极分子入党⑪;1930 年,中共泉州特支组织部长蓝飞鹤和蓝飞凤等人,组织成立泉州店员工会⑫;1931 年,中共党

① 《中共中央紧急会议最近职工运动决议案(1927 年 8 月 7 日)》,《中共中央关于工人运动文件选编》上册,第 198 页。
② 《中央致广东省委信——关于广东职工运动的指示(1928 年 9 月 2 日)》,《中共中央关于工人运动文件选编》上册,第 289~290 页。
③ 《中华全国总工会为第四次劳动大会宣言》,《汉口民国日报》1927 年 6 月 15 日。
④ 《中共中央文件选集》第 5 册,第 297 页。
⑤ 《中华苏维埃第一次全国代表大会各级准备委员会组织大纲(一九三〇年三月二十日)》,《红旗日报》1930 年 3 月 20 日。
⑥ 《中国共产党第六次全国代表大会职工运动决议案(一九二八年七月九日)》,《中共中央关于工人运动文件选编》上册,第 275 页。此外,《中共中央扩大会议职工运动决议案(一九二七年十一月)》、《中央致江苏省委信(一九二八年一月十八日)》、《中央致福建临委信(一九二八年五月七日)》、《中央致山东省委信(一九二八年六月二十一日)》、《中央致广东省委信(一九二八年九月二日)》、《中央致陕西省委信(一九二八年十月八日)》、《中央通告第十九号(一九二八年十一月二十八日)》等均强调职工运动的组织化、技巧化,并探讨具体的技巧运用。《中共中央关于工人运动文件选编》上册,第 223、235、243、257、288、302、316 页。
⑦ 莫亚人主编:《中国共产党百色市历史(1921.7~2007.9)》,第 52 页。
⑧ 李永鑫主编:《绍兴通史》第 5 卷,杭州:浙江人民出版社,2012 年,第 292 页。
⑨ 南通市地方志编纂委员会:《南通市志》(下),上海社会科学院出版社,2000 年,第 1761 页。
⑩ 中共福建省委党史研究室编:《福建红色人物》(上),北京:中共党史出版社,2012 年,第 331 页。
⑪ 马玉书:《回族人物》,《阆中文史资料选》第 15 辑,2003 年,第 211 页。
⑫ 中共晋江县委组织部等编:《中国共产党福建省晋江县组织史资料(1927 年 1 月~1987 年 12 月)》,第 26 页。

员李明歧发起成立肥乡县店员工会①;中共党员张大陆组织成立荆门店员
工会②;1931 年,林头店员工会在中共含山县委的影响下成立③,弋阳店员
工会系党领导下的行业工会④;到 1936 年底,河南先后建立赤色工会组织
50 多个,会员 2000 人,主要有信阳店员工会、驻马店店员工会等⑤。但外力
介入的赤色店员工会"缺乏民主化,形成少数的一部分人来包办工会,以命
令方式来指挥群众,使工会组织未真能成为工人群众的阶级组织",且"没有
造成在组织上的骨干,没有造成与企业中工人之密切关系"⑥,"工会生活非
常缺乏,而成少数人包办的机关,命令主义极其浓厚"⑦。

　　建立赤色店员工会的同时,中共要求开展针对黄色店员工会的斗争,
"发展店员、手工业工人的组织,与行会及黄色工会作坚决的斗争,建立赤色
手工业、店员工会,是目前必要的任务"⑧。至于店员中间广泛存在的帮口
现象,"应按照他们的职业和过去的组织习惯作为组织的原则,采取一种联
合的组织形式,将各帮口的工人都吸收在工会内,逐步加强工会的权利,消
灭帮口的权利,引导其向产业组织的方向发展"。"必须反对店员以作坊或
店铺为单位组织工会,或一个作坊、一个店铺内的工人参加两个以上的工
会。"⑨在白色恐怖较为严重、不能组织赤色工会的情况下,"可利用工人的
习惯和关系,组织各种灰色的或原始的群众的组织,如'兄弟团'、'储蓄
会'、'聚食会'等",不过要逐渐加重这些组织中"工会的作用",尽量减少其
封建性,"逐渐的转为工会组织"⑩。

　　中共之于店员运动的"斗争"政策,严重削弱了其在国统区店员群体中

---

① 王福建主编:《肥乡县志》,北京:方志出版社,2001 年,第 203 页。
② 陈国强主编:《沙洋县志》,第 1194 页。
③ 中共巢湖地委组织部、中共巢湖地委党史办公室、巢湖地区档案馆:《中国共产党安徽省巢
　湖地区组织史资料(1927.4~1987.11)》,合肥:安徽人民出版社,1993 年,第 43 页。
④ 中共弋阳县委党史工作办公室编:《中国共产党弋阳县地方史(1925~1949)》第 1 卷,2010
　年,第 24 页。
⑤ 河南省地方史志编纂委员会编纂:《河南省志》第 23 卷《工人运动志农民运动志》,郑州:
　河南人民出版社,1997 年,第 32 页。
⑥ 项英:《过去一年来职工运动发展的形势和目前的总任务》,《中国工人》第 8 期,1929 年 5
　月 15 日。
⑦ 《苏区工会运动决议案——苏区第一次代表大会通过(1931 年 11 月)》,《中共中央关于工
　人运动文件选编》中册,第 131 页。
⑧ 《第五次全国劳动大会·工会组织问题决议案》,中华全国总工会中国职工运动史研究室
　编:《中国历次全国劳动大会文献》,第 343 页。
⑨ 《第四次全国劳动大会·组织问题决议案》,中华全国总工会中国职工运动史研究室编:
　《中国历次全国劳动大会文献》,第 248 页。
⑩ 《中华全国总工会第二次扩大会议(1929 年 2 月)》,《中国工人》第 8 期,1929 年 5 月
　15 日。

的影响力。中共开展国统区工人运动,参与群众"主要是店员、手工业工人",上海店员和印刷(尤其是店员)工会、武昌店员工会、汉口店员,"是可以影响和指示他们的工作和斗争的"①,但"经过几次大的罢工失败,店员手工业工人的组织大部分瓦解⋯⋯(上海)店员赤色会员只有65人"②。

与国统区的"斗争"策略同步,苏区店员工会进入"有计划地组织阶段"③,"手工业工人与店员的组织(尤其是在各县、市中),许多地方都以一种产业的方法去组织他,这是不可能的。这些工人,我们应按照他的职业和过去的组织习惯,来做组织的原则。中华全国总工会应该即刻颁布一种关于手工业工人与店员工会的组织大纲,来做各地的标准"④。随着中共武装政权的建立,苏区赤色店员工会纷纷成立:海陆丰苏维埃政府恢复活动后,"已有染坊工会、布业、店员工会成立"⑤;吉安县赤色店员工会分钱业、洋货业、杂货业等工会,其中以丝线、剃头两业较为激烈,余不过随声附和而已⑥;确山农民武装接管确山县旧政权后,相继建立铁路工会、店员工会、商民协会等10余个群众团体组织⑦;工农革命军第二次进入茶陵后,相继组织了店员工会、农民协会、学徒联合会、儿童团、工人纠察队等群众组织⑧;龙岩各区乡红色政权建立后,店员工会、学徒工会纷纷成立,"几乎遍布各行各业"。店员工会成立最早,力量最大,人数最多,"其他工会由于行业和工作的限制,本身社会地位的影响,不论斗争性、规模和力量都远不及店员、学徒工会"⑨;"红军首次解放泰宁"后,成立了店员工会等十几个行业工会⑩;

① 项英:《过去一年来职工运动发展的形势和目前的总任务》,《中国工人》第8期,1929年5月15日;湖北省总工会编:《湖北省工会组织史资料》(1921年10月～1987年11月),第59页。

② 《中华全国总工会给赤色职工国际第五次代表大会报告之一部——赤色工会发展的概况及其活动》(1930年6月15日),《中国工会历史文献》第3册,北京:工人出版社,1958年,第69、73页。

③ 《中华全国总工会对于苏维埃区域工会工作计划大纲》,《中国工会历史文献》第3册,第291页。

④ 《中共中央文件选集》第3册,第62页。

⑤ 《中共海陆惠紫特委给广东省委报告(1929年12月6日)》,《海陆丰革命根据地》,北京:中共党史出版社,1991年,第457页。

⑥ 《吉安浩劫记详》,《中央日报》1930年12月10日。

⑦ 中共确山县委组织部等编:《中国共产党河南省确山县组织史资料(1926～1987)》,郑州:河南人民出版社,1993年,第13页。

⑧ 中共茶陵县委党史办编:《茶陵党史丛书》第1辑,第171页。

⑨ 翁进煌口述,翁伟整理:《龙岩早期工人运动概况》,《龙岩文史资料》第5辑,1982年,第40～41页。

⑩ 黄宁道、吕献明主编:《泰宁中央苏区红色印记》,泰宁县老区建设委员会办公室、中共泰宁县委党史研究室,2008年,第133页。

1945 年 12 月,中共法库县委建立后,在印刷行业中成立店员工会①。

对于这一时期苏区店员工会普遍存在的"允许店东老板加入工会"的现象,《中华全国总工会对于苏维埃区域工会工作计划大纲》《中共苏区中央局关于工会运动与工作路线的通告》予以严厉批评,"严格的说,没有阶级性的工会,没有健全的雇工会的组织,而形成店东、手工业者和富农占据工会的领导机关,这是极危险的现象和错误"②。

与国民革命时期一致,中共虽认为店员的争斗"成为目前很重大的问题",出发点仍是"产业无产阶级的数量太少",只有取得手工工厂工人与店员"这些群众",使其"完全团结在产业工人的周围,力量才能伟大"③。如果"将工作重心放到小企业、手工业工人、店员以及许多其他的散漫的无技术的工人中间去","便是为反动工会所玩弄了",是革命工作中"贪便宜"的倾向④,"工作偏于店员手工业方面"甚至成了党在白区工会运动的弱点⑤。只是"在没有产业工人的城市",店员才"等于产业工人一样"⑥。1929 年 11 月,中共中央顺直巡视员在报告中也认为,北平"有三部分的群众可以作我们的对象":第一是产业工人,"这是我们最可注意的群众";第二是城市贫民、苦力、火车夫、洋车夫、水夫、粪夫、煤夫、店员、学徒、匠人,"这些人要在北平占绝大多数","合了他们的家属,应有六七十万口,占北平全市四分之三","这真是广大的劳苦的群众,其地位仅次于产业工人"⑦。

抗战全面爆发后,中共借国共合作、共御外辱之机,希望在国统区重建自己的群众基础。当然,策略有了较大变化,不再以建立政治色彩鲜明的工会及抗日团体来动员群众,"而是根据不同层次群众的觉悟程度、切身要求,组织各种符合社会习惯、切合群众需要,能够公开活动的、带有文化联谊、生活互助性质的组织……开展带有政治性的生活活动,或带有生活性的政治活动"⑧,强

---

① 法库县地方志编纂委员会编:《法库县志》,沈阳出版社,1990 年,第 145 页。
② 《中华全国总工会对于苏维埃区域工会工作计划大纲》(1930 年 12 月),《中国工会历史文献》第 3 册,第 285 页。
③ 《中共中央文件选集》第 3 册,第 60 页。
④ 《中共中央文件选集》第 4 册,第 376~377 页。
⑤ 项英:《过去一年来职工运动发展的形势和目前的总任务》,《中国工人》第 8 期,1929 年 5 月 15 日。
⑥ 《中共六届二中全会职工运动决议案(一九二九年六月)》,《中共中央关于工人运动文件选编》上册,第 348 页。
⑦ 中国共产主义青年团中央委员会办公厅编:《中国青年运动历史资料》(1929.7~1929.12),1958 年,第 466 页。
⑧ 中共上海市委党史研究室编:《中国共产党在上海(1921~1991)》,上海人民出版社,1991年,第 186 页。

调在日常生活中灌输政治意识形态,通过文化娱乐活动来动员职工。苏区店员运动亦强调"保护商人自由营业","既要注意逐步取消对店员的封建剥削,提高店员的政治地位,逐步提高店员的工资待遇,又要注意维护资方的正当利益,使其有利可图,有所发展;既成立店员工会,又帮助改进商会工作,使劳资双方订立劳资契约"①。

中共融政治于生活的做法,取得了一定成效。抗战期间上海永安百货公司的中共党员由 6 人增加到 30 人②,参加新四军及游击队的四大百货公司店员有 56 人③。哈尔滨店员工会在领导和组织沦陷区工人开展斗争方面发挥着重要作用④。更重要的是,把政治活动嵌入日常生活中,使中共的力量不会因为抗争行动的失败而完全瓦解。比如 1939 年中共永安支部发起的抗议罢工,因资方成功分化店职员而无疾而终,300 余名店员被开除,中共赖以活动的话剧团、歌咏队等文化娱乐组织被解散,中共势力遭遇重挫⑤。但政治与日常生活结合已成为动员模式,风头过后,没有暴露身份的中共地下党员继续利用业余娱乐进行政治动员活动。

第二节　中共组建店员工会的活动

本为"商人"的店员以工会的形式进行组织、活动,是 20 世纪 20 年代大规模民众动员的产物。店员组织形式的变化引起了新兴政治集团的注意,引导店员组织参与"救国"的集体行动成了中共"改造中国"的工作内容。上海工商友谊会、赤色店员工会、职业工会是中共在不同时期"影响、引导店员团体"的外在表现形式。

一、上海工商友谊会

上海工商友谊会是在中共影响下成立的劳资混合组织的工界团体。该

---

① 王晋林、秦生著:《新民主主义模型》,北京:中共党史出版社,2007 年,第 209 页。
② 《六大百货公司共产党员数统计》,上海总工会档案,上海社会科学院历史研究所藏,No.51。
③ 中共上海市委党史资料征集委员会、中共上海市委党史研究室、中共上海市商业工作委员会编:《上海店员和职员运动史(1919~1949)》,上海社会科学院出版社,1999 年,第1208 页。
④ 《1939 年老巴夺烟厂地下党员号召工人进行反日斗争》,《哈尔滨工运史料》,第 29 页,1991年,《哈尔滨工会志》专刊第 1 期,哈尔滨总工会编印。
⑤ 《抗日战争以来上海四大百货公司工人运动资料》,上海先施公司档案,上海市档案馆藏档,档号: Q227-1-10。

会由失业店员童理璋发起成立，标榜"自由平等、博爱互助、提倡储蓄、兴办实业、改良社会"，其主要成员为上海店员（特别是青年店员），"上海全埠工商伙友，无论贫富、男女，只要保守宗旨，均可入会"，"诸君用不着怀疑，用不着观望，快快下个决心，联袂入会"①。当然也包括中小商人，"倘有人赞成，皆承认其加入为会友，无分阶级"，鼓吹"工商两界伙友及资本家觉悟"②。店员入会，缴入会费5角，入会会友须缴纳常年费，"每人一元至三元，由各人自由认定"③。遇有特别事故，须随时捐募，多捐者尤为欢迎。

上海工商友谊会常设机构有评议、干事两部，"不设会长领袖，一切责任全体均负"。评议部选举30名会友任评议员，不设议长，开会时公推主席，议决"本会预算决算及修改章程规约及一切进行事宜"。干事部有违法及不正当之行为时，得由评议员10人以上提议，提出质问并得弹劾。评议员1/3出席者可开会，经半数以上同意者得通过。干事部由30名会友任干事员，其中总务科员2人，掌理各科事务；文牍科员5人，掌理一切文牍事件；会计科员3人，掌理钱银、报告收支；交际科员5人，联络会友、接洽各界；调查科员10人，调查各业、纠察会友；庶务科员5人，办理本会一切杂务。各科科员，由干事员互选，各科主任由科员互选。各职员任期均为一年，可以连选连任，职员没有薪金，"皆尽义务，惟驻会办事者须酌予津贴"。评议、干事部每星期开会一次，如有重要事故，经评、干两部同意后，开全体职员联席会议"解决之"。每年阳历5月9日开全体大会，"以志国耻纪念"，每年阳历10月10日开选举大会，"以庆民国成立"，如遇有特别事故，经"评、干两部十人以上之同意，得随时召集临时大会"。外埠有赞成本会宗旨，愿入会者，先由个人单独加入，如有20人以上之会友，得组织分会。

早期，上海工商友谊会接受中共的政治主张，积极参与中共组织的政治动员运动。1921年5月，应邀参加了上海共产主义小组组织的纪念"五一"节的筹备活动。1921年11月，在中国劳动组合书记部的率领下，该会与机械工会等几个团体联名发表《上海劳工宣言》，"反对商教联席会议包办的国是会议"。1922年4月，该会又参加了中国劳动组合书记部发起的浦东纺织工人经济后援会，募集钱物支援日华纱厂罢工工人。同年5月，该会参加了全国第一次劳动大会。该会主办的《伙友》周刊，有共产党影响的明显

① 《上海工商友谊会规约》，上海《新闻报》1920年7月28日。
② 《发起上海工商友谊会》，上海《民国日报》1920年7月21日。
③ 上海工商友谊会成立大会上，要求会员自认开办费，当场认定者屠鸿生、吕介勤、於时峰、卫振邦、朱之禧、童理璋、王金玉、吴舜圃等8人，计大洋3元、小洋18角。随交者谷剑尘、钱立琳、蔡增辉、冯梓才、谢廷灿、陈广海、沈季安、童理璋等8人，大洋10元，小洋5角。

痕迹,认同马克思主义的阶级分析框架,认为"伙友与店主是根本对立的,经理、阿大是靠不住的",呼吁"(伙友)和一般被掠夺阶级联合起来,改造如今这个阶级制度","打破资本和劳动两重阶级,建设新的社会"①。《伙友》周刊的发行亦由上海新青年社负责,以至于《伙友》周刊长期被视为上海共产党早期组织指导下的工人刊物,《劳动界》的姐妹刊②。但上海工商友谊会是劳资混合组织的工界团体,内部成分复杂,成员包括店员和中小商人,"无分阶级"。因而该会的政治立场也是摇摆不定,1922 年 8 月,该会通电反对劳动组合书记部号召的劳动立法运动,"二七"罢工失败后,该会公开反共,破坏罢工斗争。

二、赤色店员工会及其活动

打入黄色工会进行活动,"在一段时间里控制黄色工会"是国统区赤色店员工会的常态表现形式。在苏区,普遍设立的中国店员手艺工人工会是其主要表现形式。

(一)中国店员手艺工人工会

国共合作破裂后,中共在店员工会中的影响力大为削弱,但并没有完全瓦解,以至于国统区"反抗资本的压迫及改善生活的斗争","多偏于店员手工业工人的斗争"③,"(厦门)店员、汽水厂、妇女三个支部要特别注意,使其健全起来。……八月份要成立店员工会"④。中共还在苏区组建赤色店员工会——中国店员手艺工人工会,以显示与国民党区域相区别的性质。

中国店员手艺工人工会以"团结全边区店员手艺工人的力量,为民族独立自由幸福而斗争;努力争取并保护全体店员手艺工人经济生活与文化生活上的利益"⑤为宗旨。全边区代表大会是其最高权力机关。代表大会闭会期间,执行委员会代行最高权力职能,执行委员会设执行委员 31 人,由"全边区代表大会选举"。执行委员会常务委员会设 5 至 7 名常委,从执行委员中间产生,"一人为主任,一人为组织委员,一人为文化教育委员,一人为社会经济委员,一人为青工委员,一人为女工委员,不要

---

① 袁鹤:《学徒应该怎样解放》,《伙友》第 3 册,1920 年 10 月 24 日。
② 《中国共产党历史大辞典·新民主主义革命时期》(增订本),北京:中共中央党校出版社,2001 年,第 107 页。
③ 《中共六届二中全会职工运动决议案(一九二九年六月)》,《中共中央关于工人运动文件选编》上册,第 337 页。
④ 中共大田县委党史研究室:《红色大田绿色发展》,2013 年,第 322 页。
⑤ 《陕甘宁边区店员手艺工人工会章程》,陕西省总工会工运史研究室选编:《陕甘宁边区工人运动史料选编》上册,第 211 页。

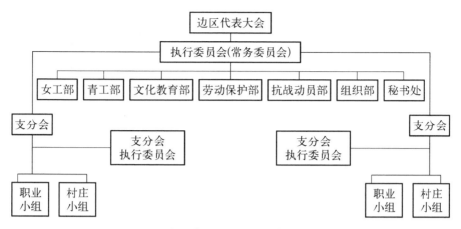

图 7 - 1 中国店员手艺工人工会组织结构图

呆板的执行"①。

支分会是中国店员手艺工人工会的基本组织,"凡有会员十五人以上之企业、作坊、工厂、商店,即以工厂、作坊为单位,成立本会在该工厂、作坊、商店中的支分会,由会员大会选举三人至七人(由工人人数多少来决定)组织之,并由委员会推举一人为主任;会员不到十五人之工厂、作坊、商店,在附近有几个同一生产的工厂、作坊、商店,应联合组织一个支分会委员会;城市的手工作坊与店铺及手艺工人,应按职业来组织支分会(如刨烟支分会、米业支分会、布业支分会等),每个支分会之下至少须有会员十五人以上;乡村中凡有手艺工人会员在十五人以上的乡,可成立本会在该乡的支分会,不到十五人以上之乡,可联合附近几个乡组织一个支分会。店员人数较多的城市,可单独成立一个店员支分会,店员支分会下可再按店员职业成立小组(如布匹店员小组、米业店员小组等)。店员不到十五人之市镇,店员可与手艺工人共同组织支分会。店员手艺工人很少的地方,如果那里有农业工人工会组织,店员手艺工人可加入农业工人工会,同样在农业工人很少的地方,那里没有农业工人工会组织,农业工人可以加入店员手艺工人支分会。在支分会下如有必要时,可再按职业和村庄来组织小组"。"凡有三个支分工会之市镇或区,可成立本会在该市镇或区工会委员会,由全区会员大会或代表会选举五人至十三人组织之,并由委员会选举三人至五人组织常务委员会,内选一人为委员会主任;凡有三个区及市镇委员会以上的县,可成立本会在该县的委员会,由县代表会选举九人至二十一人组织之,并由委员会

① 《湘赣省手艺工人工会通知(一九三三年九月十日)》,江西省总工会、江西省档案馆编:《江西工人运动史料选编》,第 585 页。

选举五人至七人组织常务委员会,内举一人为委员会主任;不到三个支分工会之区,可联合附近几个区来共同组织一个区工会委员会,不到三个市镇及区工会之县,可联合附近几个区共同组织一个县工会。"①

全边区代表大会,每2年举行一次;县代表会,每年举行一次;区或市会员大会及代表会,每3个月举行一次;支分会会员大会,每月举行一次,均由各级委员会召集。执行委员会全体会议,每半年召集一次;县市委员会全体会议,每3个月召集一次;区委员会每月召集一次,均由常务委员会通知召集。各级常务委员会,每星期召集一次,由主任召集。会议奉行"民主集中制"原则,"少数须服从多数"。当然,如遇有特别事故,均得"临时召集会员大会、代表大会、各级委员会"。执行委员会与县市委员会,每年改选一次,区及支分会委员会,每半年改选一次,但得连选连任。各级委员会,均设候补委员,其人数须在正式委员的1/4以上。正式委员出缺时,由候补委员递补,下级组织,需服从上级组织的决议和指挥。

至于经费,《陕甘宁边区店员手艺工人工会章程》界定有4种来源:会员常月费,按照会员每月所得工资抽1/100,但最低不得少过铜元10枚(学徒的会费,抽工资的1/100,亦不得少过2枚);向雇主征收的工会办公费在工资之外,每月征收工资的2/100;会员特别捐,经过执行委员会的通过之后,得向会员征收特别捐,其数目临时规定;政府及其他革命团体的捐助与津贴。会费由乡工会干事委员或小组组长负责征收,"按月向会员公布",会员有权随时选举代表向委员会审查"本会一切机关的经费和账目"②。失业、残废、生病及完全没有收入的会员,经批准可以免收或减少会费,担负政府及其他抗战团体工作而未领工资的会员,减少或免收会费,军队中的会员完全不收会费。

中国店员手艺工人工会设有秘书处、组织部、劳动保护部、文化教育部、青工部、女工部6个部门。陕甘宁边区店员手艺工人工会根据战时需要增设抗战动员部。秘书处负责文书、庶务、会计;组织部负责会员的登记、干部分配及巡视工作;抗战动员部负责武装动员;劳动保护部负责订立合同、劳动保险、合作社及社会生活的调查统计、职业介绍等;文化教育部负责工会主办的学校、俱乐部、报纸及一切文化教育事项;青工部管理青工、学徒,由青年会员选举委员会(经各级委员会批准)管理之;女工部管理女工,由女工会员选举委员会(经各级委员会批准)管理之。各机构由部长负责,根据事

① 《陕甘宁边区店员手艺工人工会章程》,陕西省总工会工运史研究室选编:《陕甘宁边区工人运动史料选编》上册,第212～214页。

② 同上,第216页。

务繁简,设副部长、干事及办事员若干人。

与《广州市店员工会章程》规定设立的文书、理财、宣传、调查、交际、庶务、救济7科,及武汉店员总工会的设立秘书处、组织部、宣传部、财务部、交际部、职业介绍所、经济保管委员会等部相比,中国店员手艺工人工会多了抗战动员部、青工部、女工部,缺少专门的经济部门。这表明中国店员手艺工人工会的着眼点在于群众动员、政治活动,经济诉求不是其开展活动的主要考量,"在会议中讨论工人的切身利益的要求是很少的"①。与国统区店员利益的首要诉求是"加薪、改善待遇"等经济斗争相比,苏区店员"过高"的阶级觉悟,无疑有着政治力量影响的明显痕迹。

(二)赤色店员工会的主要活动

赤色店员工会成立后,很快成为苏区店员的主要组织形式,"中国店员手艺工人工会下辖江西省店员手艺工人工会、粤赣省店员手艺工人工会、福建省店员手艺工人工会,基层组织遍布苏区城乡,会员分布广泛,占苏区产业工会会员70%以上"②。"工运最佳"的龙岩,"乡间如龙门、白土、大小池各处都有店员工会。秘密工会在城内有店员、染布、木匠、五金、理发、鞋革等六七个,秘密总工会一个,人数整百人"③。

赤色店员工会成立后,首先强调经济斗争,包括工资"不得少于大洋五元"、工作时间"以成工八小时、青工六小时、童工四小时为标准,每工作七天须有一天休息(即是星期日之休息)"、伙食"每天要吃三顿饭,伙食标准不得低于一角五分,每月牙祭最少两次(多者不得减少),中华苏维埃中央政府成立纪念日,应有特别待遇,革命前所有的待遇(如过时过节等),不得取消"④,"统一安排劳动力和规定合理挑运工价"⑤等。从实践层面观察,赤色店员工会成立后,苏区店员的薪资待遇有显著提高(见表7-2),且"一律得到8小时工作制,青年工人得到6小时工作制,每星期日得到工资和休息","雇员店员,晚上不做工"⑥。

① 《湘赣省店员手艺工人工会的组织任务决议案——全省店员手艺工人代表大会通过(一九三三年十月一日)》,江西省总工会、江西省档案馆编:《江西工人运动史料选编》,第611页。

② 中央苏区工运史征编协作小组:《中央革命根据地工人运动史》,北京:改革出版社,1989年,第362页。

③ 江西省档案馆、中共江西省委党校党史教研室选编:《中央革命根据地史料选编》上册,南昌:江西人民出版社,1982年,第166、167页。

④ 《苏区店员工人要求纲领》(一九三三年九月十六日),江西省总工会、江西省档案馆编:《江西工人运动史料选编》,第599~600页。

⑤ 宁化县志编纂委员会编:《宁化县志》,第540页。

⑥ 《永定县第二次工农兵代表大会决议案(1930年2月)》,刘明逵、唐玉良主编:《中国近代工人阶级和工人运动》第7册,第933页。

表7-2　汀州店员工会加薪斗争情况表（1933 年）

业　别	革命前每月工资数（伙食在外）	1933 年每月工资数（伙食在外）
京果店员	2.00 至 10.00 元	28.00 至 32.00 元
纸业店员	3.00 至 10.00 元	31.00 至 35.00 元
药业店员	2.00 至 6.00 元	26.00 至 30.00 元
布业店员	2.00 至 10.00 元	31.00 至 35.00 元

资料来源：《中华全国总工会给赤色职工国际的报告——中华苏维埃区域工会工作概况》，《中国工会历史文献》(3)，北京：工人出版社，第631页。

　　签订集体合同、劳动合同，保障职业是苏区店员工会经济斗争的重要方面。店员工会代表行业店员与资方签订劳动合同，交给苏维埃劳动部批准注册，"就使工作时有了法律的保障、工会的保障和合同的保障"，"资本家违反集体合同，就等于违反劳动法"①。苏区店员工会签订的集体合同、劳动合同的例式如下：

一

　　订立集体合同人瑞金县店员工会（以下简称工会）代表瑞金全县洋货业全体工人（以下简称工人）今定
　　瑞金县茂丰和、王福昌、德泰隆洋货号雇主（以下简称雇主）订定集体合同，共同遵守应将各项条件开列于左：
　　1. 雇主自本年（一九三一）十月一日起加倍增五人的工资，年工资九十元以上者一成；八十元以下者加二成；六十元至七十元者加三成；四十元至五十元者加四成，最低工资加五成。
　　2. 工人最低工资每年平均□□元。
　　3. 学徒决定一年学活年工资□□元。
　　4. 雇主开除工人必须得工会工人同意。
　　5. 每家雇主须发给工会办公费和工人文化费，按工人每月工资数的百分之三计算。
　　6. 雇主请工人须经过失业劳动所介绍，或经过工会，不得私自请工人。
　　7. 工人生病药费由老板出钱诊愈为止。
　　8. 青年工人不做对身体有害的工作（如很重的东西），工作时间六小时。

① 福建、江西、湖南省工商行政管理局合编：《中华苏维埃共和国的工商行政管理》，北京：（中国）工商出版社，1987年，第123页。

9. 童工工作四小时,不许保他职务以外的事情,并且雇主不得打骂青年童工学徒。

10. 工人去开会或参加群众工作,雇主按每月中等工资发给工资。

11. 成年工人只做八小时工作,如超过八小时则按时发给工资。

12. 星期日及法定的休假日均须按休假工资照发。

13. 工人做五六个月以上得发半个月、每年一个月工钱。

14. 雇主须发给工作专门衣服。

15. 规定工资每月发给一次,每月一日至十六日为发工资日子;过期按百分半之下罚款。

16. ……

17. ……

18. ……

19. ……

20. 本合同自一九三一年十月一日发生效力。

21. 本合同有效时间为六个月即到一九三二年三月三十一日为止,合同期满后须由双方之一提出订立新合同,在新合同未签立之前旧合同仍有效。

22. 工会有随时向政府请求取消合同之权。

23. 本合同经瑞金县苏维埃政府劳动部批准后发生效力。

公历一九三一年九月二十六日订

订约人：瑞金县店员工会

执行委员长×××

茂和详布号代表

王福昌洋货号代表

德泰隆洋布号代表

（福建、江西、湖南省工商行政管理局合编：《中华苏维埃共和国的工商行政管理》,北京：工商出版社,1987 年,第 124 – 125 页。）

二

订立劳动合同人工人×××、×××(以下简称工人)瑞金县和洋布号雇主(以下简称雇主)订立劳动合同条文如下：

1. 工人工资议定每月大洋××元,伙食由雇主供给。

2. 雇主于月之十六日付给工人上半月工资,下月一日支付上月后半月的工资,不得拖长。

3. 工人按店内买卖营业,所有店内杂务(如烧饭打扫等)雇主不得强迫。

4. 工人工作每日八小时,上午七时至下午五时为一班,上午十二时至八小时为一班,每日轮流上下班。

5. 星期天及法定假日实行休息,如不休息每日工作应按一元计算。关于此项决定并须得劳工检查机关及工会特别认可,休息及纪念日的前一日工作时间减少二点钟。

6. 工人参加每次会议,雇主不得禁止,工资不得克扣。

7. 工人住宿尽量由雇主供给,夏天发给蚊香,住宿舍如有风吹雨漏雇主都要随时修好,以免受冻受湿生病。

8. 工人如有不幸生病,雇主请医诊视费由雇主负担,直至病愈为止。

9. 工人伙食由老板供给,每日每人以×角×分为标准,每星期供肉类一次不在此内。

10. 工人茶水费归雇主发给,不另出钱。

11. 雇主并给工人每年例假一次,最少一个月,工资照发。

12. 雇主不得无故开除工人,如辞散工人在一月前通知辞散时,要多发二个月工资。

13. 雇主每年须发给工作服全套、帽子、一双鞋子,期满后无论其是否破,雇主一样重发新的。

14. ……

15. ……

16. 本合同未签字之前,须送工会检查去。

17. 本合同为无定期之合同,得工会许可工人有随时提出取消和修改合同之权。

公历一九三二年四月四日
订签人工人:×××、×××
雇主茂丰和代表
瑞金县店员工会执行委员长×××

(福建、江西、湖南省工商行政管理局合编:《中华苏维埃共和国的工商行政管理》,北京:工商出版社,1987年,第126-127页。)

巩固苏维埃政权、动员店员参加红军是赤色店员工会的主要工作内容，"用最大的努力，动员自己的会员加入红军，首先完成店员手艺工人营，学习永新模范口师全体加入红军的经验"①。湘赣省店员手艺工人工会"扩大红军"的决议要求，各级店员手艺工会加紧由自愿军役制转变到义务军役制的宣传工作，发动自己的会员加入红军十七师去，强固红军中的无产阶级基础，特别是宣传湘赣店员手艺工人营在九月三号正式成立的意义，使每个会员都了解工人模范营成立的意义与担负的任务。各级店员手艺工会，必须坚决执行省职工会二次扩大会关于扩大红军工作的决议。各级店员手艺工会应加紧自己干部的培养。除征调一大批干部到店员手艺工人营工作外，应经常有组织的输送一批干部去红学校受训练，创造红军中军事政治干部人才，加强无产阶级在红军中的骨干，严格纠正过去干部不当红军和假报告假带头甚至报了名不去的坏现象，为扩大一百万铁的红军而斗争②。湘赣店员手艺工人工会召开的第一次常委扩大会议，会议主题亦是进一步执行"扩大与拥护红军"政策：到支部中去，动员工人领导群众来红军工人营（在11月底完成并超过省总3个月工作计划），坚决反对对这项工作不负责任的态度，特别是"工人不愿加入工人营的机会主义"；切实执行优待红军条例，随时随地解决红军家属任何困难。目前要组织冲锋劳动队，首先帮助红军家属和红军公田收割麦禾、及时冬种和下种，努力发展生产；完成以前扩大红军的计划和省总扩大红军工人营的计划；从组织上动员工人领导群众参加野营演习，选派积极工人到赤少队和模范赤少队去担任领导工作，加强工人在赤少队和模范赤少队中的领导作用③。

文化娱乐活动也是赤色店员工会工作内容的重要方面，入会店员"有享受本会所举办文化教育娱乐互济及合作社等等的利益之权"④。其经费由所在商店承担，"各商店除付给工人职员工资外，须付给工资总额的2%为职工会的办公经费，又1%为职工会的文化教育费"⑤。1932年5月1日召开的"福建省第一次游艺体育运动会"，汀州店员工会体育代表队"七八十人，

① 《目前政治形势与湘赣店员手艺工会的紧急任务》(一九三三年九月一日)，江西省总工会、江西省档案馆：《江西工人运动史料选编》，第579页。
② 《湘赣省店员手艺工人工会关于扩大红军的决议》(一九三三年九月二日)，江西省总工会、江西省档案馆：《江西工人运动史料选编》，第581~582页。
③ 《湘赣店员手艺工人工会第一次常委扩大会的决议》(一九三三年十月二十七日)，江西省总工会、江西省档案馆：《江西工人运动史料选编》，第624页。
④ 《闽浙赣全省总工会暂行组织条例(1933年2月26日)》，江西省总工会上饶地区办事处编：《闽浙赣苏区工人运动史料》，南昌：江西人民出版社，1989年，第167页。
⑤ 《中华苏维埃共和国劳动法(1933年10月15日)》，许毅主编：《中央革命根据地财政经济史长编》(上)，北京：人民出版社，1982年，第661页。

手持梭标或马刀,表演十八动花枪,整齐有力,获操练奖第 2 名",其中女代表队 40 人,身穿灰色列宁式服装①。

作为"群体结社",发展会员是店员工会的存在前提和基本工作,"动员各商店的员工参加"是赤色店员工会成立时的通行议程②。各地赤色店员工会的会员人数,根据目前掌握的资料,择要梳理如下:1929 年底,宁都店员工会会员 70 余人③;1931 年,湘赣苏区店员工会会员 200 余人,职员 131 人④;1932 年初,闽西店员工会会员 200 人⑤;1932 年 9 月下旬,宁化县店员工会会员发展到 80 多人⑥;1932 年,瑞金城市店员工会下辖刨烟、卤腐、药业、京果、洋布等工会,会员人数分别为 39 人、33 人、36 人、50 人、16 人。会昌市店员工会建有 3 个支部,入会店员 72 人。永定县羊稔区建立 2 个店员支部,入会店员 24 人。于都店员工会会员 17 人⑦。

以"动员店员参军参战、保卫苏维埃政权"等为主要考量的苏区店员工会,某种程度上成了苏维埃政府的延伸机构,"工会应在共产党的亲密领导之下,来进行自己的工作,提拔大批工人干部到苏维埃和红军及一切各革命团体中担任领导工作;店员手艺工人,应站在阶级立场上资助农业工会的基金,拥护中国店员手艺工会中央委员会在一年筹备五万元工会基金的号召,湘赣省要做到三千元,每个会员至少同工会做一天工作为基金"⑧。中共领导的工农武装转移后,苏区店员工会也就失去了相应的活动基础,大多解散或改组。

三、职业工会及其活动

上海三区百货业职业工会成立于 1946 年 3 月 31 日,是中共影响下成

---

① 福建省长汀县地方志编纂委员会编:《长汀县志》,北京:三联书店,1993 年,第 758 页。
② 1928 年 1 月中旬,谭震林在遂川县城首先组织了店员工会并召开会议,动员各商店的员工参加,当时就有 100 多人报名。见中共遂川县委党史工作办公室编:《中国共产党遂川历史(1919～1949)》第 1 卷,第 53 页。
③ 孔令仁:《宁都土地革命时期工会工作情况的回忆》,《中央革命根据地工人运动史》,第 179 页。
④ 《湘赣省职工联合会致全总的信》,1932 年 4 月,刘明逵、唐玉良主编:《中国近代工人阶级和工人运动》第 7 册,第 883 页。
⑤ 李汉州:《福建苏区工人运动》,《福建工运史研究》总 44 期,1986 年 1 月 15 日。
⑥ 宁化县志编纂委员会编:《宁化县志》,第 540 页。
⑦ 《全总苏区执行局报告(1932 年 3 月 17 日)》,江西省总工会、江西省档案馆选编:《江西工人运动史料选编》,第 263～273 页。
⑧ 《湘赣省店员手艺工人工会的组织任务决议案——全省店员手艺工人代表大会通过》(一九三三年十月一日),江西省总工会、江西省档案馆:《江西工人运动史料选编》,第 610～613 页。

立且得到政府批准的合法团体,中国国货公司店员陈施君为理事长,中共地
下党员、新新百货公司店员韩武成和中共地下党员、永安百货公司店员丁盛
雅为常务理事(不设副理事长),成员包括上海百货业店职员、工友甚至资
方,事实上"在全市百货业范围内组织工会"①。

　　职业工会成立后,集中力量将上海各百货公司联谊会改组为分会或独立
支会。经过改组,职业工会下设26个分会,每个大公司均成立1个分会,规模
较小的商店,几家合起来,成立1个分会,"囊括近万名职工店员"②。职业工
会的会务由总务股、组织股、康乐股承办,设置调查委员会、文化委员会、福
利委员会负责劳资纠纷调解、刊物出版、会员福利及娱乐等。与国民革命时
期店员工会的文书、理财、宣传、调查、交际、庶务、救济7科相比,上海三区
百货业职业工会缺少专门的经济部门。这表明职业工会的着眼点在于群众
动员、政治活动,"伙计们只有靠自己的团结"、"争取民主"③,经济诉求不是
其开展活动的主要考量。与中国店员手艺工人工会的秘书处、组织部、劳动
保护部、文化教育部、青工部、女工部相比,上海三区百货业职业工会多了康
乐股、福利委员会,这事实上是中共"在日常生活中灌输政治意识形态、通过
文化娱乐活动动员店员"政策在实践层面的制度体现。

　　职业工会的权力运作由全体代表大会、理监事联谊会负责:代表大会
有代表194人,由店职员直接选举产生,"每20人可推一代表,不满20人
者,也可推一代表"。代表大会"每半年召开1次,讨论经济项目及有关重大
问题的解决"。1946年9月19日召开的全体代表大会,各分会代表102人
到会,听取各股工作报告、通过提案22件④。理事、监事联席会议每周举行
1次,讨论会务、解决各会员的困难,及推动福利工作之进行。理事会设理
事9人,其中常务理事3人,候补理事6人;监事会设监事3人,其中常务监
事1人,候补监事2人。所有理、监事均不支薪金⑤。

　　职业工会的收入主要是入会店职员缴纳的会费,薪金在10万元以上者,
每月每人缴1500元,5万元以上者900元,5万元以下者300元。支出方面,
1/3用于福利,1/3为分会办公费,1/3为总会办公费。实际运作中,上海三区

①　中共上海市黄浦区委党史研究室编:《中共上海市黄浦区党史大事记(1920.9~1998.3)》,
上海社会科学院出版社,1999年,第98页。
②　上海市总工会编:《解放战争时期上海工人运动史》,上海远东出版社,1992年,第55页。
③　《上海市第三区百货业工会》,陈达著:《我国抗日战争时期市镇工人生活》,中国劳动出版
社,1993年,第673页。
④　同上,第668页。
⑤　职业工会的每月支出,只有"2位职员薪金25万元、伙食费14万元",据此可以推断出其
理、监事不支薪金。

百货业职业工会每月收入 80 万元,支出 84 万元:刊物 32 万元,车马费、文具费 8 万元,向总工会缴纳 5 万元,2 位职员薪金 25 万元、伙食费 14 万元①。从收支平衡的角度观察,上海三区百货业职业工会属于"入不敷出",这无疑会影响到其在店员运动中的立场及对入会店职员的利益代表程度。

职业工会成立后,积极参与政治事件以凸显自身存在和影响力。对于战后美国货物的"汹涌而入",职业工会呼吁"爱用国货、抵制美货",抵制范围限于"奢侈品,本国厂商已能生产之出品及代替品,有特殊功能或需要者外(如西药等)"②。后因"特务"扰乱"爱用国货抵制美货委员会"成立大会,职业工会发起以国民政府为对象的抗暴斗争。国民政府冻结生活费指数的举措,职业工会以请愿游行的方式进行抗议,要求生活指数"迅予解冻"③。迫于压力,国民政府宣布生活指数有条件解冻,"底薪在 30 元以下者,按公布的指数十足发给,30 元以上至 100 元的,每 10 元为一级,逐级递减 10%"④。

创办图书馆、书报代办组,通过"进步书报杂志"在店职员当中传播"进步思潮和言论"是职业工会的重要活动。通过主动推荐、销售及借阅,百货业店职员订阅最多的报纸为"进步的"《文汇报》《时代日报》,占店职员订阅量的 66.9%,《民主》《文萃》《群众》等"进步"杂志的销售数,经常在 200 份以上,而阅读国民党的《中央日报》《东南日报》的仅占 0.4%⑤。职业工会及其分会亦创办针对店职员的报刊杂志,并利用文艺晚会、邀请名人演讲等方式,启发店职员的"爱国、进步"思想。

作为职业社团,入会店职员的内在认同是职业工会存在的合法性前提,福利事业则是职业工会构建认同最直接的方式。职业工会的福利事业,一是通过工会福利股设置福利贷金组和小额贷金组:福利贷金每人每月可贷款 10 万～300 万不等,免息、分期偿还;小额贷款,每月 2 期,期限 10 天,会员遇有急用,即可申请。永安分会从成立到 1947 年秋,福利贷金组共贷给会员及其家属 39 人,贷款法币 900 多万元,生育贷金 18 人,贷款 280 万元。死亡捐助 6 人,捐助金额 300 多万元。小额贷款举办 26 期,贷款

---

① 《上海市第三区百货业工会》,陈达著:《我国抗日战争时期市镇工人生活》,第 668 页。
② 《为爱用国货抵制美货筹委会告各界人士书(油印件)》,上海总工会工运研究所抄件,1947 年 2 月 8 日。
③ 《要求无条件解冻生活指数工人代表昨赴社会局请愿》,《文汇报》1947 年 5 月 8 日。
④ 中共上海市委党史研究室著:《中国共产党上海史(1920～1949)》(下),上海人民出版社,1999 年,第 1683 页。
⑤ 上海华联商厦党委、《上海永安公司职工运动史》编审组编:《上海永安公司职工运动史》,第 97 页。

人数 2485 人次①。二是组织消费合作社。大新分会全体职员以 1 个月早餐费 1200 万元成立"大新同人消费合作社";永安分会制定《永安同人福利委员会章程》、《永安同人消费合作社章程》,确定"每股 1 万元,每人至少认 3 股",筹集股金 6000 万元、股东 680 人;新新分会消费合作社,公司同人均可认股(包括工会会员、上层职员及资方),但工会会员均得认基本股 3 股,每股定额 1 万元,总股金 3000 万元。股权不论股份多少,每人均为 1 权。红利 40% 分给认股者,60% 分给购买者②。体育活动、医疗服务等也是职业工会"吸引、团结"店员的福利措施:组建话剧组、京剧组、歌咏组,足球、篮球、乒乓球队;创办"百货职工诊疗所",免收挂号费,药品按成本配给生病的入会店员;从工会福利基金中拨款,组织会员进行体检等。不过,职业工会的会员福利"不便拒绝非会员的同事,会员与非会员一样待遇"③,入会店职员因福利形成的工会凝聚力自然不能过于夸大。

职业教育是职业工会的重要活动之一。职业工会成立后,支持各公司联谊会创办的"为本行业职员服务的补习学校或补习班",并从福利金中拨款创办百货职工补习夜校,以满足店职员的进修诉求。职业工会还延续店员团体子弟教育的行业传统,"自办三区百货业职工子弟学校,路远不能入子弟学校的给予助学金补助"④。

富通事件⑤后,国民政府以"《百货职工》与富通有联系"为由,分头逮捕了上海三区百货业职业工会的 10 位负责人,指定龚祥生等 5 人组成整理委员会,由上海市社会局六科科长方显民为指导员,"接受"工会:"本市破获共党机关,调查结果,百货业工会负责人多名与共党勾结,发动工潮,图谋扰乱,危害治安,颠覆民国。今奉社会局训令予以整理。凡共党分子,限令立即自首,否则严惩不贷。"⑥

① 上海华联商厦党委、《上海永安公司职工运动史》编审组编:《上海永安公司职工运动史》,第 100 页。
② 上海工人运动史料委员会:《抗日战争以后上海大百货公司工人运动(草稿)》,《中国工运史料》第 3 期,1960 年,第 41 页。
③ 职业工会申请发给入会店职员奶粉,因"非会员又都是同事,不便拒绝",结果会员与非会员每人 2 磅。分配后,入会店职员极力反对,"以后由会员重新分配"。
④ 上海工人运动史料委员会:《抗日战争以后上海大百货公司工人运动(草稿)》,《中国工运史料》第 3 期,1960 年,第 42 页。
⑤ 富通印刷公司印刷的《上海各职工团体为揭破"总动员令"阴谋联合宣言》,蒋介石极为震怒,要求"严查"。1947 年 9 月 19 日,上海官方全面搜查富通公司,将在场的公司职工和外来接洽业务的客户统统扣押审查,即为富通事件。见《富通印刷所多人遭搜捕》,《时代日报》1947 年 9 月 22 日。
⑥ 中共上海市委党史研究室著:《中国共产党上海史(1920~1949)》(下),第 1747 页。

对此,职业工会反应强烈,号召店职员"起来斗争",并举行联合罢工。中共转移具有中共背景的店职员①的同时,强调斗争的技巧性——加入"整理委员会"、逐步夺取工会领导权:要求"整理委员会"发出聘书,从上到下,从少到多,从而占领工会阵地;在积极分子与基本群众中进行酝酿,取得群众支持;挑选比较适宜的地下党员打入工会领导层②。从实践层面观察,中共的渗透措施颇有成效:永安干事会、民主工会,积极分子约占40%,工会小组长(部门代表)积极分子约占50%至60%,各股干事积极分子几乎占了100%;新新公司干事会30%的干事、各组干事会60%的干事及40%的小组长为积极分子;大新公司干事会10%的干事、各组干事会80%的干事及20%的小组长为积极分子;"其他单位的力量,大部分还是跟我们走的"③。国民党政权败退中国台湾后,中共将职业工会模式推向全国,成为中华人民共和国成立初期店员的主要组织形式,直至1956年店员加入商业工会。

---

① 以永安公司为例,职业工会"整顿"期间,周炳坤、陶志泉、徐克瑞、杨瑞俊、曾永全、乐尔登、郑思帆、景本年、马德荫等9名店员由中共安排撤离。
② 中共上海市委党史研究室编纂:《中共上海党史大典》,上海教育出版社,2001年,第60页。
③ 上海工人运动史料委员会:《抗日战争以后上海大百货公司工人运动(草稿)》,《中国工运史料》第3期,1960年,第46页。

第八章 店员工会的外部
关系与网络建构

店员工会是社会生活中具有一定功能和组织结构的组成分子,其产生、存在和发展,需与外部环境进行各种各样的联系和交流。本章结合店员工会代表性人物的关系网络,考察店员工会与商民协会、其他社团、地方政府的关系,及店员工会间的横向联系,剖析店员工会网络建构的机制和特征。

第一节 店员工会的纵向及横向联系

作为职业团体,店员工会接受店员总工会及地方总工会的双重领导,《工会条例》《工会组织法》对之有明确界定,"凡各县或独立市,每一职业或每一产业之工人,人数在 200 人以上者,可以单独组织该职业或产业工会;凡每一职业或每一产业之工人,人数在 200 人以内者,不另单独组织工会,仅组织一该县或独立市总工会之支部;由各种支部,及该县或独立市之各工会,共同组织一该县或独立市总工会;凡有全省职业或产业总工会之组织者,其在各县或独立市之分会,应加入各该县或独立市总工会"①。

与国统区相比,中共在苏区组建的赤色店员工会,坚持双重领导机制的前提下,更加强调店员工会系总工会的组成部分,将筹设店员工会视为各级总工会的重要工作:"应该使省总工会更加去加强各业工会的领导——农业工人工会、店员手艺工人工会、木船工会、国有工厂工会——帮助他们健全

---

① 《各县或独立市工会组织法大纲》(广东政治会议议决),见陈友琴:《工会组织法及工商纠纷条例》,上海民智书局,1927 年,第 10~11 页。

工会的组织,建立他们自己的工作"①;各县市总工会,应积极筹设各业工会,"雇农为雇农工会,店员为店员工会"②;若店员工会先于总工会存在,应将各业店员工会联合组织总工会,"店员组织在一个地方店员工会里,再按照店员的职业关系来组织分会或支部。然后由这样工会的联合成立地方总工会,以至特区总会"③。苏区店员工会的隶属关系可见图 8－1:

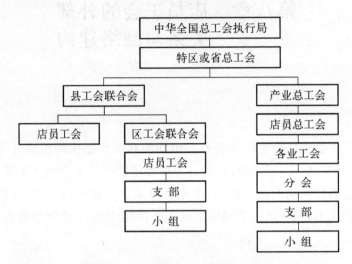

图 8－1　苏区店员工会组织系统图④

　　从实践层面观察,店员工会建立了有效的纵向双重领导机制:上海、武汉等地各业店员工会既是店员总工会的主要成员,又接受地方总工会的领导⑤;厦门店员总工会隶属于厦门临时总工会,下辖海味、白铁、鱼行、药业、屠宰、糖油、洋行、客栈、钱庄、杂货、绸布、洋木等行业店员工会⑥;宁化县店员工会下辖京果、布匹、打铁、医药、烟酒等行业店员工会⑦;瑞金城市店员

①　《中华全国总工会执行局给江西省工联的信(1933 年 7 月 5 日)》,《中国工会历史文献》第 3 册,第 606 页。
②　《工会临时组织条例》,江西省总工会上饶地区办事处编:《闽浙赣苏区工人运动史料》,第 48 页。
③　《中央苏区中央局通告第十七号——苏区中央局关于工会运动与工作路线的通告(1931 年 3 月 1 日)》,中共江西省委党史研究室、中共赣州市委党史工作办公室、中共龙岩市委党史研究室编:《中央革命根据地历史资料文库·党的系统》,南昌:江西人民出版社,2011 年,第 1483 页。
④　中华全国总工会中国职工运动史研究室编:《中国工会历史文献》第 3 册,第 296 页。
⑤　需要指出的是,强制入会的环境下,部分行业店员工会并未加入店员总工会,比如武汉棉业店员工会等,但依然接受地方总工会的领导。
⑥　《厦门临时总工会》,《中国工运史料》第 22 期,1983 年,第 151～152 页。
⑦　宁化县志编纂委员会编:《宁化县志》,第 540 页。

工会下辖刨烟、卤腐、药业、京果、洋布等行业店员工会①。

作为总工会的一分子,参加总工会组织的活动是店员工会的"分内之事"。北伐军抵达上海附近后,上海永安百货公司职工会积极响应上海总工会"实行全市总同盟罢工"的决议,召开执委会会议,"说明当时的形势和布置第二天游行请愿中的一些具体工作,如怎样集合、游行路线等等"②。上海总工会发起的第三次武装起义,上海店员总联合会"顷奉上海总工会紧急会议决定于今日(21 日)12 时开始总同盟罢工",上海永安百货公司职工会专门召开执委会,研究"罢工的有关问题"。

不过,店员工会有时也会以强硬姿态对抗总工会的"压迫"行为。四一二政变后,国民党"指导"成立的工会组织统一委员会(工统会)未能有效整合上海各业店员工会,"上海许多店员工会自动的解散工会或消极的与工统会脱离关系"③,估衣业、洋布业店员"一致表示反统,以推翻其势力……而且秘密同上海总工会发生联系,以便请他们指导为要"④,米业职工会"决议退出工统,重新团结集中全上海职工在革命的阶级米业职工会整个组织之下"⑤。上海永安百货公司职工会甚至与工统会进行了针锋相对的斗争:

1927 年 6 月 12 日,工统会以永安百货公司职工会第二分会"籍词捣乱,发生纠纷"为由,召集永安公司职工会的两个分会开会。永安公司职工会(第二分会)认为工统会"有意污蔑,偏袒协进会(第一分会)",因而"拒绝出席会议"。工统会以"拒不到会"为由,宣布解散职工会,"另行改组",并指责职工会执行委员董昶良、江葆初、章光明、钱钧培、缪叔明、张公权等有"反动嫌疑","呈请军警当局分令严缉"⑥。

对此,永安公司职工会以书信的形式要求工统会"收回解散职工会的命令和更正污蔑不实之词",并在报纸上公开发表《永安公司职工会全体会员紧要声明》:本会经工统会指导改组,合法成立,执行委员是在各机关监视下全体会员选出的;既然执行委员有反动嫌疑,则大会改选未免多此一举;

---

①　《全总苏区执行局报告(1932 年 3 月 17 日)》,江西省总工会、江西省档案馆选编:《江西工人运动史料选编》,第 266 页。

②　上海华联商厦党委、《上海永安公司职工运动史》编审组编:《上海永安公司职工运动史》,第 27 页。

③　瞿景白:《中国职工运动材料汇录》,苏联中央出版局,1930 年,第 40 页。

④　《估衣工人群众反统精神的伟烈》,《上海工人》第 28 期,1927 年 11 月 4 日。

⑤　《米业职工会、沪东、浦东区代表大会为反统告上海工友书》,《上海工人》第 27 期,1927 年 11 月 2 日。

⑥　上海华联商厦党委、《上海永安公司职工运动史》编审组编:《上海永安公司职工运动史》,第 32~33 页。

改组前认为不合法,改组后又有反动嫌疑,岂不要天天改组,天天解散不可;我们是合法组织的会员,而给加上反动嫌疑的头衔,很难理解;委员是从我们会员中产生,委员有反动嫌疑,则全体会员也在嫌疑之中,请工统会将反动嫌疑的证据公布出来,好使我们心服,否则出尔反尔,岂是光天化日之下应有之事①。

永安公司职工会的执行委员亦在报纸上发表联合声明,认为"反动嫌疑"实为工统会的"污蔑":同人等由全体大会推为执行委员以来,一切悉遵循三民主义之正规,谋全体职工之幸福,比如参加筹备反日运动,捐募北伐军饷,筹备庆祝北伐胜利大会,特办教育、文化、娱乐、口技事,增高同人之学识,救济失业同人之艰难,反抗公司当局无理压迫,改良同人生活。忠心党国,努力会务,素无执外行为及任何主义。自问虽无微功,然亦堪告无罪。兹竟有污同人等有反动嫌疑,恐外界不明真相,特登申、民二报郑重声明②。

争取舆论同情的同时,永安公司职工会还选派代表与上海先施百货公司职工会代表一起(先施百货公司职工会亦被工统会训令解散)前往北伐军东路军前敌总指挥部政治部"申诉和控告",认为"工统会非法解散永安公司职工会和先施公司职工会,通缉两个工会执行委员,是对两个职工会的侮辱",要求:恢复职工会及执行委员职务,取消通缉令;取消公司当局非法组织之先施第二分会、永安第一分会;"恢复敝会去冬与公司所订条件,切实履行"③。

对于永安公司职工会的舆论攻势,工统会以不妥协的态度要求继续"严令通缉,逮案惩办",其理由为:接收上海总工会时,搜获该会共产分子总名册一本、散册及有关系表册数种,在散册中有章光明、杨醉新的名字;不使用工统会发的印章而继续使用上海总工会发的印章;不允许会员参加工统会召开的会议等④。

对于工统会的"倒行逆施",永安公司职工会执行委员、先施公司执行委员召开联席会议,决定:两职工会各推4人组织临时联席委员会,以便同一步骤;根据事实作普遍宣传,俾得各界洞悉内情,以维公理;呈文各高级党政机关申请秉公办理;推定交际若干人,向各职工会解释详情,以免淆乱听闻;

---

① 《永安公司职工会全体会员紧要声明》,《申报》1927年6月15日。
② 《工统会改组两公司执委会真相》,《申报》1927年6月17日。
③ 上海华联商厦党委、《上海永安公司职工运动史》编审组编:《上海永安公司职工运动史》,第34页。
④ 《上海工统会致上海警备司令部——呈报解散两工会》,见戴渭清编辑:《国民政府公文程式新编》,民治书店,1928年,第60页。

劝慰群众,静候解决,各安职务;一切对外事宜均由联席委员会负责办理①。并在报纸上发表给国民党中央党部、南京国民政府、蒋介石总司令、总司令部政治训练部、上海特别市党部及各团体的公开信,指责工统会"出尔反尔,不讲道理",一方面认为职工会"纯正合法,颁发登记证及调查完毕证在案",一方面"听信谗言,存心助虐,毫无佐证,故意污蔑,竟指敝会等执行委员悉有反动嫌疑,命公司开除职务,下令通缉,并解散敝会";控告工统会"包庇偏袒资方控制的协进会":"公司当局股东,假职工之名,组织职工协进会,故意寻衅,以资捣乱",职工会根据事实,请求工统会命令撤销协进会,不料工统会"竟背先总理农工政策遗教,袒护公司当局及该会,且反唇污蔑解散敝会,通缉执行委员,指鹿为马,倒行逆施",请求"申雪冤辱"②。

　　除了总工会及店员总工会的纵向领导外,各地及各业店员工会之间,并未建立常态化的联系机制③,亦未举办全国或区域性店员大会。不过,出于同一职业地位的考虑,店员工会之间多呈现出互为支持的姿态:上海店员总联合会成立后,又帮助酱业、米业等店员建立了自己的组织④;上海估衣业店员的罢工和熟货业罢工,引起上海各工会的援助⑤;上海永安百货公司职工会因"增加工资、改善待遇"遭拒进行的罢工活动,"得到先施、丽华等几十个兄弟职工会的物质援助",上海店员联合会所属的各店员团体组织了"上海永安公司同人加薪运动各店员团体后援会",作为支援永安公司职工罢工斗争的坚强后盾⑥;1927 年,观城店员工会开展加薪斗争,工会负责人陈光助发动约 30 家南货店 100 余名店员,向资方提出增加工资 100% 的条件。其他各业店员工会闻讯,纷纷支援南货业店员罢工,并取得胜利⑦;广州旅业总工会要求资方加资及改良待遇,海味店员工会于 1927 年 1 月 18日"通电援助"⑧。

---

① 上海华联商厦党委、《上海永安公司职工运动史》编审组编:《上海永安公司职工运动史》,第 35 页。
② 《两职工会解散后请求救济》,《申报》1927 年 6 月 20 日。
③ 上海四大百货公司职工会,曾多次成立"职工联合会",但只是针对某一事件(罢工、抗议等)的临时联合,事件平息后,"联合会"随即消散,并非常态化的联合机构。
④ 刘明逵、唐玉良主编:《中国近代工人阶级和工人运动》第 6 册,第 366 页。
⑤ 项英:《过去一年来职工运动发展的形势和目前的总任务》,《中国工人》第 8 期,1929 年 5月 15 日。
⑥ 上海华联商厦党委、《上海永安公司职工运动史》编审组编:《上海永安公司职工运动史》,第 23 页。
⑦ 莫非:《普惠寺——中共慈北支部成立处》,《闲话观海卫》,沈阳出版社,2011 年,第310 页。
⑧ 卢权、禤倩红编撰:《广东早期工人运动历史资料选编》,广州:广东人民出版社,2015 年,第 271 页。

武汉外国银行行员因要求改良待遇遭拒而进行罢工时,钱业店员工会通电援助:"此次贵会罢工,是向帝国主义者在中国的经济基础进攻,此种奋斗牺牲的精神,是值得我们钦佩的,敝会为着同一阶级的利益,自当予贵会以切实的援助。现已通告各支部,对于外国银行收纳事件,概不照理。即请查照。"①应钱业店员工会入会店员的"强烈要求",华商银行表示"均为后援":对于汇丰、麦加利、花旗、华比等十家外国银行之钞票,拒绝不收。"钱摊亦深明大义,与以折扣亦不兑换,大抵俟将来罢工胜利之日,方可兑现。"②钱业店员工会及华商的参与、"援助"使外商"大受痛苦","英国各洋行及银行均岌岌自危,毫无生意,所有已定契约之进出口货,因华商钱庄不与活动,呆滞之状,颇为重要,国外汇兑昨日不但未做交易,即行市亦未开出……"③

当然,店员工会之间亦存在着冲突与斗争,尤其是同一商业店铺存在 2 个以上店员组织时。比如上海永安百货公司的职工会与职工协进会:1927 年 5 月 15 日,永安公司职工会在闸北宝山路第一区党部召开改组成立大会,选举钱钧培、缪叔明、章光明、江葆初、毛鹤松、简振权、何翰飞、俞月农、张公权等 9 人为执行委员,董昶良、史藕棠、唐开元等 3 人为候补委员,执委又选举钱钧培、缪叔明、章光明为常务执委。职工协进会于同一天"在公司的屋顶花园召开正式成立大会",选举黄松、马振苏、林海筹、李容昶、唐子祥、李耀、杨尚志、黄上驹、孙仲芬等 9 人为执行委员,叶俊卿、李铁东、冯芝德等 3 人为候补委员。两个工会同时成立后,"摩擦时有发生",职业协进会在报纸上刊登启事,"大肆宣传自己是合法团体",以拉拢"更多的职工参会",甚至摆酒席、"吃大菜"来引诱。职工会则攻击职业协进会系"资本家的御用工会","参加协进会的人员,主要是部长、管理等高级职员,还有一部分是与资本家有千丝万缕关系的职工",要求"明令撤销职工协进会"。两个职工会之间的"针锋相对",使得部分店员不得已"脚踏两只船"以"保牢饭碗"④。

第二节　店员工会与商民协会

店员工会原是商民协会的重要成员。脱离商民协会单独组织工会后,

---

① 《钱业店员工会援助外国银行行员罢工》,《汉口民国日报》1927 年 3 月 26 日。

② 《外国银行中的中国行员罢工》,《银行杂志》第 4 卷第 12 号,1927 年 4 月。

③ 《金融消息》,《汉口民国日报》1927 年 1 月 8 日。

④ 上海华联商厦党委、《上海永安公司职工运动史》编审组编:《上海永安公司职工运动史》,第 31、32 页。

店员工会与商民协会因争夺"店员入会"龃龉不断,广州市商民协会即以"(店员)缘一买卖式之工人,并非有技术之工人,实无设立工会之必要",要求"迅赐将店员工会、职工会一律解散,以遏未来之祸"①。国民党中央党部商民部与地方党部商民部之于店员归属的不同认知,进一步彰显、加剧了双方的纷争。激烈的店员运动亦使店员工会、商民协会常处于对立地位,"各店员工会为加薪事件,与商协屡屡发生冲突"②:店员利用工会组织向店主"猛力进攻",各业店主纷纷向商民协会提出"维持请求",商民协会不得不向各地商民部报告并希望采取措施,而这又强化了店员工会对商民协会的"仇视"。长沙市商民协会会所被苏广业店员联合会会员捣毁一案,即是双方"仇视"的暴力结果,对商民协会及店员工会的存在合理性均是一次严峻的考验。

一、长沙市商民协会会所被苏广业店员联合会会员捣毁案

事件起因是长沙市苏广业店员联合会(隶属长沙总工会)因店员生活困难,要求改良待遇,遭到店主反对,导致劳资纠纷。商民协会在参与调解和仲裁此次纠纷的过程中,前后态度不一,偏向于店主一方,致使店员产生强烈不满而引发捣毁市商民协会会所的过激行动。

苏广业店员联合会提出的要求是,在不增加工资的前提下,实行销售额提成奖励,"每门市卖价一元,提奖三分;批发卖价一元,提奖五厘,作为店员奖金"。苏广业店员联合会认为,采取这一办法"一方面可以增进店员生活,他方面因互相竞争之关系,可以增进商业之发展,意至善也"③。这一要求遭店主反对后,苏广业店员联合会号召店员罢工抗议。

对于苏广业店主和店员之间的纠纷,国民党长沙市党部、长沙市总工会和商民协会曾多次进行调解和仲裁,并一度议定"门市每元抽二分七,批发抽五厘",店员的要求得到部分满足,开始复工,但店主却"否认此项仲裁",宣告"仲裁未妥,暂停营业"④,以示抵制。为尽快平息纷争,长沙市商民协会曾通函各业,"略谓苏广业店员与店主抽厘提奖各条件,迭经市党部、总工会及本会仲裁数次,毫无结果。究竟此种办法,是否能行? 行之有无窒碍? 务希将确切理由一一条列,于文到二日内送会,以便作将来解决之

①　《市商协会呈请迅将加入此次共党作乱之店员工会及职工会一律解散案》,《广东省政府公报》1928年,第20期。
②　《各地通信·新堤》,《汉口民国日报》1927年1月23日。
③　《长沙市商民协会被毁风潮之经过》,《汉口民国日报》1927年1月28日。
④　《苏广业风潮之波折》,长沙《大公报》1927年1月9日。

根据云"①。1927年1月17日,国民党长沙市党部召集店员、店主双方代表和市商民协会仲裁部主任傅安经、市总工会代表黄龙等人,进行最后仲裁,并一度达成如下协议:每门市卖价一元提奖二分六厘,批发卖价一元仍提奖五厘。店员方面对这一仲裁结果表示满意,店主一方则仍然坚持反对。受店主方面的影响,市商民协会代表傅安经的态度后来也发生变化,对达成的协议表示反对,"并声言必须全案推翻"②。

　　店员一方对傅安经态度的改变及其表现甚为不满,认为傅氏"此种态度有失仲裁人资格,似此故意压迫店员之改善生活运动"③。于是,会后有数十名店员蜂拥至长沙市商民协会会所,向傅安经提出质问,双方的言辞和态度均甚激烈,傅氏声称要电请卫戍司令部派兵莅会,驱逐店员,拘拿首犯究办。店员因此更加群情激昂,愤而将电话线剪断,致使矛盾更趋激化,最终酿成店员"捣毁会场什物器皿及党国旗,取去电话机"的恶性事件④。

　　事件发生后,商民协会、苏广业店员联合会各执一词,对事件的描述亦有较大出入。商民协会称:"本市苏广业店员联合会不知何故,纠集数百人持带尖刀短棍,燃灯呐喊,蜂入本会,断绝交通,将电话拆毁,满室搜查,声称捉杀常务委员栗鸿时、仲裁主任傅作楫、葛昧秋,幸该员均未在会,得免于难。该店员等随将本会捣毁一空,所有党旗会旗会牌一切什物,均破碎无余,并劫去行李衣服数件。登时有卫戍司令部派来员兵可为人证,有遗落灯

―――――――――――

① 《市商民协会调解苏广业风潮》,长沙《大公报》1927年1月9日。

② 当时曾作为花生圃业代表参与长沙市商民协会筹备工作的陈伯勋(当时名为陈惠均),在回忆中也曾提到一次苏广业店员和店主之间的纠纷,在多次调解未果的情况下,由省市党部负责人、总工会、商民协会、店员联合会等方面代表充分协商,最后达成了六条仲裁办法。这六条办法,"照顾了劳资双方的利益,资方迫于形势,只好接受。双方代表同意签字盖章,经上级党政机关批准后,立即通知各行业遵照实施。一场劳资纠纷,迁延达两月之久,终于获得解决。"但仲裁达成后,市商会"巨商王聘莘、肖莱生、魏桂生(即魏振邦,苏广业负责人)等人,四处造谣破坏,污蔑商协劳资仲裁偏向店员一边及党团小组把持操纵,气焰甚为嚣张",商民协会报请市党部批准,派人前往魏桂生家中,"将其拘捕交给店员工会的工人纠察队,次日由学徒组成的儿童团押解戴高帽子游街示众"。见陈伯勋:《长沙市商民协会的回忆》,《湖南文史资料》第17辑,长沙:湖南人民出版社,1983年,第201、202页。陈伯勋在回忆中将此一行动称为商民协会"反击大商人的破坏活动",只字未提长沙市商民协会被苏广业店员捣毁事件,似乎纠纷得到圆满解决,而且其回忆中所说的六条仲裁办法,以及拘捕苏广业魏桂生并游街示众之举,在长沙市商民协会被毁案发生期间的当地报刊中也未见任何报道,因此很可能回忆的是另一次苏广业店员与店主之间的纠纷,与长沙市商民协会会所被毁案并无关联。

③ 《长沙市商民协会被毁风潮之经过》,《汉口民国日报》1927年1月28日。

④ 在此之后的数日,耒阳县商民协会也发生了会所被店员捣毁事件。据该会会务郑约尼向省政府、省党部、总工会及市商民协会报告:"属县口工万恶,统带各店员数百人,捣毁商协会,凶殴会务,受损甚重。特此电辞,以资调养,而保生命。"《耒阳商协被捣毁》,长沙《大公报》1927年1月21日。

笼等件可为物证,有捣毁各种器具可为事实情形之证。"①

苏广业店员联合会则全然否认商民协会的上述指控,认为商民协会的指控纯属恶意诬告,对工人团体的声誉和社会安宁将产生恶劣影响:"本月十七日九时,市商协会无故被毁,诬为本会所为,以苏广同业会之灯笼,指为本会捣毁之证据……殊不知灯笼一物,随处可做,苏广同业会五字且为昔日店主之旧名词。若以此可指为本会之所为,则三人市虎,曾参杀人,皆可指为事实矣。该会谓本会纠集数百人,携带小刀短棍,燃灯呐喊,蜂入该会,断绝交通。试问戒严时期,军警林立,岂能容此小刀短棍断绝交通而出此强盗之行为乎?总之本会同人出省党部在十时,该会被毁在九时,若谓敝会捣毁,敝会同人决无分身之术……察其口吻,其不服省党部仲裁而出此卑污龌龊手段露于言外,不但欲置苏广业八百余职工于死地,进而欲摧残我数万职工之领导机关,更进而欲压倒我长沙市十万余无产阶级之工友,其违背党纪,摧残工人,莫此为甚。若任其吠声吠影,将来不无影响社会安宁,且今日可诬陷本会同人,来日他会也可任其蹂躏,工人前途实深危险。恐各界不明真相,谨再郑重宣言。"②

实际上,冲突的发生,缘于长沙市商民协会成立后,"正值店主店员冲突纷起之时,该会本劳资协调主义,为之仲裁,总有不能使各方皆满足之处",冲突双方"各走极端,未能解决",使商民协会左右为难。加上"长沙市商民协会系百余行业店主所组织,因恐各行店员效尤提奖,不无暗助苏广业店主反对提奖之事,致为苏广业店员所嫉视"③,最后酿成商民协会会所被捣毁事件。

二、劳方、资方、党方

在长沙市商民协会看来,会所被捣"实我全体会员之羞","如不解散苏广业店员联合会,惩办凶手,我全体会员,无颜再做生意"④。决议"各商协执委齐向政府、党部及各机关请愿":取消苏广业店员联合会、惩办凶手、赔偿损失,限 24 小时内答复;如无圆满答复,即开全体会员请愿大会,组织全体罢市,并将上述要求"通电蒋总司令、唐主席及各机关"⑤。19 日下午,长沙市商民协会在省教育会召开全体会员紧急会议,各业会员千余人于午后 4

①《市商协会被捣毁之通电》,长沙《大公报》1927 年 1 月 22 日。
②《苏广业店员联合会宣言》,长沙《大公报》1927 年 1 月 23 日。
③《长沙市商民罢市未成之经过》,《申报》1927 年 2 月 9 日。
④ 同上。
⑤《市商协会昨日之紧急会议》,长沙《大公报》1927 年 1 月 19 日。

时许,列队到省党部请愿,"省党部门首,由该会纠察队堵塞,只准入,不准出,形势颇觉严重,至9时始出"①。20日,长沙市商协各行业全体代表大会公推15人,"组织特务委员会,专办苏广业店员捣毁事",并决定由该委员会派人赴汉口总司令总指挥处请愿。

对于商民协会的激烈反应,国民党湖南省党部于19日紧急召开执委会议,议决派员查明真相,从严惩办,"并通告商协,在未解决以前不得罢市"②。湖南全省总工会则不全然相信长沙市商民协会的指控,对其提出的要求也持保留态度,"查该会全体代表大会议决办法,如系苏广业店员联合会之所为,即将该会改组,并惩办当事人;如系少数店员所为,即惩办少数不良分子。如全无实证,则市商协会难辞诬控之咎"③。部分站在店员立场的评论甚至认为"是项风潮,系属对人问题,并不十分重要",商民协会提出的取消苏广业店员联合会等一系列要求,实为"小题大做"④。

事件发生后,苏广业店员联合会以"查访不易"为借口,拖延数日并无回复,后又公开发表宣言,指责商民协会歪曲事实真相,"自导自演此次事件嫁祸于本会"。苏广业店员联合会的态度引起商民协会的强烈反应,"(苏广业店员联合会)不问是非,以一行业之争端,竟欲将我全市百余行业之商民革命团体破坏摧残,其狂妄凶顽,嚣张跋扈,实属骇人听闻。今以店员职工资格,自由暴动压迫商人,进而摧残商人革命团体,显系有叛党反动行为,违背党纪法纪,是使我商人无立足之余地,闻者心寒,言者色变。为我革命旗帜下本不使有商人存在则已,否则我商民群众一息尚存,唯有依据理由,誓死抵抗"⑤。22日,商民协会组织各业会员代表前往省市党部请愿,23日下午再次召集各业会员大会,到会者计有100多个行业的代表400余人。大会议决呈文省党部:限24日下午2时以前解散苏广业店员联合会,惩办凶手,否则即行宣布罢市;107个分会各推举1人,组织纠察队;24日下午1时各业全体会员在商民协会集合,以待省党部之在限期内解决;如仍未解决,全体会员分为东西南北四队上街游行,并实行罢市。"如钧部在二十四日下午二时以前,再无圆满办法,誓即全体自动停业,以后摇动北伐后方,妨碍工商联合情感,责有攸关,凡我商人,概不任咎。"⑥商民协会还印刷了大

---

① 《市商协会昨日之大请愿》,长沙《大公报》1927年1月20日。
② 《商民协会被毁之救济办法》,长沙《大公报》1927年1月21日。
③ 《全省总工会对于商协被毁之态度》,长沙《大公报》1927年1月21日。
④ 《长沙市商民协会被毁风潮之经过》,《汉口民国日报》1927年1月28日。
⑤ 《市商协会被捣毁之通电》,长沙《大公报》1927年1月22日。
⑥ 《本日长沙全体商人罢市之危机》,长沙《大公报》1927年1月24日。

量罢市标语,派纠察队在主要街市梭巡,"形势异常紧张,全城商店顿成惶恐现象"。

国民党湖南省党部执委会议经过紧急讨论,"接受商民协会提出的要求,明令改组苏广业店员联合会";"参加者免职查办,未参加者严令申斥",由省党部训令总工会即刻执行;严办凶手,由省党部咨文政府执行;赔偿损失,由苏广业店员联合会负责;通令各级党部,述明此次惩办苏广业店员联合会情形,切实保护商运,嗣后不得再有类似事件发生。对此,商民协会"恳予实现,如仍迟延,全体商人,停业以待,并恳省党部令苏广业店员联合会正式用文向商协道歉。巨大风潮,从此解决"①。

此时,省总工会和苏广业店员联合会也感受到事态的发展于己不利,不能一味地强硬对抗。为争取主动,"自动将前往商协质问之主使者饶坚伯,扭送长沙总工会转送长沙县署收押,听候政府惩办,以示对于工人之越轨行动,绝不左袒",不过依然坚持"(此案)并非苏广业店员联合会之主张,且非一部分所为,确系少数分子个人行动"②。

店员联合会的态度显然达不到也不可能达到商民协会的期望,"(商民协会)电话催促省党部,迅将解决办法从速实现,以安商众"。对此,国民党湖南省党部函请政府惩办凶手饶坚伯,并责令赔偿损失;致函省总工会,要求该会对店员联合会立即进行改组,"该业店员,自由行动,该执委等,不能制止,张厘百在场,应负责任"③。

即便是"改组苏广业店员联合会、赔偿损失"的解决办法,商民协会也不满足,"与当日答复条件,颇有出入","除应遵照钧函受改组处分外,张、饶、彭等统众骚扰、毁弃损害之行为,其个人请应明令依刑律加等治罪,并照党律第四条第一项之规定,予以永远开除党籍之处分"。此外,商民协会还要求"绝对言论出版自由,无论如何,不能受他人之干涉",不满于国民党湖南省党部饬总工会转知铅印活版工会"嗣后非奉有总工会及党部命令,不得拒绝登载"的规定,"(如此)属会言论出版,总工会仍有干涉之可能"。"请另行通令各团体遵照,嗣后关于商人利害关系,及一切商运消息,各报馆各印刷场所,一律不得拒绝印刷,或故意错乱字句"。之所以有此一说,是商民协会认为铅印活版工会之工人,有故意将有关文字印错或印漏之嫌疑,"钧部此次议决案第四项,昨阅各报,仅'从略'二字,并未将原文登出,不知铅印活

①　《全市商民罢市风潮解决矣》,长沙《大公报》1927年1月25日。
②　《长沙市商民协会被毁风潮之经过》,《汉口民国日报》1927年1月28日。
③　《市商协被毁案解决后之余闻》,长沙《大公报》1927年1月26日。

版工人何故任意删去,或系单独奉有钧部命令,禁止登载,抑系别有用意? 属会执委对于此点,非常疑惑,亦应请钧部严切饬查示遵,以慰商民喁望"①。为拥有自己的舆论媒介,商民协会全体执委特别会议公决继续出版《商民日报》(商民协会自行编辑出版,已停刊),"归宣传、教育两部会同负责办理。其经理一席,俟全体执委会推定"②。

26 日,长沙市总工会发布苏广业店员联合会改组训令:"查此次苏广店员与店主纠纷,业经省党部及本会仲裁,两造平允,乃饶坚伯竟敢结合少数分子非法捣毁,推原厥故,实由该会平日失于规训,少于察觉,有以致之。除请长沙县长公署将饶坚伯惩办外,合行令仰该会各执行委员,此后对于该会会员,务须严加训练,切实整顿,毋致坏法乱纪,自取惩尤"③。随后,苏广业店员联合会进行改组,省总工会委员长郭亮、长沙总工会秘书长黄龙均出席改组会议,与会代表 20 余人,投票选举了 7 名执行委员和 4 名候补执行委员④。至此,商民协会被捣毁一案及其后续相关问题之处理,告一段落。

三、劳资协调及店员工会与商民协会的合作

国民党政权与工人和资本家阶级的关系,或者说国民党的阶级基础,一直是民国史领域常研常新的课题。长期以来,大陆学者认为国民党的阶级基础是资产阶级,不代表下层民众的利益,因而在处理劳资纠纷时,不可避免地会牺牲甚至压制工人阶级的利益以迎合资产阶级的需要。事实上,国民党在处理劳资争议问题时,主要出发点是维护其统治地位,"有时可能压制工人,讨好资本家,有时可能抑制资家,同情工人"⑤。正如《商民运动决议案》所言,"在商民运动与农工运动二者进行之中,遇有双方利益冲突时,须以国民大多数之利益为前提,而站在被压迫的方面,主张其利益,则商民与农工自不发生冲突,此为商民运动与农工运动之关系点,本党应以此对于商民运动与农工运动关系应取之方针"⑥。

具体到苏广业店员捣毁长沙市商民协会会所案,国民党湖南省党部迎合商民协会惩办苏广业店员联合会,更多的是出于调和工商、维护社会稳定的考虑。"市商协会在本部请愿,形势近于包围,也应说明。又此种问题,总

---

① 《市商协请实现解决毁案条件》,长沙《大公报》1927 年 1 月 29 日。
② 《商民日报将继续出版》,长沙《大公报》1927 年 2 月 15 日。
③ 《长沙总工会整顿苏广店员会务》,长沙《大公报》1927 年 1 月 27 日。
④ 《苏广业店员会实行改组》,长沙《大公报》1927 年 2 月 12 日。
⑤ 王奇生:《工人、资本家与国民党》,《历史研究》2001 年第 5 期。
⑥ 《商民运动决议案》,中国第二历史档案馆编:《中国国民党第一、二次全国代表大会会议史料》(上),第 393 页。

工会既有解决方法,不应以本部为重心。"①显示出湖南省党部对商民协会组织各业会员进行大规模请愿,以此方式一再向其施加压力有所不满。商民协会"钧缄认属会请愿形势近于包围,又云总工会既有解决办法,不应以商会(此处的商会疑有误,应为省党部——引者)为重心。查属会此次横逆之来,各商友无所适从,伊时工会及委员总员(疑为'店员总会'之误——引者),并无适当表示,各商友自不能不坚决请愿,然并无丝毫失检行为,实无包围之可言。钧部为全省同志所依归,如有重大问题,当然有请求钧部之必要"②的回函,则表明商民协会与国民党之间在利益诉求方面存在着一定的矛盾和冲突,进而折射出国民党在处理劳资冲突时所处的尴尬境地:即使湖南省党部在解决商民协会会所被毁案时,最终站在商协一边接受其所提要求,但商民协会并未感到满意,湖南省总工会和苏广业店员联合会更是深感受到压抑,可以说是劳资皆失。

当然,也不是说经历了商民协会会所被捣毁事件之后,湖南的工商两界从此就一直陷入了矛盾冲突之中。随着风波的平息,工商两界的关系又逐渐回复到既矛盾又合作的既有状态。商民协会也仍然参与调解包括苏广业在内的各业劳资纠纷,例如1927年2月,店员联合总会提出"请制止店主自由减少店员案",长沙市商民协会并没有因为此前曾与该会发生过冲突意气用事,而是在各部联席会议上认真进行了讨论,最后决定"照准"③。同月下旬,长沙市总工会、长沙市商民协会还为消除这次冲突所产生的负面影响,共同发布了"巩固工商联合战线布告":"……现在商业营业之不发达,与工人生活之痛苦,其共同的最大原因,全在国际资本帝国主义所构成的不平等条约,与数千年来封建制度的势力。我们欲解除工商痛苦,只有联合战线,努力革命,共同打倒资本帝国主义,取消不平等条约,歼灭封建势力,铲除统治阶级。诚能如此,方可得到工商的解放。况长沙地方商人,所受痛苦几与工人无异,自应通力合作,共对大敌。且长沙店员店主间,感情素来融洽,乃近有苏广业少数店员,不明革命政策,以为店主蓄意压迫店员,并误会本市商民协会从中把持,于一月十七日将本市商民协会,肆意捣毁。事变之后,本总工会力主严查究办,其肇事人饶坚伯,业由长沙店员联合总会送交本总工会转送法庭,依法惩办。此项之事,纯系少数人行动,与工商两界,毫不发生影响。嗣后工商两界,不能因此次之误会遽存芥蒂,尤宜协力合作。"④

①《市商协被毁案解决后之余闻》,长沙《大公报》1927年1月26日。
②《市商协请实现解决毁案条件》,长沙《大公报》1927年1月29日。
③《市商协联席会议记》,长沙《大公报》1927年2月13日。
④《两团体巩固工商联合战线布告》,长沙《大公报》1927年2月24日。

　　事实上,商民协会与店员工会"合作"解决劳资纠纷亦是历史常态。譬如,湘潭县总工会、商民协会、店员联合总会议定的店主与店员纠纷的仲裁办法:各店赚钱与顾本者,店员人数仍照旧额,由商民协会与店员联合总会负责调查,以各店历年整个盈亏为标准;各店主必须更换店员,应在同业店员联合会内选任之;店员联合会执委代表纠察人员等,不得裁汰,如必须裁汰时,须由店主提出充分理由,征求店员联合总会之同意;各店确因营业失败,缩小范围裁减店员时,须由县商民协会与店员联合总会会同办理①。又如益阳县商民协会与店员工会处理店东店员纠葛时亦达成协议:店东歇业不久恢复营业者,准雇原有店员;各店赚钱与顾本者,店员人数,仍照旧额,更换店员,店主得自行斟酌之,唯店员联合会执委及代表之裁汰,须完全参照湘潭方面的办法处理;各店确因营业失败,缩小范围裁减店员时,也完全援湘潭成例办理;若店主故意歇业与改业者,经商民协会、总工会调查证实,得按店员工作时间之长短,付给一月至三月工资②。在这两个案例中,商民协会均未为店主的利益"据理力争",而是更多地考虑店员、店员工会的利益。

　　此外,商民协会与店员工会彼此亦有加强联合的意愿,"湖北全省总工会与汉口特别市商民协会,为解释工商间之误会,并讨论具体工商联合及集中革命力量起见,特就商民协会开两会全体执行委员联席会,推向忠发、詹大悲、郑慧吾为主席团。首议工商界限划分问题,次议决总工会劳动童子团工作与操练时间问题及服装费问题,均有极圆满之结论"③。汉口商民协会的领导人还曾在分会执行委员近千人参加的首次联席会议上,强调"商民协会与工会的关系是密切的兄弟的"④,由"商民协会负责向店东宣传解释,制止一切谣言"⑤。工商"联合"下,店员工会与商民协会呈现出互为支援的态势:湖北省总工会与汉口商民协会联合呈文国民政府,请求政府迅速恢复各路交通,肃清内地土匪,救济失业工人,解决商民积困⑥;余干县店员工会的罢工斗争,商民协会罢市予以支持⑦。

---

① 《仲裁会解决劳资纠纷》,长沙《大公报》1927年2月28日。
② 《各县特约通信·益阳》,长沙《大公报》1927年3月1日。
③ 《工商联合集中革命力量》,《汉口民国日报》1927年5月18日。
④ 《汉商协总分会执委联席会议》,《汉口民国日报》1927年1月16日。
⑤ 《工商联席会议决议案》(续),《汉口民国日报》1927年5月27日。
⑥ 《解决工商业困难之呈请》,《汉口民国日报》1927年5月26日。
⑦ 张经建主编:《中共余干地方史略(1919～1949)》,中共余干县委党史工作办公室,2001年,第7页。

第三节 店员工会与其他社团

国民革命时期,商会、同业公会等民间社团纵横交错,形成一个官府以外的在野市政权力网络,控制了相当一部分的市政、工商、文教、卫生等方面的管理权,在很大程度上左右着城市经济和社会生活。作为民间社团的重要组成分子,店员工会在公共领域中致力于援助罢工失业工人,农民团体,积极参与公共生活以彰显自身存在及影响力,以激烈的罢工方式抗击店东的强制行为,以不合作的态度抗议商人、政府组织的优越感。

店员工会与店主的关系,历史记忆呈现的多为对立。店员方面以工会的形式组织起来后,"先讲条件而不罢工,或是罢工而不离铺,否则封锁商店及工厂不使营业,或作铲除东家工会运动"[1],并存在着一定的过火行为,甚至对店主进行人身侮辱。"1927 年 4 月,祁阳工人纠察队听取店员反映后,召集全城店主开会,揭发了火神庙街店主王敦敦、桂昭萼克扣店员工资,迎秀门花纱布庄老板谢三和打骂学徒、虐待店员等事实,决定将王敦敦、桂昭萼、谢三和等三人戴高帽子,鸣锣游街示众。"[2]

店主方面,或不愿店员建立工会组织,"上海新药业药房职工成立职工会时,新药业同业公会理事长黄楚九即以'应加入商民协会'为由,不允单独成立,并报请市商会呈转到国民党市党部加以取缔"[3];"资本家傅理章、腾懋棠勾结驻防仙桃镇第十五军副官彭楚翘,将店员工会负责人拘押,以处死相威胁,强令改组工会"[4]。或"破坏、操纵"已建立的店员工会,"东家方面,最初则欲混入工会,设法欺骗或把持,缓和劳资冲突。或收买一部分工人,组织御用工会,与真正工会对抗,或自行闭门停业,甚至开除工人,使工人受打击而妥协,如有反抗,则雇用地痞土匪民团组织所丁、东家纠察队,实行武力压迫。或消极抵制,对工人的要求,搁置不理"[5]。

① 《刘尔崧在中国国民党广东省第二次全省代表大会上的报告,1926 年 12 月》,《刘尔崧研究史料》,第 186 页。
② 王克宽:《大革命时期祁阳工运史略》,《祁阳文史资料》第 5 辑,1988 年,第 52 页。
③ 上海社会科学院经济研究所主编:《上海近代西药行业史》,上海社会科学院出版社,1987 年,第 319 页。
④ 中共仙桃市委党史办公室著:《中国共产党仙桃(沔阳)历史(1919~1949)》第 1 卷,中共仙桃市委党史办公室,2009 年,第 42 页。
⑤ 《刘尔崧在中国国民党广东省第二次全省代表大会上的报告,1926 年 12 月》,《刘尔崧研究史料》,第 186 页。

　　资方"破坏、操纵"店员工会的具体案例，各地皆有且较为普遍，笔者选取上海、北京各一案例进行抽样说明：上海永安百货公司资方"早想搞垮职工会"，指使公司的高级职员，组织受其控制的职工协进会，与职工会抗衡。因职工协进会的执委"都是资本家的亲信，广大职工信不过他们"。资本家又使出威胁利诱的手段，企图拉拢永安公司职工会的骨干力量加入职工协进会，以提高其威信。公司协理杨辉庭找到原先担任过永安公司职工会执行委员的纠察大队长过炳华，对他说："你是公司一开门就来的，我给你一千元红股，三年当中升你做一个部长，只要你参加第一分会。"过炳华说："我不能出卖同事。"杨辉庭威胁到："你这种意志是好的，不过今后你自己当心。"果然，不到一个星期，过炳华就被解雇了。职工会停止活动后，资方把"失去使用价值协进会两名执行委员也开除出公司，连协进会委员长黄松也感到资方的手段太毒辣"①。北伐成功后，北京店员工会成立，瑞蚨祥鸿记、北京谦祥益和同济堂药店的大多数店员参加了这一组织，大讲"节制资本"。孟觐侯（瑞蚨祥总经理）勾结国民党要员曾山和张曰武，索其出面解散店员工会，事成愿出二万元相酬。曾、张领命，在大栅栏东西两首张贴布告，命令取缔店员工会。是年农历正月初一，孟觐侯借伙友为其拜年的机会，将瑞蚨祥鸿记参加店员工会的人员，解雇出号②。

　　当然，店主支持店员工会及其活动亦是历史的常态景象：据胡明轩回忆，梅县店员工会筹备时，一开始就得到梅城振达公司店东叶树恩的大力支持，发动全公司的店员加入工会，所以工作进行顺利③。梅县店员工会准备武装暴动时，店员工会委员梁伟民向梁辉（商家）借来手枪一支给胡明轩佩戴④。

　　店员单独组织工会后，同业公会成为"以经理人和业主为限"的社团组织。店员与店主的劳资纠纷，往往演变为店员工会与同业公会的团体对抗，比如祁阳县店员工会与同业公会的"斗争"：1927年4月，文明铺南货业同业公会会务主持人罗如胖子、王志成、王诗宝等人，不满店员工会，并企图陷害店员工会活动分子雷起仁、刘肇奎、周起湖、唐尧、钟聋子等5人，他们利用同业公会名义，要这些南货店把店员工会的活动分子辞退。店员工会获悉这一情况后，立即向同业公会提出增加工资、缩短劳动时间的要求，资方如不答应,店员停止上工,并规定没有工会通知,所有店员不得上工,违者从严惩处。店员工会宣布罢工之日,正值端午节即将来临之时。店员罢工,将给资方带来重大损失,于是(资方)一致要求同业公会主动让步。同业公会只得表示接受工会提出的要求①。

民间社团是公共领域的活跃因素,以社团为核心的组织化参与构成有效的社会制衡机制。国民革命时期,店员工会通过援助罢工失业工人、农民团体,以组织化的形式对其他社团的社会参与施加对己有利的影响:1928年下半年,上海法商电车3000多名工人大罢工,店员工会等组织后援会,"我们必须使之合并,决不应对立"②;连城店员工会主席带领一批工人深入到城郊四周发动群众,帮助组织起贫农团、赤卫队、少先队,帮助他们解决斗争中的具体问题③;咸宁河背区农民协会组织的农民消费合作社,其资金来源,主要是农民协会打土豪得来的"浮财",其次是县店员工会拨款补助④,店员工会组织的咸宁城区消费合作社还向各区农民消费合作社(当时全县16个区都成立了农民消费合作社),拨出煤油、食盐、食糖、布匹等物资,实际上成为全县消费社的总供货机构⑤。

参与公共活动是店员团体凸显自身存在和影响力的重要表征。上海工商友谊会成立肇始,即积极介入公众事件,免得公共事业"坠落不堪"⑥。针对"奸商囤积,将米打包出口,致使米价居高不落,进而影响生活"这一情况,工商友谊会呼吁"各团体一致进行,同志遇见此等事件,报告会中,设法取缔,并给予相应酬劳"⑦。至于店员因公被杀,工商友谊会联合"各公团一致主张公理",要求"严惩凶手,赔偿损失",表示一直关注"待法律解决"⑧。"连年奔走革命工作,饱受风尘之苦"的李烈钧抵达南昌时,南昌各行业店员联合会集会欢迎⑨。国际工人代表团到达武汉后,武汉店员总工会定于"五号十二时招待","英国工人与中国工人的最大仇人都

① 王克宽:《大革命时期祁阳工运史略》,《祁阳文史资料》第5辑,1988年,第51~52页。
② 《江苏省委法商罢工消息(第二号)一九二八年十二月五日》,中央档案馆编:《江苏革命历史文件汇集(1928年9月~1929年2月)》,1985年,第285页。
③ 卢运泉:《二战时期连城工会的建立及斗争情况》,《闽西革命史论文资料》第2辑,中共龙岩地委党史资料征集研究委员会,1987年,第472页。
④ 杨德寿主编:《中国供销合作社发展史》,第78页。
⑤ 《湖北最早的城镇合作社——咸宁县城区职工消费合作社(1927年4月)》,杨德寿主编:《中国供销合作社史料选编》第2辑,第226~227页。
⑥ 《上海工商友谊会规约》,上海《新闻报》1920年7月28日。
⑦ 《为米贵事致各会友》,《伙友》第8册,1920年12月26日。
⑧ 《本会开紧急会消息》,《伙友》第2册,1921年6月10日。
⑨ 《赣人欢迎李协和》,《汉口民国日报》1927年1月18日。

是英帝国主义,望一致联合去打倒他"①。太平洋劳动大会在汉开幕后,武汉店员总工会"举行庆祝大会,赠送劳动大会赠物"②,汉口硚口方面店员一半守店营业,一半参加大会,手持小旗,书写"太平洋劳动大会"标语③。该会还要求"所属各业店员工会全体参加(列宁逝世纪念周大会)"④,"所属全体会员,如有女眷在汉者,须踊跃参加(三八妇女节纪念)"⑤。针对"英美烟公司排挤民族工商业、捣乱市场的不法行为",沙洋店员工会号召民众不买他们的香烟,并派出工会纠察队站岗放哨、四处巡逻,监视他们的行动,"迫使其总经理不得不到工会承认错误,赔礼请罪,保证以后不再捣乱市场、坑害消费者"⑥。

　　"组织是通向政治权力之路"⑦,店员工会的社会参与,有时会因"现政权的压制"演化为国家层面的政治参与,进而成为构成公共权力的制约机制的重要部分,比如上海百货业职业工会的抗暴斗争。抗日战争胜利后,上海百货业职业工会因美国货物"汹涌而入",呼吁"爱用国货、抵制美货",抵制范围限于"奢侈品,本国厂商已能生产之出品及代替品,有特殊功能或需要者外(如西药等)"⑧。后因"特务"扰乱"爱用国货抵制美货委员会"成立大会,"突有工人模样及少数衣西装短皮外套者二三百人……手持铁尺等各式武器,猛击各百货业职工……将场内所有桌椅、橱柜、痰盂、电报等各物拆毁,并将带钉之桌椅脚向人头乱击……行凶暴徒皆为十余人打一人。被打者无不头破血流,呻吟倒地。行凶暴徒复在倒在地上之人身上猛力践踏"⑨,"致本会会员受伤达数十人之多,梁仁达君因伤重殒命,国货分会会所全部被毁"⑩。职业工会掀起以国民政府为对象的抗暴斗争,指责上海市市长吴国桢听信"一面之词",要求吴"对于市民应该一视同仁,彻查祸首凶手"⑪。

<hr>

① 《武汉店员总工会开会欢迎国际工人代表团暨全国总工会委员长热烈情形》,《汉口民国日报》1927年4月6日。
② 《店总执委会议决庆祝太劳大会》,《汉口民国日报》1927年5月18日。
③ 《武汉店员总工会非常代表会》,《汉口民国日报》1927年5月19日。
④ 《武汉店员总工会参加列宁纪念周》,《汉口民国日报》1927年1月23日。
⑤ 《店员女眷参加纪念三八节》,《汉口民国日报》1927年3月7日。
⑥ 刘福生主编:《中国共产党荆门历史(1919～1949)》第一卷,中共党史出版社,2009年,第37页。
⑦ 〔美〕塞缪尔·P·亨廷顿著,王冠华等译:《变化社会中的政治秩序》,三联书店,1989年,第427页。
⑧ 《为爱用国货抵制美货筹委会告各界人士书》(油印件),上海总工会工运研究所抄件,1947年2月8日。
⑨ 《"二九"惨案暴行经过纪详》,《文汇报》1947年2月10日。
⑩ 马叙伦:《评"二九"惨案》,《评论报》第14期,1947年2月18日。
⑪ 《再驳吴国桢、方治的谈话》,《文汇报》1947年2月16日。

第四节　店员工会与国家政权

民国时期,店员工会的成立均在政府部门进行备案,是政府批准成立的合法性社团。店员工会与政府的关系,简单地讲,是一种法律关系,政府依据《工会法》对店员工会进行管理,店员工会在《工会法》规定的权利、义务范围内进行活动。

法律是由政府制定的,从来都是统治阶级意志的反映。政府在制定有关法规时,能否考虑并在多大程度上满足店员工会的基本诉求,对于已经制定的法规能否认真执行,并随着店员工会势力和社会民主意识的增长进行有效的调整,是店员工会能否与政府维持这种简单的法律关系的关键。事实上,民国时期,中国尚缺乏健全的法制和民主制度,店员工会与政府的关系也不可能通过有效的法律制定及修改进行必要、适时的调整,必然会出现"政府超越法律对店员工会的活动进行干预,甚至控制,及店员工会突破法律规定进行一些超法活动"这种控制与反控制的局面。

国民革命时期,店员工会的确存在"超越法规"的"过火行为","常对雇主提过度之要求,其或以武装纠察封闭厂店,强行雇主行不可能之条件"①。但这种"超法"活动,发轫于政府的倡导、动员,且在政府的控制范围之内。当国民政府限制、取缔这种"超法"活动时,店员工会虽"感压抑",却始终在法律许可的范围内进行有效抗争,不存在与政府对抗的情况。可以说,国民革命时期,店员工会与政府是一种"合作"关系:国统区店员工会更多的是作为政治参与的象征,为国民政府获得合法性提供依据;苏区店员工会一定程度上成了政府机构的延伸机关。

由国民党中央委任的一党专制的党国体制,自国民政府建立之日起,一再遭受各方质疑、反对。在缓解危机的决策中,店员工会作为政治参与的象征,为国民政府获得合法性提供了依据,"从前买办阶级陈廉伯等,利用店员□□一种商团军势力,危害政府,今年来店员运动特别发达,商团之恶势力无从恢复"②。1926 年 11 月 26 日,国民党中央政治委员会正式决定中央党

---

① 《中国国民党湖北省执行委员会训令》第 162 号,1927 年 5 月 20 日,台北中国国民党党史馆档案,档号:汉 12857。1927 年 5 月 18 日召开的中执会政治委员会第 22 次会议,对这些调和店员与店主冲突的规定曾进行过讨论修改,有关具体情况见中国第二历史档案馆编:《中国国民党第一、二次全国代表大会会议史料》(下),第 1174~1179 页。

② 《中央工人部之报告》,《广州民国日报》1926 年 12 月 1 日。

部及国民政府北迁武汉,武汉店员总工会立即通电拥护:"武汉为全国政治中心,工商繁盛,交通便利,不但为全国民众所重视,即各帝国主义军阀,莫不思得武汉为侵略之基地,现在英帝国主义派遣多数兵舰,准备向革命势力进攻,北方奉系军阀及直系残余犹未肃清,中央党部及国民政府,非即日迁移武汉,不足制杀敌人之野心,敝会谨代表全体工友,一致敦请,中央党部国民政府立即迁鄂。"①通城店员工会集会游行,庆祝北伐胜利,纪念中央党部及国民政府迁鄂②。上海百货业各职工会亦对"建郡武昌"不胜欣慰,"是举诚慰全国民众之渴望"③,"可收事半功倍之效"④,"我中央党部及国民政府在此正式成立,实足奠定革命基础,领导武装同志,扫肃反动余孽","统一中原,实现民治,转瞬间事耳"⑤。

　　店员工会还以实际行动建立国民政府北伐的群众基础:汉口店员工会函召该会会员如期全体参加"武汉各团体欢送四军伤兵回粤(活动)",并赠送红旗一面⑥;武汉店员总工会各业执委联席会议,议决集款慰劳士兵⑦;店员总工会宣传队慰劳第四军,在大雨淋漓中,不顾衣湿赴会,回汉秩序整齐⑧;店员总工会电贺国民革命军克复开封、郑洛⑨,召开干事组长联席会议,欢迎凯旋将士及各地被难来鄂同志⑩;上海店员总会集会欢迎北伐军⑪;广水店员工会欢送三十六军北伐,高呼打倒帝国主义、打倒奉系军阀、拥护国民政府外交政策、拥护国民政府经济政策、北伐胜利万岁等口号⑫。天津店员联合会则以抗议"奉系军阀的剥削"声援国民政府北伐,要求"集会、结社、言论、出版、罢工之自由;八小时工作制及星期日休息;要求增加工资;女工产前产后要休息四星期,工资照给;童工要受教育及创设教育机关;青年成年工人作同样工作,应给同样工资;催政府颁布工会条例"⑬等。

---

① 《店员总工会电中央党部政府迁鄂》,《汉口民国日报》1927 年 2 月 11 日。
② 《各地通信·通城》,《汉口民国日报》1927 年 1 月 7 日。
③ 《先施职工会电》,《申报》1927 年 3 月 10 日。
④ 《各团体电贺国民政府迁鄂》,《申报》1927 年 3 月 12 日。
⑤ 《各团体电贺国民政府迁鄂》,《申报》1927 年 3 月 11 日。
⑥ 《汉店总欢送四军伤兵》,《汉口民国日报》1927 年 2 月 15 日。
⑦ 《店总各业执委联席会议》,《汉口民国日报》1927 年 2 月 20 日。
⑧ 《武汉店员总工会宣传队慰劳第四军》,《汉口民国日报》1927 年 3 月 8 日。
⑨ 《店总召集各分会全体职员会》,《汉口民国日报》1927 年 6 月 4 日。
⑩ 《店总联席会》,《汉口民国日报》1927 年 6 月 15 日。
⑪ 《上海市民欢迎北伐军大会记》,《申报》1927 年 3 月 23 日。
⑫ 《各地通信·广水》,《汉口民国日报》1927 年 5 月 16 日。
⑬ 《天津特约通信》,《汉口民国日报》1927 年 1 月 11 日。

　　1927 年 5 月 17 日,夏斗寅在宜昌发动兵变。为巩固"革命的武汉",店员纷纷投军,讨伐夏斗寅叛乱①。武昌市各店员工会召开店员大会,决议组织武昌各店员工会临时联合办事处,负责消弭武汉经济粮食等恐慌现象:严禁奸商抬高物价;使用中央钞票;令各商店恢复营业②。武汉店员总工会"转令各钱业店员,切实调查各钱庄所存铜元数量,限制各钱商依照前三日内价格兑换铜元,并不得拒绝中央纸币。如有奸商操纵钱价者,拒绝票币者,准指名报请中央党部惩办"③。并"通令限(潜逃店员)三日返店,其他所(有)店员,皆在店中坐镇,劝店东不要搬迁。同时又派全体宣传队出发演讲,不二日即恢复原状,市面如常矣"④。

　　店员工会对中共态度的转变最能体现其与政府的"合作关系"。长期以来,国共两党的合作形态,呈现出国民党主要做上层工作,共产党主要做下层工作的分工格局,"下层的民众运动,国民党员参加的少,共产党员参加的多"⑤。但店员工会对拥有国家政权的国民党"情有独钟",武汉店员总工会代表大会通过的"店员总工会组织国民党区党部各工会组织区分部"的提案⑥,"在红色的五月,店员发展国民党党员一万人"⑦,"通告各会员,迅速依照入党手册,加入中国国民党"⑧,"发展党的组织与店总同立于一室者,有七区、十一区分部,而各分会现亦从事此种发展,拟次第组织区分部。计全国劳动代表大会开幕后,得党员万人"⑨等,毋庸置疑有着示好的成分。国共合作破裂后,店员大多选择了实力更为雄厚的国民党,而不是标榜劳工利益的共产党:信阳店员工会宣言"消除共产党的传言","努力帮助革命军北伐;拥护国民政府,迅速肃清勾结奉系军阀的土匪暴动和反动派"⑩,清党分共的汪精卫继续主持中央,"党国幸甚,民众幸甚"⑪。

---

① 《店员纷纷投军参加讨夏战争》,《汉口民国日报》1927 年 5 月 21 日。
② 《武汉秩序全复原状》,《汉口民国日报》1927 年 5 月 22 日。
③ 《湖北全省总工会讨夏期间工作报告・5 月 19 日之工作》,《汉口民国日报》1927 年 5 月 22 日。
④ 《武汉店员总工会报告》(1927 年 6 月),武汉市地方志编纂委员会编:《武汉国民政府史料》,第 139 页。
⑤ 顾孟余:《武汉二届三中全会提案大纲之说明》,见蒋永敬编:《北伐时期的政治史料》,台北:正中书局,1981 年,第 111 页。
⑥ 《武汉店员总工会代表大会》,《汉口民国日报》1927 年 1 月 25 日。
⑦ 《店总第五次代表大会》,《汉口民国日报》1927 年 5 月 29 日。
⑧ 《店总近讯》,《汉口民国日报》1927 年 7 月 11 日。
⑨ 《武汉店员总工会报告》(1927 年 6 月),武汉市地方志编纂委员会编:《武汉国民政府史料》,第 139 页。
⑩ 《总政治部在信阳召集民众代表大会》,《汉口民国日报》1927 年 5 月 26 日。
⑪ 《各界热烈挽留汪主席》,《汉口民国日报》1927 年 9 月 29 日。

　　与国统区店员工会类似,苏区店员工会虽依然强调经济斗争,"各种工人利益由各工会会员大会随时规定"①,主张"激进改善工人生活","打击在经济斗争中认为要求改善生活就是经济主义的主要右倾机会主义危险"②。但其活动重点已经转移到"动员店员参军参战、保卫苏维埃政权"等方面,协助红军作战、输送战略物资是其重要职能:红军东路军攻克漳州后,店员工会发动群众收割马草,供应红军第五军团③;遂川店员工会会员大多加入工农革命军④;百色红色店员工会建立有工人赤卫队⑤;宜丰县城被攻克后,"几百名手工业工人和店员工人加入赤卫队"⑥,"拾回桥以李亚山(李在1927年以前系党的地下联络员)等为首的店员,协助红军宣传群众,在短短的七天里,就帮助贺(龙)部购到所需的军粮四百余石(约合十万斤),同时购得土布两千多匹"⑦;连城店员工会积极帮助红军筹措粮饷,药店店员动员老板捐出一部分药品支援红军,米店店员动员老板拿出一些米送给红军,"当时设在城内的福建军区二分医院就曾收到药店工作的刘润生送去的药品",红四军撤出县城时,30多个店员工会会员手拿梭标、鸟枪、土铳等武器,"主动出城警戒和阻止从朋口尾追前来的匪兵"⑧;1935年2月,红军在慈利棉花山的反"围剿"战斗中,大庸店员工会组织的赤卫队300多人,扛着梭镖、背着米袋,编成班排,参加侦察敌情、修筑工事等工作,支援红军作战⑨。

　　部分苏区店员工会甚至直接参与中共的军事行动:连城店员工会成立以后,立即发动全城工人,组织一支队伍,当时工会决定3人以上的店抽2人、3人以下的店抽1人,全城共抽出60多人组成队伍随红四军二纵队一起前往"离城二十多华里的山下乡打土豪"。并因之付出重大牺牲,连城店员工会打土豪的过程中即"当场牺牲三名工人"⑩。

①　《闽西第一次工农兵代表大会法案》(1930年3月),《福建革命历史文件汇编》,苏维埃政府文件,1930年,第69页。

②　《湘赣省店员手艺工人经济斗争任务》(一九三三年九月一日),江西省总工会、江西省档案馆:《江西工人运动史料选编》,第575页。

③　龙岩市地方志编纂委员会编:《龙岩市志》,第587页。

④　《中国人民解放军高级将领传》第14卷,北京:解放军出版社,2013年,第468～469页。

⑤　潘其旭、覃乃昌主编:《壮族百科辞典》,南宁:广西人民出版社,1993年,第676页。

⑥　《湘鄂赣苏区(赣西北)工人运动史稿》,《江西工运研究》1990年总第34期,第27页。

⑦　简志强:《洪湖红军在长征前夕饮过桥河水》,《沙洋文史资料》第3辑,1995年,第139页。

⑧　卢运泉:《二战时期连城工会的建立及斗争情况》,《闽西革命史论文资料》第2辑,中共龙岩地委党史资料征集研究委员会,1987年,第472页。

⑨　孙剑霖主编:《湘西土家族苗族自治州工人运动简史》,第93页。

⑩　卢运泉:《二战时期连城工会的建立及斗争情况》,《闽西革命史论文资料》第2辑,中共龙岩地委党史资料征集研究委员会,1987年,第471页。

此外,苏区店员工会还承担着监督资方、执行劳动法的重要使命,"(店员工会)各级委员会的委员,持有该项委员的证书,均有权自由视察各机关各企业各商店内一切工作场所"①。《湘鄂赣省工农兵苏维埃政府劳动法》第八章《职工会与劳工保护》第57条规定:"在一切国家及国有企业中,职业工会直接参加这些企业的经理;在私人企业,职工会成立特别机关监督生产。"②

苏维埃政府在管理经济事务时亦多要求"店员工会参加、负责":商业累进税之征收,"由店员工会收缴总工会转缴县政府"③,"开始征收(商业税)时可召集各业商人开会,详细解释,使其了解并召集店员工会取得其帮助"④,凡商人或合作社运现洋出口向政府登记,"须由该业店员支部或当地店员工会介绍证明"⑤。苏维埃政府还要求店员工会推派代表参与政府管理,"选举工人中最积极最坚决的分子到苏维埃政权中负指导工作,保证真正工农政权的实现"⑥,"手艺店员工会的临时中央委员会的党团,须立即讨论和计划这一工作,并且采取一切必要的组织步骤"⑦。苏区店员工会承担的经济监督、管理职能,使其一定程度上成为苏维埃政权的附设机构。

---

① 《中华苏维埃共和国劳动法(1933年10月15日)》,许毅主编:《中央革命根据地财政经济史长编》(上),第661页。

② 湘鄂赣革命根据地文献资料编写组:《湘鄂赣革命根据地文献资料》第1辑,北京:人民出版社,1985年,第656页。

③ 财政部农业财务司:《新中国农业税史料丛编·第一、二次国内革命战争时期革命根据地的农业税政策法规》,北京:中国财政经济出版社,1987年,第85页。

④ 王金山主编:《中华苏维埃共和国消费合作社史料选编》,《中华苏维埃共和国消费合作社史料选编》编委会,第10页。

⑤ 《现金出口登记条例(一九三三年四月二十八日)》,见福建江西湖南省工商行政管理局合编:《中华苏维埃共和国的工商行政管理》,第57页。

⑥ 《苏区工会运动决议案——苏区第一次代表大会通过(1931年11月)》,《中共中央关于工人运动文件选编》中册,第134页。

⑦ 中共江西省委党史研究室、中共赣州市委党史工作办公室、中共龙岩市委党史研究室编:《中央革命根据地历史资料文库·党的系统》(4),南昌:江西人民出版社,2011年,第2736页。

结　　语

　　店员工会是国民革命时期店员的主要组织形式,其组织化的社会参与,对于民国时期政治、经济及社会公益等多个层面发挥着重要影响。同时,店员工会的制度设置、治理结构也受到国内政局走向、经济制度变迁的影响,呈现出明显的时代特征。

　　作为合法的职业团体,政府准入、入会店员的内在认同是店员工会的存在前提,对入会店员的利益代表是店员工会维系自身运作、彰显自身组织凝聚力与有效行动力的必要条件,帮助政府实现社会控制则是店员工会“合法”与否、能否存在的关键因素。国民革命时期,店员工会对入会店员的利益代表程度非常有限,加之非制度化的利益组织化方式,其存在合法性不断受到质疑。店员工会自身的运作功能因而趋于萎缩,不具备强有力的社会整合能力,帮助政府实现社会控制的整合功能也随之走向式微。

一、有限的利益代表和走向式微的社会整合
——法团主义视野下的店员工会

　　店员属于“商人”,“是做生意的”[①],却以工会的形式取得了有组织有纪律的劳动者的话语定位,巨大的角色反差及阶级认同,无疑有着被动接受精英分子生活观念及意识形态的因素。与之相应,店员工会的兴起沿革及政治经济活动,有外力影响的明显痕迹。

　　国民革命时期,店员工会的成立均须在政府部门备案,政府颁行的《工会法》是其活动的主要依据。淳安县港口镇店员工会成立时,“制定工会简

---

① 陈回:《一个书店里的伙友》,《伙友》第 11 册,1921 年 1 月 16 日。

章并呈请国民党当局注册,是一个团结工人,拥护支持北伐,又取得合法地位的工人群众组织"①。当然,店员工会的备案申请,只要其章程不明显违反法律及相关管理条例,国民政府一般持默许态度,兰溪县药业、南货业、钱业、粮业、肉业等店员工会成立时,"只要向当局备个案,就了事"②。

作为政府批准成立的合法性社团,各业店员自动成为店员工会会员并需向工会登记注册,"以某项商业为范围,在此规定范围内之同业,均得加入本会,以资保障,不得另组别会,破坏同业组织"③。店员入会后,享有"选举权、被选举权、弹劾职员权、提议及表决权"。但是,店员自主选举产生的店员工会执委并不一定会对店员负责,事实上执委的职位去留及职务升迁,亦不惟店员意志而定。党派势力在店员间的渗透使得普通店员难以在工会任职,活跃于店员工会的多非普通店员,而是具有某种党派背景者,甚至是"不良分子","部分工会筹备委员,实为社会上的反动分子、工贼、流氓、封建把头"④,"一般无业游民借组织工会为名,榨取劳工,包办工潮","各分会有不良分子混入"⑤,"组织(店员)工会者,多属地痞流氓,冒认工人,朋比为奸,工商均被其欺诈"⑥。部分普通店员出身的工会领导人,其立场亦随身份的改变而变化。

店员工会属于行业联合组织,由于组织程度不同,各业店员工会对筹建店员总工会的态度及担任的角色各不相同。从各地店员总工会执行委员、常务委员的组成状况观察,人数多、分布广,与社会生活密切相关的行业,以及店员组织较为完备、对店职员教育程度要求较高的行业是店员总工会的主导者、行业主体。不同行业对店员总工会有着不同的利益获取设想,店员工会内部因之呈现出行业利益分歧,这无疑会削弱店员群体的同质性,进而阻碍店员工会对处于权力下游的普通店员的利益代表作用。

店员工会的团体行为与店员个体及行业诉求之间的差异,领导层与普通入会店员利益诉求的错位,使得店员利益难以经由工会渠道顺畅表达,将店员团结在工会周围成了制度幻想——强制入会的背景下,加入工会的武

① 淳安县志编纂委员会编:《淳安县志》,第 465 页。
② 吴湘:《回忆兰溪初建工会概况》,《兰溪文史资料》第 7 辑,1989 年,第 27 页。
③ 《广州市店员工会章程》,陈友琴编:《工会组织法及工商纠纷条例》,上海民智书局,1927年,第 12 页。
④ 萧抱真:《我经历的武汉店员总工会》,第 128 页。
⑤ 《武汉店员总工会向中国国民党中央执行委员会报告书(1927 年 6 月)》,台北中国国民党党史馆档案,档号:11375。
⑥ 《市商协会呈请迅将加入此次共党作乱之店员工会及职工会一律解散案》,《广东省政府公报》1928 年,第 20 期。

汉店员不到总数的 1/3①。即便是入会店员,也不全部依赖工会,认为店员工会主导的政治活动"莫明(名)其妙者尚属不少"②。尤其是领导层发生蜕变,开始鱼肉店员的时候③,店员工会不但不能起到任何利益代表作用,反而会导致其自身存在合法性的质疑④,"实际上不给工人好处,工会已失却存在的权威"⑤,"(店员)不愿受其指挥,仍愿受职工会之命令"⑥,更遑论通过工会动员店员以形成强有力的组织凝聚力、行动力。

作为社会团体,工会应是工人利益的代表者,"必须学会作为工人阶级的组织中心而自觉地进行活动,把工人阶级的彻底解放作为自己的伟大任务"⑦。但具体到店员工会,"联络感情,交换知识,互助扶助,共谋福利"的组织章程,明确表明其是一个为同行谋取福利的"福利者"及劳、资、政关系的"协调者",而非明确的店员利益代表者。

从实践层面观察,店员工会有时会因店员利益"挺身而出",如在店员的诉讼活动中,武汉店员工会常"对法院有所要求",只是"任意要求,接洽频繁,以致公务停滞。于革命司法,不无影响"。缘此考量,湖北省总工会要求"各工会更毋庸鳃鳃过虑,前往烦扰,尤其是各工会负责人及职员,不得关说或干涉讼词,致失掉工会地位"⑧。不过,这种情况系以彰显工会权威为出发点,且并不常见。

店员工会举办的福利事业,增强了工会之于店员的影响力。但店员工会的福利措施并非单单针对入会店员,而是囊括该地或该业所有店员,"非会员之被歇伙友,亦可前往享同等待遇"⑨、"不问会友或会外伙友"⑩、"会

---

① 1926 年底,汉口店员工会会员 23500 人,店员总数则近 70215 人。《武汉店员工会之最近统计》,《中外经济周刊》1927 年 4 月 23 日;武汉地方志编纂委员会:《武汉市志·商业志》,武汉大学出版社,1989 年,第 59 页。

② 《武汉店员总工会向中国国民党中央执行委员会报告书(1927 年 6 月)》,台北中国国民党党史馆档案,档号:11375。

③ 武汉店员总工会第四分会常委徐秉权、李协卿以权谋私,勒诈商民裴子恒,"被判禁闭"。见《湖北全省总工会的报告》(1927 年 6 月 11 日),台北中国国民党党史馆档案,档号:汉13107。

④ 店员工会的经费来源主要是会员会费,这决定了它的生存必须以维持会员对工会的基本认同为前提。

⑤ 冷观:《南行视察记》,天津《大公报》1927 年 3 月 6 日。

⑥ 《请于审定条例时划分工商界限》,《申报》1927 年 5 月 28 日。

⑦ 中共中央马克思、恩格斯、列宁、斯大林著作编译局:《马克思恩格斯全集》第 16 卷,北京:人民出版社,2007 年,第 221 页。

⑧ 《湖北全省总工会通告禁止各工会干涉诉讼》,《中央日报》1927 年 6 月 9 日。

⑨ 《各业救济失业伙友之措置》,《申报》1927 年 2 月 13 日。

⑩ 《工商友谊会启事》,《伙友》第 6 册,1920 年 11 月 14 日。

内外子女均可入学"①、"不便拒绝非会员的同事,会员与非会员一样待遇"等。并且,从店员工会的经费使用来看,福利事业不是国民革命时期店员工会的工作重点。武汉店员工会除建有两所青年工人补习学校外,没有针对会员医疗、子女入学、业余娱乐等的福利措施。店员工会的会费结余亦未用于会员福利以增强店员之于工会的向心力,而是用于招待②,及店员宣传,"增强店员们对于理论上及政治上的知识"。此外,店员工会办理福利事业所需的经费,有相当一部分来自政府拨款,"建设厅按照各县工人之多少拨款,至少120元,至多300元"③。嘉鱼县店员工会甚至因禁烟局"扣押工会经费"而进行示威游行④。福利举措及其经费来源表明,店员工会的关注点是工会的社会参与,及"在政府指导下"追求店员运动的"组织统一",借以彰显"店员的痛苦,指出店员所应走的路"⑤,会员利益的满足不是其工作的主要着眼点。

店员工会主导的店员运动是国民革命时期大规模社会动员的重要组成部分,后来实际上成了工人运动的核心⑥。不过,激烈的店员运动并没有"失控",而是时刻掌控在国家政权的许可范围之内,更多的是作为政治参与的象征,为国民政府获得合法性提供依据。即便国家政权"取消"店员工会,店员及其组织也仅仅是感到"压抑",没有坚决的对抗表现。此外,为维持店员运动的正当性、合法性,店员工会致力于"解决店员、工友的痛苦"的同时,要求"坚固店东的信心,不得侵犯其营业管理权"⑦;"发展我们工商个体的真精神,开拓工商自治的本能"⑧的同时,强调"伙友也要自重,有自治能力"⑨。将店员"经济生活的提高"落实于"小资产阶级的营业发达",主张与"小资产阶级联合"⑩,以实现政府强调的社会稳定。应当说,作为社会团

---

① 《上海工商友谊会章程》,上海《民国日报》1920年9月27日。
② 太平洋劳动大会在汉开幕后,店员总工会"赠送劳动大会赠物";国际工人代表团到访武汉时,店员总工会定于"五号十二时招待"。
③ 《建设厅提议各县补助工会经费》,长沙《大公报》1926年9月23日。
④ 县总工会:《嘉鱼县总工会第一任主席胡安邦》,《嘉鱼文史资料》第3辑,1988年,第74页。
⑤ 《武汉店员总工会向中国国民党中央执行委员会报告书(1927年6月)》,台北中国国民党党史馆档案,档号:11375。
⑥ 冯筱才:《北伐前后的商民运动(1924~1930)》,台湾商务印书馆,2004年,第147页。
⑦ 《武汉店员总工会报告》(1927年6月),武汉市地方志编纂委员会编:《武汉国民政府史料》,第135页。
⑧ 《上海工商友谊会征求会友宣言》,上海《民国日报》1920年8月4日。
⑨ 《不要专门骂别人》,《伙友》第6册,1920年11月14日。
⑩ 《武汉店员总工会报告》(1927年6月),武汉市地方志编纂委员会编:《武汉国民政府史料》,第135页。

体,店员工会帮助政府实现社会控制的政治职能较为凸显,有与国家政权合作的明显趋向。但职业职能较为模糊,并不能代表所属店员的整体利益,更遑论将店员的内在诉求上升为国家层面的政府决策。

长期以来,中外工人运动研究塑造出与国家政权对立的工会形象①,"如果说工会对于进行劳资之间的游击式的斗争是必需的,那么他们作为消灭雇佣劳动制度本身和消灭资本权力的一种有组织的力量就更为重要了"②。但店员工会的考察,为我们提供了近代工会的另一种面貌:不仅不是国家政权的对立面,还是国家政权的合作者,这也是国家权力渗透公民权的一个案例表现。

民间社团是公共领域的活跃因素,以社团为核心的组织化参与构成有效的社会制衡机制。作为民间社团的重要组成分子,店员工会对商业繁荣、行业自律、服务规范等方面发挥了一定的作用。店员工会捐资、捐物等救济社会弱者(贫农团及罢工失业工人)的行为,彰显了地方社会的公共职能,构建出更加普遍和广泛意义上的连带感和相互扶助意识,以及支撑这些意识的、包含公开性的公共性。店员工会组织的纠察队、童子团对店东强制行为的不妥协对抗姿态,以及店员工会与其他社团组织的竞争、共存关系,亦是复杂社会图景的重要组成部分。例如,武昌摊担工会工友与店员工会工友因争工作发生纠纷,"已送武昌法院"③;赣州洋货绸缎布匹业店员与"二女师"校工的日常冲突演变为店员工会、总工会与"二女师"及当地驻军的全面对抗,甚至引起国民党中央的关注与介入。

1926年12月30日,洋货绸缎布匹店员工会店员往二女师看演新剧,该校不许,有一二无知店员在校门外墙上用黄土写了"男女不平等便是反革命"、"男子睡上,女子睡下"、"打到二女师"等字样。12月31日,"二女师"校长欧阳魁召集各团体开会,谓店员侮辱妇女,议决解散洋货绸缎布匹店员工会,"主席只许妇女演说骂工人,禁止工人演说辩白,因此引起工人责问,人声喧嚣,秩序大乱"。欧阳魁等控诉"总工会委员长陈赞贤、肖韶、钟友仟等,纠集工友千余人,包围会场见人便打,捣毁器具,殴打党员捣毁县署……"组织一批女学生上街游行,张贴"打倒各工贼"的标语,并派学生代表赴南昌告

① 当然,社会制度不同,工会与国家政权的关系也不同。社会主义国家,工会与国家政权之间的关系由对立性变为一致性,两者的团结、合作代替了两者的对立和斗争。高维义、刘福元:《中国工会学》,济南:山东人民出版社,1989年,第151页。
② 中共中央马克思、恩格斯、列宁、斯大林著作编译局:《马克思恩格斯全集》第16卷,第220页。
③ 《湖北全省总工会报告(1927年6月19日)》,台北中国国民党党史馆档案,档号:汉13155。

状。因洋货绸缎布匹店员工会与店主达成加薪协议,反对者亦"借此鼓动商民,与工会为难"。

　　1927 年 1 月 26 日晚,新编第一师政治部主任(师党代表)倪弼由南昌抵赣州,召集各团体开会解决纠纷。在开会之先,街市纷传倪弼欲于会议席上捆绑总工会委员长,将开会时,果密布驳壳兵于会场内外,并皆荷枪实弹,而各街口亦散放步哨,如临大敌。因此总工会委员长未出席,只派代表肖诗友出席。倪弼大发雷霆,"当场扣押肖诗友,随派大队驳壳兵入总工会搜索,搜去文牍陈存善,收发赖质文,又工友 2 名,并发枪 2 声,又派武装兵驻守城门,搜缉总工会办事人员,又派兵驻守邮电局,阻截总工会文电"。总工会委员长因避祸前往南昌,各工会乃秘密开联席会议,推选临时委员长阳立垣、刘昌英、焦清鉴 3 人,暂维现状,并派代表 11 人赴省向各机关请愿,经中央党部政治会议议决,由总政治部会同省党部工人部调查办理。现请愿代表尚滞留南昌,非达到下列目的不止:甲,撤换倪弼;乙,取消秘密搜缉赣州总工会委员长陈赞贤、肖韶、钟友仟令;丙,释放被捕之工会人员;丁,撤退邮电局军队;戊,保障工人有集会结社言论出版罢工之自由①。

　　需要指出的是,与中共"一二无知店员所为"的描述不同,赣州妇女协会报告的事情缘由则是另外一番情景:1926 年底,该会会员为宣传民众,在二女师排练新剧,谢绝参观。该县洋货绸缎布匹罢工店员多人得知后,欲强入排练场,被学校职员婉言劝阻后,竟在校门照墙上涂写打倒二女师、男女不平等、男子睡上女子睡下及污辱妇女等种种龌龊不堪之语,并图画男女生殖器种种龌龊不堪入目之图。被本校职员李同志瞥见,将店员责备。彼等复纠合罢工店员七八十人,将李同志捉去随拖随打,众拳交加,声言捆绑游街。拖至七姑庙门首,将李同志推跌在地,痛殴一顿。演剧会员闻讯追至,始救李同志出险②。中共、赣州妇女协会之于"纠纷"的不同描述,也从侧面反映出店员工会的外力介入。

二、店员工会与政党的社会动员

　　店员运动的蓬勃发展、店员工会的普遍设立,离不开政党力量的介入、

---

①　赵幼侬:《赣州总工会横遭摧残的情形》,《向导》1927 年 2 月。
②　《赣州妇女解放协会执行委员会主任载源清呈中央党部函(1927 年 1 月 3 日)》,台北中国国民党党史馆档案,档号:汉 11462。

推动。国共合作时期,为动员店员群体参加国民革命,国民党支持店员以工会的合法形式进行活动,"其在国民革命上,即占地位重大"①。中共积极参与国民党开展的店员运动,在"不妨碍阶级斗争的前提下帮助国民党组织店员及手工业工会"②。国共合作破裂后,中共的店员运动策略有了较大变化,国统区内立足日常生活,引导店员把生活中的日常苦难表述为阶级苦难,"找出他们的痛苦变成群众的要求"③;苏区组建赤色店员工会"进行社会革命"。国民党的政策考量亦从"动员群众运动"转移到"维持社会稳定",强调店员运动的"党治"范畴,"必须受党部之指导与政府之监督"④。并要求店员加入工商同业公会,以调和劳资纠纷,"彼此既共同组织工商公会,自能祛除隔阂,减少纠纷,即偶有纠纷,亦可援用民法之规定,以求解决"⑤。但是,对店员的范畴、店员工会的认识和态度,国共两党存在相当大的差异。

　　首先,对店员的范畴,二者的界定不同。对"什么是店员"这一基本命题,国民党内部存在着相当大的争议。店员是否应组织工会,在总工会、总商会、商民协会以及国民党各级党部的工人部、商民部之间,纷争不断。当然,国民党内部针对店员范畴的争议不包括产业工人,在商店工作的"工役及茶房自不在店员之列"⑥。

　　相比较而言,中共对店员范畴的界定较为宽泛,不仅限于"商店雇员、学徒",还包括"沿门卖工的手艺工匠与学徒、手工企业中的工厂工人"等各类职业工人,区别于"大工厂、铁路、轮船、矿山、码头、市政的产业工人"与中小商人⑦。国共合作破裂后,中共甚至将苏区店员视为等同于产业工人的"劳动者",可与产业(农业)工人共同组织店员手艺工人工会,"在经济斗争基础上,参加日益开展着的民族革命战争"⑧。在中共看来,无论是店员还是产业工人,都是自身的基础力量,二者的区分并不影响中共在苏区的政党利

---

① 《今后之店员工会》,《汉口民国日报》1927年7月5日。

② 《中共扩大执委会工会运动问题决议案》,《中共中央关于工人运动文件选编》上册,第37页。

③ 《中央致山西省委的信(一九二八年三月二十六日)》,《中共中央关于工人运动文件选编》上册,第240页。

④ 荣孟源主编:《中国国民党历次代表大会及中央全会资料》(上),第534页。

⑤ 严谔声编:《商人团体组织规程》,上海市商会1936年印行,第269页。

⑥ 《浙江省执行委员会训练部呈》,《民国史料丛刊》第781辑,第401页。

⑦ 《中共中央文件选集》第2册,第98页。

⑧ 《湘赣省店员手艺工人经济斗争任务(一九三三年九月一日)》。江西省总工会、江西省档案馆选编:《江西工人运动史料选编》,第574页。

益,也就没有必要特意去细化和坚持①。

其次,对店员工会的认识及态度,二者有明显的差异。店员工会普遍设立后,即便是形式上,店员与店东亦处于对立地位,"工商界的许多纠纷也即由此而起"。劳资纠纷无疑会影响到商业的发展,进而影响到国民党的店员运动策略,是否取消店员工会成为国民党中执会政治委员会的重要会议内容。经过多次讨论,国民党中央政治委员会议决"店员工会着改为店员总会",在此基础上回归店员店主混合组织的公所旧路。

与国民党取缔店员工会以缓和劳资纠纷的做法相反,中共认为国统区的店员还没有充分解放,"店员的工作日过去一般是没有限制的,他们每天在店里工作或上班十六至二十二小时。现在的工作日在八至十六小时之间。关于十二小时工作制的协议,没有得到贯彻","工资提高了百分之十五至百分之一百五十,平均提高百分之三十。但日用品的价格平均也上涨了百分之三十。所以,提高工资并没有带来实际的改善"②。与之相应,中共积极推进店员的经济斗争,"店员的争斗成为目前很大的问题,许多人以为欲保证与小资产阶级的联合,须绝对停止争斗,这句话未免矫枉过正"③,并明确反对取消店员工会,店员"应当单独成立工会,然后由这样工会的联合(雇工工会也在内)成立地方总工会"④。

苏区的店员运动,虽存在着"不管老板是否需要,都要礼(星)拜(期)六做工拿双薪来优待本业红军家属的倾向"的过激行为,但"恰恰在这种'左'倾工团主义的倾向之下,掩盖着普遍对执行劳动法的消极","未实行礼(星)拜(期)日休息的规定,也未拿双薪","经济斗争的执行速度是迟缓与不够的"⑤。中国店员手艺工人工会湘赣省委员会因而主张"激进改善工人

① 与界定店员范畴的随意态度一致,要求店员加入店员手艺工人工会的同时,中共主张店员也可与"被雇用在私人企业中的办事员、合作社工作人员及经理(如经理是聘请来的旧时的大商人或资本家经理买办等即不能加入工会)、苏维埃机关的工作人员(军事机关内除医院的医生、看护生,兵工厂、被服厂、印刷工人等得单独组织他们的各业工会外,其余工作人员不加入工会,如过去是加入了工会的工人雇农时,即保留其会籍)、党团及各群众团体中的工作人员、国家医院的医生和看护生、国家学校的校长教员及劳动者、学校艺徒、学校的学生、各机关的油印工人与主任"等一起组织隶属于中华全国总工会的职员工会。《闽浙赣全省总工会暂行组织条例(1933年2月26日)》。江西省总工会上饶地区办事处编:《闽浙赣苏区工人运动史料》,第166页。
② 《李立三关于武汉工人状况的报告》(1927年5月),武汉地方志编纂委员会编:《武汉国民政府史料》,第134页。
③ 《中共中央文件选集》第3册,第59页。
④ 《中共苏区中央局关于工会运动与工作路线的通告(一九三一年三月一日)》,《中共中央关于工人运动文件选编》中册,第124页。
⑤ 《博生城市工人的劳动合同》,《江西省委通讯》第8期,1933年6月24日。

生活","打击在经济斗争中认为要求改善生活就是经济主义的主要右倾机会主义危险"①。

国民革命时期,中共未能成功地将店员工会纳入自己的阶级动员范畴之内。上海共产党早期组织影响下的《伙友》周刊,大张旗鼓地"同陈某(陈独秀)绝交",中断了与中共的联系,政治倾向完全趋于"取消革命,取消阶级斗争"的柔和改良,认为店员"自己也有不好的地方"②。国共合作破裂后,店员工会大多选择了实力更为雄厚的国民党,而不是标榜劳工利益的共产党,"打倒共产党,拥护省总工会"③。对于清党分共的汪精卫,"全体店员,誓死追随"④。

店员工会何以会"背离"代言劳工利益的共产党,选择不惜压制店员运动以"偏袒"资方的国民党?

首先,中共的阶级分析模式与多数店员自身的身份认同存在着一定的错位。按照马克思主义的阶级分析模式,店东属"上层小资产阶级",店员为工人阶级,二者在阶级斗争中有着截然不同的角色定位,店员应对"店东小资本家厉行彻底的劳动法,反对者便没收"⑤。但是,以工会的形式进行组织后,国统区店员、苏区私营商店店员依然可以和店主一起参与店铺的盈利分红,事实上属于"商人"行列。商人的身份认同"修正了不平等的阶级结构","地位的平等比收入的平等更加重要"。店员有能力作为独立的行动者参与市场交换,即可以和店主毫无差别地以相同的权利进行劳动力交换和彼此契约。这样一来,工资差异成了与物质意义相反的象征意义,店员可能认为其与经理之间存在某种程度的不平等是无可非议的。薪金收入是"作为与工业地位相联系的标签起作用的,而不仅仅是作为纯粹经济分层的工具"⑥。

其次,中共与店员对阶级觉悟有着不一样的理解和期待。店员由"商

---

① 《湘赣省店员手艺工人经济斗争任务(一九三三年九月一日)》,江西省总工会、江西省档案馆选编:《江西工人运动史料选编》,第 574 页。
② 《祝〈伙友〉重出版》,《伙友》第 8 册,1920 年 12 月 26 日。
③ 《武汉店总五分会宣言》,《汉口民国日报》1927 年 8 月 13 日。
④ 《省店员总会筹委会挽留汪主席电》,《汉口民国日报》1927 年 9 月 29 日。
⑤ 《中共中央文件选集》第 3 册,第 438 页。
⑥ 也有学者认为,公民身份地位的平等的确允许职员正确接受其收入与经理之间的差异,但这并不表明资本主义经济关系的阶级结构已经被弱化。如果工资差异对职员来说存在着一种象征功能,他们象征了一种工业地位而非经济分层的话,那么,对雇主、经理、持股人以及他们所控制的公司所有者来说,他们将继续发挥经济方面的功能。即使是阶级怨恨减少了,阶级差异也不会消失。见〔英〕布赖恩·特纳编:《公民身份与社会理论》,郭忠华、蒋红军译,长春:吉林出版集团有限责任公司,2007 年,第 53 页。

人"到"工人"的角色转变及阶级认同,精英分子宣传、训导的痕迹十分明显。但精英分子与普通大众对阶级觉悟的理解并不完全一致,精英分子界定店员的阶级标准、发动店员运动,目的在于扩大其阶级基础,而店员自身阶级意识彰显的前提是考虑职业生活的正当性。国共合作破裂后,多数店员没有选择"代言"自己的中国共产党,而是选择了实力更为雄厚的中国国民党,原因即在于共产党激进的店员运动政策及力量较为薄弱这一表象影响到店员职场生活的正当性及店员工会的存在合法性,店员因而产生了一定的背离情绪。当共产党舍弃政治色彩鲜明的工会组织,"根据不同层次群众的觉悟程度、切身要求,组织各种符合社会习惯、切合群众需要,能够公开活动、带有文化联谊、生活互助性质的组织"①,强调在日常生活中灌输政治意识形态、通过文化娱乐活动来动员店员时,由于符合了店员职场生活的正当性,取得了很好的效果,政治活动与日常生活相结合因而成了共产党的群众动员模式。

　　与之相应,战后职业工会呈现出的与国家政权的"对立、斗争",除了中共对店职员的宣传、动员颇见成效外②,维护职业生活的正当性依然是主要原因:抗战胜利后,国民党政权没能有效应对战时国统区出现的严重社会危机,实为"劫收"的战后"接收"又激发了原沦陷区民众与政府的对立情绪。普通民众在胜利幻象后的不幸遭遇,激发了店职员的失望、不满情绪,"(我国政府)对于各处治安,无法处理,处处呈现软弱无能之象"③,开始担忧职业生活的正当性,"商人至此,诚难乎为继矣"④。国共战争全面爆发后,中共势力的崛起使店职员有了维持职业生活正当性的别样选择,畅想"总统引退"后局势即可改观⑤,进而选择"在党的领导下,同产业工人一起,团结各界人民,建立反对美蒋的爱国统一战线"⑥。

①　中共上海市委党史研究室编:《中国共产党在上海(1921~1991)》,上海人民出版社,1991年,第186页。
②　抗战胜利后,中共致力于在店职员当中建立"党的堡垒","如果在各个产业、工厂、商店中没有党的支部做骨干,是经不起残酷的斗争考验的"。强调彰显店员的政治诉求,"希望同人不要把'联谊会'只当成俱乐部,而是一种'斗争的武器',用来反抗周遭环境的压迫",并"确实提高了店职员的政治意识","(百货业劳资纠纷)过半发生在抗战结束后、与中共的直接策动有关"。何岳中:《我对联谊会的希望与感想》,《热流》第2期,1946年2月,第6~7页,油印本,上海市档案馆藏档,档号:Q227-1-72。
③　《1947年(日月不详)郭琳爽致郭乐第1408号函》,上海市档案馆藏档,档号:Q225-2-42。
④　《1948年10月28日郭琳爽致郭泉第57号函》,上海市档案馆藏档,档号:Q225-2-42。
⑤　《1949年1月22日郭琳爽致郭泉、郭顺第582号函》,上海市档案馆藏档,档号:Q225-2-42。
⑥　陆志仁等:《解放战争时期上海店职员的斗争》,《文史资料选辑·上海解放三十周年专辑》(下),上海人民出版社,1979年,第60页。

附　　录

广州市店员工会章程

第一章　总　　纲

一、本会定名为广州市某某店员工会。

二、本会以联络感情,交换知识,互助扶助,共谋福利,为宗旨。

三、本会会员工作,以某项商业为范围。在此规定范围内之同业,均得加入本会,以资保障,不得另组别会,破坏同业组织。

四、本会组织单位,为街坊或马路支部。每一街坊或马路之同一商业店铺店员,须联合组织为一支部。

第二章　会　　员

五、凡在某某店内任柜面及后生等职务之店员,皆得加入本会,为本会会员。

六、凡曾在某某店内任上条规定之工作,有会员二人之介绍,并经本工会审查认可者,亦得加入本会,为本会会员。

七、本会会员之权利如下:

(一) 有选举及被选举权。

(二) 有提议及表决权。

(三) 弹劾职员之权。

(四) 有享受会内一切公共利益之权。

八、本会会员之义务如下:

(一) 有恪守会章之义务。

(二) 有缴纳各项会费(如基金月费等)之义务。

（三）有扶助同人(如介绍职业等)之义务。

（四）有维持及拥护本会之义务。

九、凡违背会章,破坏公共利益与行动者,或连续三个月不纳会费者,皆得开除其会籍,并停止其一切利益之保障。

第三章　组　　织

十、本会最高机关为代表大会,其职务为修订章程,选举职员,及讨论会务进行大计。代表大会之代表,由各街坊或马路同人,以十人选举一人为标准,选派之。如该街坊或马路不及十人者亦得选派一名。

十一、代表大会选举执行委员七人,候补委员五人。代表会闭会后,最高机关为执行委员(会),由代表大会选出之执行委员七人组织之,其职务为执行大会一切决议案,并办理各项会务。如执行委员有出缺时,由候补委员递补之。

十二、执行委员会互选主席一人,主持一切会务,并设文书、理财、宣传、调查、交际、庶务、救济等七科,分办会务。各科主任,由执行委员互推之;干事则由执行委员会聘任之。其职务分配规定如下:

（一）文书科　设主任一人,干事若干人,办理本会一切来往文件之拟稿,缮写,印刷,保管;及议案之记录,与汇编等事项。

（二）宣传科　设主任一人,干事若干人,办理本会一切宣传,教育事件,如出版刊物,创办补习学校,及图书馆等。

（三）调查科　设主任一人,干事若干人,调查同业生活状况,及死亡统计,并调查本会所属商店之营业状况等事项。

（四）交际科　设主任一人,干事若干人,办理一切对内对外之接洽,交涉,及联络等事件。

（五）理财科　设主任一人,干事三人,分任征收,支应,审计,三股,办理本会一切经费,收支,审计等事件。

（六）庶务科　设主任一人,干事若干人,办理会内之管理,及购置等事项。

（七）救济科　设主任一人,干事若干人,办理会员之职业介绍,同人储金,及各项救济事件。

十三、本会职员皆任期半年,连选得连任;但不得连续三任。

第四章　会　　议

十四、本会会议,有下列各种:

（一）代表大会 每半年最少开正式会议一次,由执行委员会召集之。如有重大事件,由执行委员会之决定,或经代表五分一以上之请求,得召集临时会议。

（二）执行委员会议 每星期开常会一次,有主席召集之。如遇必要时,得开临时会议。

（三）街坊或马路支部同人大会,每月开会一次。

十五、本会各种会议,少数服从多数。

第五章 经 费

十六、本会经费之收入如下:

（一）会员基本金 入会时每人缴纳基本金,不得超过五元。

（二）月费 每月月费,不得超过工金3%,惟失业者不在此例;但须该会员亲到本会报名,方许免纳。

（三）特别捐 会内经费发生困难时,得发行特别捐。

十七、本会经费之收支数目,由理财科负责,每月结算公布一次。

十八、本会职员,以不支薪为原则。但因公往来费用,可酌量给予交通费。如常川驻会办事者,均酌津贴生活费。

（陈友琴:《工会组织法及工商纠纷条例》,上海民智书局,1927 年,第12 - 14 页。）

陕甘宁边区店员手艺工人工会章程

第一章　总　　则

第一条　本会定名为边区店员手艺工人工会。

第二条　本会的主要目的:

(一) 团结全边区店员手艺工人的力量,为民族独立自由幸福而斗争。

(二) 努力争取并保护全体店员手艺工人经济生活与文化生活上的利益。

第三条　本会加入边区总工会及全国性店员手艺工人总工会.以取得与全国各业工人联合,本会各级组织应加入各该地方的工会联合会。

第二章　会　　员

第四条　凡是以出卖劳动力为生活资料的唯一来源的下列几种工人店员,承认本会章程者,不论年龄、性别、民族和派别、信仰,均得加入本会为会员:

(一) 一切在城市与乡村中,沿门卖工的手艺工匠与学徒。

(二) 一切被雇在手工坊中工作的手艺工匠、助手、学徒和工役。

(三) 一切在私人商店及贩卖机关服务的工役和学徒。

(四) 其他手工企业中的工钱工人(如织布、纺纱工厂等)和学徒(如果这些工人还没有独立工会的组织)。

失业的店员与手艺工人,及革命前的手艺工人店员,在分得土地后,虽然现在很少出卖自己的劳动力,也得加入本会为会员。

沿门卖工的手艺工人,如果带了学徒的,必须依照工会及政府所定办法待遇学徒,才能加入本会为会员。

第五条　下列几种人,虽然被雇在边区工作,也不得加入本会。

(一) 一切汉奸卖国贼、托洛茨基、叛国分子。

(二) 剥削与压迫工人伙计的工头、老板、包工头。

(三) 一切宗教机关的负责人(如道士、和尚、牧师及阴阳家、堪舆家等。但被雇在宗教机关服务的工人不在此例)。

第六条　凡会员入会,须到本会支分会委员会填写申请书,经过支分会委员会的审查及支分会大会的通过。但办理入会手续,至多不得超过两星期通知本人。

第七条　凡会员有下列情形之一者,得开除其会籍,但须经过支分会大会的通过及区城市委员会的批准。

(一)屡次违犯本会章程决议,经过三次以上的劝告和警告不能改正者。

(二)吞没工会的公款经过审查确定者。

(三)无故三个月以上不缴会费者。凡会员受开除会籍的处分不服者,得向上级委员会控告。

第八条　本会会员均有选举权、被选举权、参加会议及向本会建议及享受本会所举办一切事业的利益之权。

凡本会会员均有缴纳会费、遵守章程、服从决议及参加本会各级组织内工作的义务。

第三章　各级组织

第九条　本会的基本组织是支分会委员会,支分会委员会按照下列几种方式组织之:

(一)凡有会员十五人以上之企业、作坊、工厂、商店,即以工厂、作坊为单位,成立本会在该工厂、作坊、商店中的支分会,由会员大会选举三人至七人(由工人人数多少来决定)组织之,并由委员会推举一人为主任。

(二)会员不到十五人之工厂、作坊、商店或人数超过十五人,在附近有几个同一生产的工厂、作坊、商店,则应联合附近几个同一生产的工厂、作坊、商店中的会员,来共同组织一个支分会委员会。

(三)在城市的手工作坊与店铺及手艺工人,应按职业来组织支分会(如刨烟支分会、米业支分会、布业支分会等),每个支分会之下至少须有会员十五人以上。

(四)在乡村中的手艺工人,凡有手艺工人的会员在十五人以上的乡,即可成立本会在该乡的支分会。在店员人数较多的城市,可单独成立一个店员支分会,店员支分会下可再按店员的职业来成立小组(如布匹店员小组、米业店员小组等)。如有店员不到十五人之市镇,店员可与手艺工人共同组织支分会,凡有会员不到十五人以上之乡,可联合附近几个乡来组织一个支分会。在店员手艺工人很少的地方,如果那里有农业工人工会的组织,店员手艺工人可加入农业工人工会,同样在农业工人很少的地方,那里没有农业工人工会的组织,农业工人可以加入店员手艺工人支分会。

在支分工会下如有必要时,可再按职业和村庄来组织小组。

第十条　凡有三个支分工会之市镇或区,即可成立本会在该市镇或区工会委员会。由全区会员大会或代表会选举五人至十三人组织之。并由委员会选举三人至五人组织常务委员会。内选一人为委员会主任。

第十一条　凡有三个区及市镇委员会以上的县,即可成立本会在该县的委员会。由县代表会选举九人至二十一人组织之,并由委员会选举五人至七人组织常务委员会,内举一人为委员会主任。

第十二条　凡不到三个支分工会之区,可联合附近几个区来共同组织一个区工会委员会。凡不到三个市镇及区工会之县,可联合附近几个区来共同组织一个县工会。

第十三条　本会最高权力机关,为本会全边区代表大会。代表大会闭会期间,执行委员会即为本会最高权力机关。本会执行委员会,由全边区代表大会选举三十一人组织之。并由执行委员会选举五人至七人组织常务委员会。由常委会互推主任一人副主任一人。

第十四条　本会各级委员会,均设候补委员,其人数须在正式委员的四分之一以上。正式委员出缺时,即由候补委员递补之。

第十五条　本会之区及市镇以上的各级委员会,均设下列各部办事:

(一)秘书处:管理文书、庶务、会计等事。

(二)组织部:管理会员的登记、干部的分配及巡视工作等。

(三)抗战动员部:管理一切武装动员事宜。

(四)劳动保护部:管理订立合同、劳动保险、合作社及社会生活的调查统计、职业介绍等事宜。

(五)文化教育部:管理本会的学校、俱乐部、出版报纸及一切文化教育事项。

(六)青工部:管理青工学徒一切事项,由本会青年会员选举委员会(经各级委员会批准)管理之。

(七)女工部:管理女工一切事宜,由本会女工会员选举委员会(经各级委员会批准)管理之。

上列各部,均设部长之下,有各部的委员会,由各级委员会任命,得上级各部批准。各部得视事务之繁简,设副部长、干事及办事员若干人。各级委员会,设立各种临时的委员会,办理各种临时发生的事务。支分会,设组织委员,文化教育委员、劳动保护委员、青工委员、女工委员各一人,不设各部。在本会及县、市、区工会之下,店员工人比较集中地方设立店员部,由加入本会的店员会员选举三人至五人组织委员会管理之。

第十六条　本会全体代表大会,每二年举行一次。县的代表会,每年举行一次。区或市的会员大会及代表会,每三个月举行一次。支分会会员大会,每月举行一次。均由各级委员会召集之。

第十七条　本会执行委员会全体会议,每半年召集一次。县市委员会全体会议,每三个月召集一次。区委员会每月召集一次,均由常务委员会通知召集之。各级常务委员会及工会,每星期召集一次,由主任召集之。本会的会员大会、代表大会、各级委员会,如遇有特别事故,均得召集临时会议。

第十八条　本会执行委员会与县市委员会,每年改选一次;区及支分会委员会,每半年改选一次;但得连选连任。

第十九条　本会组织实行民主集中制,其原则如下:

(一)本会各级委员会的委员及代表会的代表,均由选举产生,选举人有随时撤换自己的代表之权。

(二)本会的各种重要问题在未决议以前,凡是本会会员均可自由发表意见参加讨论,但以多数的赞成而通过后,少数须服从多数,一致执行决议。

(三)本会的下级组织,服从上级组织的决议和指挥。

第四章　经　　费

第二十条　本会的经费,有下列几种收入:

(一)会员常月费,按照会员每月所得工资抽百分之一,但最低不得少过铜元十枚(对学徒的会费,抽工资的百分之一,亦不得少过二枚)。

(二)向雇主征收的工会办公费在工资之外,每月征收工资的百分之二。

(三)会员的特别捐,经过执行委员会的通过之后,得向会员征收特别捐,其数目临时规定。

(四)政府及其他革命团体的捐助与津贴。

失业的与残废及生疾病的会员,完全没有收入者,经过本会乡工会的通过及区委员会的批准,得免收或减少会费。会员担负政府及其他抗战团体工作,未领工资者,得减少或免收会费,军队中的会员免收会费。

第二十一条　乡工会干事委员,负责征收会费,或者由小组组长负责征收之。

第二十二条　本会的经费须统一分配。

第二十三条　本会基金,由全体代表大会选举保管委员会保管之。不得执行委员会会议通过,不得动用其基金。

第二十四条　各级委员会的账目,须按月向会员公布,并报告上级。凡本会会员均有权随时选举代表向委员会审查本会一切机关的经费和账目。

第五章　附　则

第二十五条　本章程经全体代表大会通过后,发生效力。只有全体代表大会有修改本章程之权,本章程的解释属于执行委员会。

（陕西省总工会工运史研究室选编：《陕甘宁边区工人运动史料选编》上册,工人出版社,1988年,第211－217页。）

药业友谊联合会章程

第一条　定名　本会定名上海药业友谊联合会。

第二条　宗旨　征集同业友人,讲求道德,研究学术,交换知识,联络感情,力图本业发达为宗旨。

第三条　地址　本会未创基之先,假法界四明公所为会所,英租界厦门路永平里三百另七号为事务所。

第四条　会务　(甲)法制部:按古法制作外,宜改良,添以西法,讨论研究,如得各会员输以新法知识,本会随时原文刊布,共同研究。(乙)学习部:学习原料产地之优劣,性质之厚薄及医药之学理。(丙)储蓄部:经储各项会费及特别捐,一切专责保存或转储银行,其存提之手续均归执行。(丁)调查部:调查本业同人名额,品行优劣,学识精粗,外业利弊及意外行为均得报告。(戊)匡济部:凡同业友人遇失业染病危亡等,均由本会担负相当之义施。

第五条　入会　凡从事药材业及医学业,经会员二人以上介绍入会,应输会费五角,并认常辛费每月二角。如愿认特别捐一元以上,本会给发徽章,认为本会会员。如能发明新法品类,特别奖赏以示鼓励。

第六条　职员　会长一人,副会长一人,会董三十人,干事二十人,文牍一人,书记一人,会计一人,庶务一人。

第七条　职务　正会长主持本会事务,副会长辅佐正会长议决事执行之。文牍办理一切文件,书记缮写文牍函类,会计执理本会出纳款项,庶务司理一切什务,干事主任调查内外交际事务及第四条丁、戊二节。任事本会职员均以义务任事,但本会经费宽余,酌给夫马,随时实行。

第八条　推举　本会正、副会长由职员选举之,各职员由正、副会长商同推任之。

第九条　义务　会员及职员均有担任本会经费之义务及指划之方针。

第十条　权利　本会会员有推任、被推任各项职员之推举权,并享受新发明业品之奖金及专利权。

第十一条　会期　会议分职员会、临时会、常会三种,职员会每月开一次,以推举各员任务并报告一切经过情形及收支一应账略;临时会遇有特别事故,由正、副会长临时召集;常会每年定四季举行。

第十二条　附则　本会章程,开成立会之日公布实行,如办事细则及未尽事宜,经职员五人以上会员十人以上之同意,得于开大会时提议修正之。

　　发起人　葛克鉴等二十五人。

　　赞成人　严鼎元等二玗人。

　　(《药业友谊联合会宣言(附章程)》,上海《民国日报》1920 年 1 月
21 日。)

信江苏维埃政府工会临时组织条例
(1930 年 7 月 1 日)

1. 工会为团结工人力量,谋求阶级利益,实行阶级斗争的工人团体。

2. 大凡产业工人、工厂手工业工人、小手工业工人、农村雇农、店员工人,以及以劳动力为生者,均得为工会委员。

3. 凡工人贵族及工贼,不得为工会会员。

4. 全信江设立信江总工会,各县市设立县市总工会,县市总工会以下为各业工会,雇农为雇农工会,店员为店员工会。

5. 农村手工业工人及雇农的工会,可于该工会下设立分工会,裁缝工会设立××县总工会裁缝业工会第几区分会。

6. 船业工会以河流为单位,信江流域可设立信江船业总工会。信江船业总工会以下,设立××(县)船业分工(会)及支流分会。

7. 信江工人代表大会为信江工人最高职权机关,代表大会闭幕,以信江总工会执行委员会为最高执行机关;县市工人代表大会为县市职权最高机关,代表大会闭幕,以县市总工会执行委员会为县市职权最高机关;各业分会以工人大会或代表大会为最高职权机关,大会闭幕,以该业分工会执行委员(会)为最高职权机关。

8. 信江各县市工人代表大会每半年召集一次,各业工人大会及分会工人大会,3 个月召集一次。

9. 各级代表大会或工人大会由各本级执委会召集之。如有必要时,经该级执委会决定,呈报上级核准,或上级工会命令,得召集临时代表大会或工人大会。

10. 各级总工会设执行委员(会),执委会由代表大会或工人产生,人数由大会规定,各级执行委员会设委员长,由执行委员(会)推举一人担任。执行委员人数过多则互推常务委员,连委员长共同组织常务委员会。

11. 执委会及常委会以下,设立秘书处及组织、宣传、青工、妇女四部,秘书(处)设秘书长一人,各部各设部长一人,均由执委会委任,受执委会及常委会指挥。

12. 组织如下表(略)。

13. 信江及县市总工会委员会委员任期半年,各业工会及分会执委任期 3 个月。如有特别情形发生,得由下级工人 1/3 以上提议,召集代表大会或上级命令改组该执委会委员的一部分或全部。

14. 本条例如有不适处，得由下届信江工农兵代表大会修改之。

15. 本条例经信江工农兵代表大会通过，信江工农兵代表会议（苏维埃）政府颁布施行。

信江工农兵代表会议（苏维埃）政府

（中共弋阳县委党史工作办公室编：《中国共产党弋阳县地方史》第一卷，2010 年，第 262－263 页。）

参 考 文 献

一、档案、史料汇编

上海市社会局档案（Q6），上海市档案馆藏档。

上海永安股份有限公司档案（Q225），上海市档案馆藏档。

上海新新股份有限公司档案（Q226），上海市档案馆藏档。

上海先施股份有限公司档案（Q227），上海市档案馆藏档。

汉口市总工会档案（78），武汉档案馆藏档。

新亚书店编：《新国民年鉴》，上海：新亚书店，1928 年。

王清彬等编：《第一次中国劳动年鉴》，北京：北平社会调查所，1928 年。

工商部编：《工会概况统计表》，工商部出版，1929 年。

工商部编：《全国工人生活及工业生产调查统计报告书》，工商部出版，
　　1930 年。

邢必信等编：《第二次中国劳动年鉴》，北京：北平社会调查所，1932 年。

上海市政府社会局编：《近十五年来上海之罢工停业》，上海：中华书局，
　　1933 年。

实业部劳动年鉴编辑委员会编：《民国二十二年中国劳动年鉴》（上、下），
　　1933 年。

上海市政府社会局编：《近五年来上海之劳资纠纷》，上海：中华书局，
　　1934 年。

国民政府主计处统计局编：《中华民国统计提要：二十四年辑》，上海：商务
　　印书馆，1936 年。

中华全国总工会中国职工运动史研究室编：《中国工会历史文献 1921～
　　1949)》，共 5 辑，北京：工人出版社，1958～1959 年。

中央档案馆、湖南省档案馆编：《湖南革命历史文件汇集》（甲 1），编者自

印,内部发行,1983 年。

荣孟源主编:《中国国民党历次代表大会及中央全会资料》,北京:光明日
    报出版社,1985 年。

中国第二历史档案馆编:《中国国民党第一、二次全国代表大会会议史料》,
    南京:江苏古籍出版社,1986 年。

中华全国总工会编:《中共中央关于工人运动文件选编》,北京:档案出版
    社,1986 年。

江西省总工会、江西省档案馆编:《江西工人运动史料选编》,南昌:江西人
    民出版社,1986 年。

河南省统计学会等编:《民国时期河南省统计资料》(上、下册),郑州:河南
    省统计学会,1987 年。

陕西省总工会工运史研究室选编:《陕甘宁边区工人运动史料选编》(上),
    北京:工人出版社,1988 年。

中央档案馆编:《中共中央文件选集》,北京:中共中央党校出版社,
    1989 年。

中国第二历史档案馆主编:《中华民国史档案资料汇编》第三辑《民众运
    动》、《教育》,南京:江苏古籍出版社,1991 年。

中央统战部、中央档案馆编:《中共中央第一次国内革命战争时期统一战线
    档案选编》,北京:档案出版社,1991 年。

中国第二历史档案馆主编:《中华民国史档案资料汇编》第五辑第一编《财
    政经济》、第二编《财政经济》,南京:江苏古籍出版社,1994 年。

中国第二历史档案馆编:《国民政府政治制度档案史料选编》,合肥:安徽
    教育出版社,1994 年。

中国第二历史档案馆编:《中国国民党中央执行委员会常务委员会会议
    录》,桂林:广西师范大学出版社,2000 年。

李文海主编:《民国时期社会调查丛编》,福州:福建教育出版社,2005 年。

武汉地方编纂委员会办公室编:《武汉国民政府史料》,武汉:武汉出版社,
    2005 年。

张研、孙燕京主编:《民国史料丛刊》第 692、779、780、781 辑,郑州:大象出
    版社,2009 年。

全国图书馆文献缩微复制中心:《民国时期上海史料文献丛编》第 7、8、14、
    15、16 册,廊坊:三河弘翰印务有限公司,2009 年。

李文海主编:《民国时期社会调查丛编》(二编)(社会组织卷),福州:福建
    教育出版社,2009 年。

二、报 纸、期 刊

《劳工月刊》,1921 年 10 月～1926 年 7 月。

《申报》,1920 年 1 月～1945 年 9 月。

《新闻报》,1920 年 1 月～1930 年 9 月。

《上海伙友》,第 1～11 册(缺第 5 册),1920 年 10 月～1921 年 1 月。

《伙友报》第 2 册,1921 年 6 月。

《大公报》(长沙),1924 年 1 月～1927 年 12 月。

《广州民国日报》,1924 年 1 月～1930 年 12 月。

《公理日报》第 13 号,1925 年。

《汉口民国日报》,1927 年 1 月～3 月。

三、著　　作

沈家行:《社会调查》,上海:商务印书馆,1924 年。

张廷灏:《中国国民党劳工政策的研究》,上海:大东书局,1930 年。

中国国民党中央执行委员会宣传部编:《工人救国》,出版社不详,1931 年。

罗志如:《统计表中之上海》,南京:中央研究院,1932 年。

上海市政府社会局编:《上海工人生活程度》,上海:中华书局,1934 年。

巫宝三:《中国国民所得》(上、下),上海:中华书局,1936 年。

上海市通志馆年鉴委员会编:《上海市年鉴》,上海:中华书局,1936 年。

郭乐:《回忆录》,出版地不详,著者印行,1949 年。

中华全国总工会中国职工运动史研究室编:《中国历次全国劳动大会文
　　献》,北京:工人出版社,1957 年。

蒋永敬:《鲍罗廷与武汉政权》,台北:传记文学出版社,1972 年。

上海社会科学院经济研究所编著:《上海永安公司的产生、发展和改造》,上
　　海人民出版社,1981 年。

上海百货公司、上海社会科学院经济研究所、上海市工商行政管理局编:
　　《上海近代百货商业史》,上海社会科学院出版社,1988 年。

中共上海市委党史研究室编:《中国共产党在上海(1921～1991)》,上海人
　　民出版社,1991 年。

中共上海华联商厦委员会、《上海永安公司职工运动史》编审组编:《上海永
　　安公司职工运动史》,北京:中共党史出版社,1991 年。

尚世昌:《中国国民党与中国劳工运动——以建党至清党为主要范围》,台
　　北:幼师文化事业公司,1992 年。

中共上海市委党史资料征集委员会、中共上海市委党史研究室、中共上海市
　　商业工作委员会编:《上海店员和职员运动史,1919～1949》,上海社会
　　科学院出版社,1999年。

刘明逵、唐玉良主编:《中国近代工人阶级和工人运动》(1～14册),北京:
　　中共中央党校出版社,2002年。

王奇生:《党员、党权与党争:1924～1949年中国国民党的组织形态》,上海
　　书店出版社,2003年。

冯筱才:《北伐前后的商民运动(1924～1930)》,台北:商务印书馆,2004年。

冯筱才:《在商言商:政治变局中的江浙商人》,上海社会科学院出版社,
　　2004年。

上海市档案馆编:《上海档案史料研究》(1～7辑),上海三联书店,2006年。

魏文享:《中间组织——近代工商同业公会研究(1918～1949)》,武汉:华
　　中师范大学出版社,2007年。

徐小群:《民国时期的国家与社会:自由职业团体在上海的兴起(1912～
　　1937)》,北京:新星出版社,2007年。

孙逊、杨剑龙:《都市空间与文化想象》,上海三联书店,2008年。

桂勇:《邻里空间:城市基层的行动、组织和互动》,上海书店出版社,
　　2008年。

朱英、魏文享:《近代中国自由职业者群体与社会变迁》,北京大学出版社,
　　2009年。

忻平:《从上海发现历史——现代化进程中的上海人及其社会生活》,上海
　　大学出版社,2009年。

连连:《萌生:1949年前的上海中产阶级》,北京:中国大百科全书出版社,
　　2009年。

王笛著译:《茶馆——成都的公共生活和微观世界(1900～1950)》,北京:
　　社会科学文献出版社,2010年。

朱英:《商民运动研究(1924～1930)》,北京:北京大学出版社,2011年。

吴建平:《转型时期中国工会研究:以国家治理参与为视角》,北京:光明日
　　报出版社,2012年。

王笛:《走进中国城市内部——从社会的最底层看历史》,北京:清华大学
　　出版社,2013年。

张静:《法团主义》,北京:东方出版社,2015年。

卢权、褟倩红编撰:《广东早期工人运动历史资料选编》,广州:广东人民出
　　版社,2015年。

四、论　文

徐思彦:《20世纪20年代劳资纠纷问题初探》,《历史研究》1992年第5期。

陈嘉慧:《联俄容共前后(1920年代)国共与工运关系的比较》,硕士论文,中国文化大学(台湾),1993年。

赵利栋:《党、政府与民众团体——以上海市商民协会与上海总商会为中心》,会议论文,北京:"中华民国史(1912～1949)国际学术讨论会",2002年。

连玲玲:《工作·娱乐·政治:民国时期上海百货公司的店职员生活》,会议论文,武汉:"近代中国社会群体与经济组织国际学术研讨会",2005年。

连玲玲:《企业文化的形成与转型:以民国时期的上海永安公司为例》,《中研院近代史研究所集刊》第49期,2005年。

连玲玲:《"追求独立"或"崇尚摩登"? 近代上海的女店职员的出现及其形象塑造》,《近代中国妇女史研究》第14期,2006年。

霍新宾:《"无情鸡"事件:国民革命后期劳资纠纷的实证考察》,《近代史研究》2007年第1期。

周楠:《南京国民政府建立初期国民党工会组织探析》,《求索》2008年第11期。

孙卫芳:《第一次国共合作时期中国共产党劳资政策评析》,《江汉论坛》2009年第11期。

史莉芳:《20世纪二三十年代中共处理劳资关系的政策》,《史学月刊》2009年第7期。

田彤:《目的与结果两歧:从劳资合作到阶级斗争(1927～1937)》,《学术月刊》2009年第9期。

胡悦晗:《利益代表与社会整合——法团主义视角下的武汉工会(1945～1949)》,《社会学研究》2010年第1期。

朱英:《国民革命时期的武汉店员工会》,《江汉论坛》2010年第2期。

朱英:《国民革命时期长沙市商民协会会所被毁案》,《史学月刊》2010年第3期。

齐春风:《党政商在民众运动中的博弈——以1928～1929年的北平为中心》,《近代史研究》2010年第4期。

朱英:《近代上海商民运动中的店员工商界限之争》,《社会科学》2010年第5期。

王卫平、金兵:《民国时期的职业指导》,《历史研究》2010 年第 6 期。

田彤:《民国时期劳资关系史研究的回顾与思考》,《历史研究》2011 年第 1 期。

陈志波:《南京国民政府社团法制研究》,苏州大学未刊博士论文,2014 年。

田彤:《群体与阶级: 20 世纪二三十年代武汉纱厂工人——兼论近代中国工人阶级的形成》,《学术月刊》2014 年第 10 期。

何友良:《权能分担与社会整合——国家与社会关系视野下的苏区社团》,《近代史研究》2014 年第 3 期。

朱海龙、宁丹萍、彭鑫:《美国劳动关系三方协调法律机制的形成与思考——以工人运动为视角》,《国外社会科学》2016 年第 3 期。

五、外国学者论著

Stanley Aronowitz, *False Promises: The Shaping of American Working Class Consciousness*, New York: McGraw-Hill, 1973.

Paul Boyer, *Urban Masses and Moral Order in America, 1820‒1920*, Cambridge, Mass, Harvard University Press, 1978.

David Strand, Rickshaw Being, *City People and Politics in the 1920s*, Universiry of Califonia Press, 1989.

Ranajit Guha, "The Small Voice of History", in: Shahid Amin and Dipesh Chakrabarty eds., *Subaltern Studies, IX: Writing on South Asian History and Society*, Oxford University Press, 1996.

〔苏〕A.B.巴库林著:《中国大革命武汉时期见闻录:1925~1927 年中国大革命札记》,郑厚安等译,北京:中国社会科学出版社,1985 年。

〔日〕中村三登志著:《中国工人运动史》,王玉平译,北京:工人出版社,1989 年。

〔美〕裴宜理著:《上海罢工——中国工人政治研究》,刘平译,南京:江苏人民出版社,2001 年。

〔日〕小浜正子:《近代上海的公共性与国家》,上海古籍出版社,2003 年。

〔英〕布赖恩·特纳编:《公民身份与社会理论》,郭忠华、蒋红军译,长春:吉林出版集团有限责任公司,2007 年。

〔美〕乔尔·S·米格代尔著:《社会中的国家——国家与社会如何相互改变与相互构成》,李扬、郭一聪译,南京:江苏人民出版社,2013 年。

〔加〕卜正民、〔加〕傅尧乐编:《国家与社会》,张晓涵译,北京:中央编译出版社,2014 年。

后　记

　　本书是我承担的国家社科基金后期资助课题《民国时期店员工会研究（1922～1930）》的最终成果。在课题研究期间，胡春惠、朱英、郑会欣、陈谦平、王先明、董正华、翁有为、江沛、潘邦正等专家学者，给予了热心帮助及精准点评；学兄孙自俭博士、许峰博士，师弟左海军博士、张博锋博士、张世慧博士时与辨析，且分享了不少有价值的资料，他们的观点对我很有启发；郑州大学历史学院徐有礼教授、郑永福教授、吴宏亮教授、刘保刚教授、谢晓鹏教授、刘宗志副教授在我求学、工作阶段一直给予悉心指导，并以他们深厚的学术造诣为本书提供了许多堪称真知灼见的看法；郑州大学历史学院院长刘庆柱先生、党委书记安国楼教授在书稿写作过程中分别提出过指导意见，并为书稿的写作工作提供了多方面的便利和宽松的科研环境；上海古籍出版社盛洁老师，为本书的完成付出大量心血，表现出了一个优秀编辑强烈的责任心；国家社科规划办的创造性制度设置，使课题成果与读者见面有了更为通畅的渠道和有力的资助。所有这些热情指教、支持和帮助，都使我深深受益，深为感动。在此致以崇高的敬意和衷心的感谢。

　　本书也是本人关于民国时期店员群体研究的继续和拓展。考察店员群体，离不开其组织形式的探讨。爬梳相关文献资料发现，店员的组织形式经历了公所—店员公会—店员工会—店员总会（联合会）—同业公会的演变过程，且在实际执行中呈现自行其是的特点，南京国民政府的相关法律界定自相矛盾，店员的各种组织形式因而始终处于"均有法律依据"的尴尬局面。从社会分层的角度观察，店员的行业差异较大，银行、百货商店等新式企业的店员，社会地位较高，但大部分行业的店员，其生存状态、职场环境、娱乐交往呈现出与底层社会的一致性。行业差异极大的店员群体，如何在工会这一单位空间内表达自身利益诉求？店员工会的利益代表及社会整合功能的运行状况如何？店员工会的职能配置和社会角色与外在环境以何种方式互动、结果如何？因尝试解决上述问题，店员工会之研究就此生发。

店员是历史上的失语群体，还原其日常生活的原生态资料较少。关于店员工会的统计资料，观点对立、数据前后矛盾及与常识出入之处甚多，很容易出现认识偏差，得出截然相反的结论。本书使用有关统计数据时，大多通过旁证加以甄别、避免使用孤证，力求论述客观、结论具有说服力。由于本人学识、能力有限，错漏之处在所难免。即便是在方法借鉴方面也是如此，竭诚欢迎来自各个方面学者和读者的批评、指教。

最后，我要感谢我的父母和妻女，他们的无私支持和理解让我倍感温馨。

巴　杰

2017 年 9 月 16 日

图书在版编目（CIP）数据

民国时期店员工会研究：1922－1930／巴杰著. —
上海：上海古籍出版社，2018.3
（国家社科基金后期资助项目）
ISBN 978－7－5325－8654－7

Ⅰ.①民… Ⅱ.①巴… Ⅲ.①店员－工会工作－研究
－中国－1922－1930 Ⅳ.①K261.3

中国版本图书馆 CIP 数据核字（2017）第 267599 号

本书也受河南省高校科技创新人才项目（2018－CX－027）资助

国家社科基金后期资助项目
民国时期店员工会研究（1922－1930）
巴 杰 著
上海古籍出版社出版发行
（上海瑞金二路 272 号 邮政编码 200020）
（1）网址：www.guji.com.cn
（2）E-mail：gujil@guji.com.cn
（3）易文网网址：www.ewen.co
上海商务联西印刷有限公司印刷
开本 700×1000 1/16 印张 17.25 插页 2 字数 300,000
2018 年 3 月第 1 版 2018 年 3 月第 1 次印刷
ISBN 978－7－5325－8654－7
K·2399 定价：68.00 元
如有质量问题,请与承印公司联系